나는 왜 사랑할수록 서운해질까

관계를 지키는 감정의 기술

김희원 · 김나라 · 권요셉 공저

학지사

스스로 계속 서운하다고 말하면서도 이혼의 이유가 서운함이라는 것을 몰랐다. 아마도 이 사소한 감정 하나 때문에 이혼한다는 것이 스스로도 납득이 안 되고, 이혼 사유로 제출하기도 어려웠을 것이다. 누군가 "너희 왜 이혼하니?"라고 하는데, "서운해서……."라고 말하기도 어려웠을 것이다.

프롤로그

우리 회사 최초 현직 교수님 출신의 요셉 쌤이 나에게 다가와 처음 함박눈 내리는 장면을 본 소년처럼, 반짝이는 눈으로 질문하셨던 그 순간이 아직도 선명하게 기억난다.

> 서운함 이론, 이걸 희원 쌤은 어떻게 발견하셨어요? 이건 정말 대단한 발견이에요!

그 당시에는 요셉 쌤의 질문이 얼떨떨해서 덤덤히 웃기만 했다. 왜? 나는 이미 2015년 정도에 '서운함'이라는 감정이 이별을 하고 찾아온 80%의 커플에게서 나타난다는 것을 발견했다. 내겐 거의 10년 전의 발견이었고, 그 10년 사이 회사에서는 연구를 거쳐서 상담사 전 직원이 기본으로 숙지하고 있는 기초적인 이론이기 때문이다. 이것이 이제 와서 대단한 발견이라는 사실을 체감하기는 어려웠던 것 같다.

'서운함의 문제'는 불안, 우울, 두려움 같은 병리와 연결된 감정에 비해 늘 그림자처럼 소외되어 있었다. 병리와 직접적 연결이 있는 것도 아니고, 흔하고 일상적이기에 무심코 지나쳤던 감정 '서운함'. 그동안 왜 연구가 되지 않았던 걸까? 예상컨대 우울이나 불안 같은 병리적인 감정들에 비해서 경제적으로 환산하기 어려운 개념이었을 것이다. 서운하다고 정신건강의학과나 심리 상담센터를 찾아가지는 않으니까. 하지만 그 일상의 감정이 수많은 커플과 가정을 무너뜨려 왔다는 사실을 우리는 주목해야만 한다.

'서운함'은 실제로 커플에게 있어서 너무나 치명적인 감정이다. 왜냐? 우선, 충분히 경계하기에는 너무나 일상적이고 흔한 감정으로만 인식되어 있다. 즉, 존재감이 하찮다. 하지만 안일하게 생각하기에는 한순간에 인간관계를 잿더미로 만들어 버릴 무서운 힘을 가진 것이 바로 이 '서운함'이다. 그럼에도 그저 솔직하게 이야기하고 서로 들어 주기만 하면 해결되는 별것 아닌 감정으로 치부되고 있기에 모든 커플이 '서운함'을 방지할 노력을 하기는커녕, '서운함'이라는 감정을 인식도 못하고 서운함에 대한 처리를 너무나 안일하게 하고, 그러다가 정확한 원인이 어디에 있는지 감도 잡지 못한 채 관계의 파멸을 맞이한다.

아마 이 책을 읽으시는 분들도 이런 상태에 휩싸여 본 적이 한 번쯤 있을 것이다. '연인끼리는 솔직해야 한다는 이유로' 내가 느끼는 이 부정적인 감정을 아무런 여과 없이 쏟아 내는 것, 그렇게 사랑하는 사람의 가슴에 불타는 대못을 쾅쾅쾅 박아 대는 것은 사랑하는 사람이 절대 해서는 안 되는 행동이다. 하지만 '서운하게 만든 사람이 잘못'이라는 인식과 '그 잘못을 영원히 중지시키려면 알아들을 때까지 적극적으로 서운함을 표현해야 한다'는 강박관념, 이 두 가지가 사라지지 않는 이상 '서운함'이라는 거대한 괴물은 오늘도, 내일도 연인과 부부 사이에서 우리의 소중한 관계를 종식시켜 갈 것이다.

나는 이 '서운함'이라는 감정만 잘 다뤄도 전체 이별의 80%는 사라질 것이라는 생각을 가지고 있다. 실제로 지금까지 맡아 온 대부분의 갈등 중재 상담에서 애초에 '서운함'이라는 감정이 없었다면, 이별 및 이혼으로까지 발전하지 않았을 경우가 대부분이다. 지금까지는 이미 이별한 상태에서 관계를 되돌리기 위해 우리 회사를 찾아온 소수의 내담자만 배울 수 있는 지식이었다. 드디어 이 '서운함의 문제'를 다수의 독자 분께 알릴 수 있게 되었다. 오랫동안 많은 사람이 연구한 소중한 지식인 만큼 앞으로의 관계를 평화롭게 유지하는 데 잘 사용해 주면 좋겠다. 그래서 한 커플이라도 더 예쁜 사랑을 유지하면서 노부부로 늙어 갈 수 있기를 소망한다.

럽디(주) 대표 상담사 김희원

차례

제2부

서운함 알아차리기

10 사례별 해결 방법 • 265

제 1 부

서운함으로 헤어진 사람들

럽디(주) 연구팀은 이혼 문제로 상담하러 온 연구에 동의하는 내담자들의 상담 기록 분석을 통해 이혼의 원인을 조사했다. 연구 결과, 이혼의 원인 1위는 서운함이었다.

2022년도 통계청에서 조사한 결과는 성격 차이가 1위였으나, 이를 신뢰하기는 어렵다. 설문 항목으로 나와 있는 것이 성격 차이, 외도, 폭력, 원가족 문제(시부모, 처가), 경제적 문제뿐이었기 때문이다. 남편과 아내 둘만의 문제로 이혼하는 경우, 모두 성격 차이로 쓸 수밖에 없도록 항목을 만들어 놓았기 때문에 설문의 신뢰도가 떨어진다. 미국 기관들의 이혼 원인 조사 설문의 경우, 20~24개 항목에 기대 차이, 정서적 교류 단절 등의 남편과 아내 둘만의 문제를 여러 항목으로 다루고 있고, 결과에 대한 해설이 함께 있었다. 그중 선호도가 가장 높은 설문 조사는 포브스 어드바이저의 설문 조사였는데, 가족 간의 지지 부족이 이혼 원인의 1위로 나타났다. 그러나 모두 질적 연구가 아니고 양적 연구였기 때문에 더 자세한 사항은 알기 어렵고, 한국과 미국의 문화가 다르기 때문에 한국에 그대로 적용할 수는 없었다.

이혼의 문제를 현장에서 다루는 회사 입장에서 이렇게 두루뭉술한 결론만 확인하고 구체적인 원인을 분석하지 못하는 게 답답했다. 럽디(주)는 단일 회사로서 10만 건의 갈등 중재 관련 실제 데이터(Real World Data: RWD)를 갖고 있었고, 자체 연구소와 연구팀도 있었기 때문에 직접 연구를 못할 이유가 없었다. 그래서 인하대학교 인문융합치료센터와 MOU를 맺고 연구를 진행했다. 그 결과, 놀랍게도 이혼 원인의 1위는 '서운함'이었다. 물론 이혼의 원인에 서운함만 있었던 것은 아니다. 다른 원인들과 겹쳐 있었는데, 복수 요인이 있었기 때문에 각각의 사례를 보면 다른 원인들도 있었다. 그러나 공통적으로 가장 많이 기록한 원인은 서운함이었다. 이는 미국의 연구 결과, 1위로 나타난 가족 간의 지지 부족과 비슷한 맥락이 있다고 판단했다. 서운함이 가족 간의 지지 부족과 비슷한 맥락이라는 것이 얼핏 이해가 안 갈 수도 있으나, 연구를 지속한 결과 서운함은 서로의 지지에 대한 기대의 좌절로 나타나는 경우가 많아서 가족 간의 지지 부족은 서운함으로 연결될 수밖에 없다. 연구는 워드클라우드와 단어 관계도 분석 그리고 갈등 이론에 따른 내용 분석을 통한 교차 검증을 진행했다.

먼저, 연구 동의를 받은 연구 참여자들의 상담 일지를 워드클라우드로 분석한 결과, 가장 많이 등장한 단어는 '내가'였으며, 두 번째로 많

[그림 1] 워드클라우드

이 나타난 단어는 '서운'이었다. '서운'은 7만 자 중 321번 사용되었으며, '서운'의 뒤를 이어서 '상대방' '친구' '대화' '서로' '울고' 등의 단어가 100~200번 사용되었다. 빈도수가 100번을 넘지는 못했으나 의미 있는 횟수로 사용된 단어들로는 '존경' '아이' '감정적' '다툼' '사랑' '자기' '심리상담' '잠자리' '화' '문제' '마음' 등이었다.

처음에는 연구팀에서도 분석 결과를 보고 믿기 어려웠다. 남편, 아내, 사랑 등의 표현이 1등이 아닐까 예측했는데, 결과적으로 상담을 진행하면서 내담자들이 가장 많이 사용했던 표현이 서운함이었다는 것은 우리가 생각하는 것 이상으로 갈등 상황으로 들어온 커플들이 서운함이라는 느낌에 압도되어 있다는 의미였다.

워드클라우드 분석 결과를 통해 서운함에 대한 관심이 증폭한 연구팀은 네트워크 그래프 분석을 추가로 진행했다. 네트워크 그래프 분석은 단어 사이의 관계도를 보는 것으로, 워드클라우드가 단순히 사용 빈도를 보는 것이라면, 네트워크 그래프 분석은 실제 중요도, 개념 간의 관계, 구조적 특징과 패턴을 분석하기 위함이다. 아무리 많이 사용해도 다른 표현이나 단어들과 연관도가 없다면 다른 개념들과의 관계성이 약하다는 의미이므로 사실상 중요도가 높다고 보기 어렵다. 그리고 어떤 단어들과 연관되어 있느냐에 따라서 서운함이 어떤 구조에서 작동하는지를 알 수 있다. 예를 들어, '서운함'이라는 표현이 회사와 관련된 단어들과 함께 많이 사용된다면 서운함이 회사에서 많이 일어난다고 볼 수 있는 등의 결과를 추론할 수 있다. 그런데 네트워크 그래프 분석에서도 서운함은 가장 중요한 단어 네트워크 관계를 보였다.

상담 일지에 나타난 주요 단어들을 중심으로 단어 네트워크 관계도를 분석한 결과, '서운' '내가' '대화' '서로' '가족'이 다른 단어들과 관계성이 높은 단어로 나타났다. 특히 '서운'은 13개의 단어와 자주 연결되어 나타났다. '서운'과 연결되어 나타난 13개의 단어는 '가족' '아이' '대화' '서로' '내가' '사랑' '표현' '나는' '남편' '아내' '억울' '말투' '자존심'이었으며, 감정으로는 억울과 사랑이 관계가 있었고, 주로 가족의 역할명과 서운함의 원인으로 나타나는 말투, 표현, 대화가 많이 연결되었다. '네가' '자기'와 같은 단어가 '남편'과 '아내'를 대체하는 현상이 있었다. 단어 네트워크 관계를 보면 서운함의 핵심에 가족과의 갈등이 있다는 것을 확인할 수 있다. 즉, 서운함은 갈등과 가장 깊은 연관성을 갖는다. 그리고 그 갈등을 유발하는 것은 말투, 자존심, 사랑 표현, 대화 등과 관련이 있다는 것도 알 수 있었다. 단어 네트워크 관계도를 통해 분석한 결과는 [그림 2]와 같다.

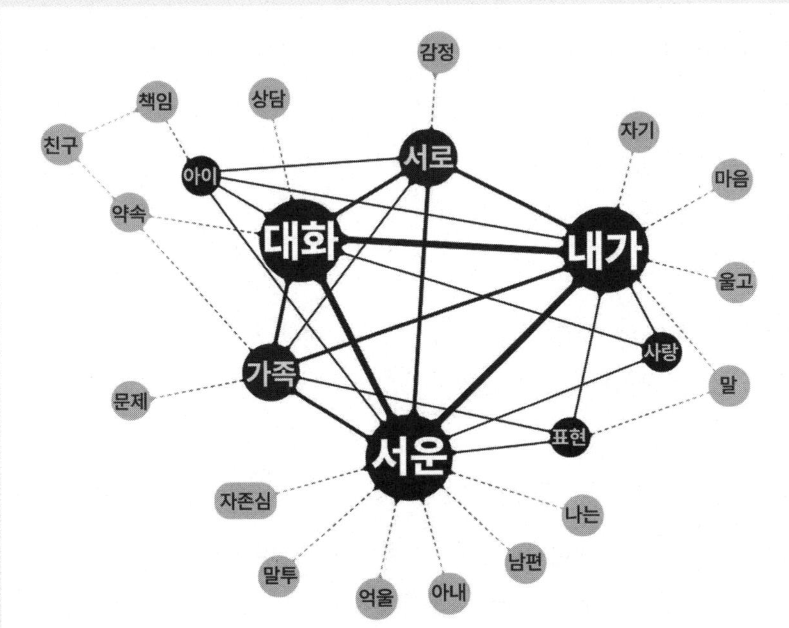

[그림 2] **단어 네트워크 관계도 분석 결과**

서운함이 포함된 문장을 보면, "(성관계를 안 해서) 서운해한다는 건 상대방이 표현을 안 해서 몰랐어요." "가장 서운해한 건 가족에 소홀하다는 거였어요. 갑자기 가족 모임이 잡힌 것이고, 저는 선약이 있었거든요. 그래서 선약이었던 친구 모임에 간 건데, 넌 가족보다 친구가 소중하냐면서 다퉜어요. 오열하더라고요." "나도 서운한 게 없는 것이 아닌데, 표현을 안 하는 것뿐이거든요. 그런데 (아내는) 서운한 걸 다 표현하니까, 참지를 않아요." 등으로 갈등의 중심에 서운함이라는 감정 문제가 있다는 것을 확인할 수 있었다.

럽디(주) 연구팀은 서운함의 문제를 더 깊게 연구하기 위해 서운함에 집중하지 않고 갈등의 문제를 귀납적으로 분석하고자 시도했다. 만약에 서운함을 전제하지 않고 각 상담 사례들을 질적으로 분석했는데도 결과적으로 서운함의 문제가 계속 드러난다면 이혼이나 이별을 결정짓는 갈등의 핵심에 서운함이 있다는 결론에 도달하는 것이기 때문이다.

연구팀은 상담 자료들을 프레드 루선스(Fred Luthans)의 이론에 따라 갈등 유형별로 분류했다. 루선스는 조직행동론(Organizational Behavior: OB) 분야에서 세계적으로 영향력 있는 학자로, 긍정적 조직행동(Positive Organizational Behavior: POB)과 심리적 자본(Psychological Capital: PsyCap) 개념을 발전시킨 것으로 유명하다. 특히 조직 및 인간관계에 있어서의 갈등을 유형화하고, 각 갈등 유형에 따른 해결 과정에 대해서도 세분화된 연구를 해서 갈등 이론 분야에 지대한 공헌을 했다. 루선스는 갈등을 개인적 갈등(intrapersonal conflict), 대인적 갈등(interpersonal conflict), 집단 간 갈등(intergroup conflict), 조직 갈등(organizational conflict)으로 나눴다. 이와 같은 갈등 중 이 책에서 본격적으로 다룰 것은 바로 개인적 갈등이다. 나머지 대인적 · 집단 간 · 조직 갈등은 회사 운영과 관련된 갈등으로, 이 책에서는 다루지 않는다.

개인적 갈등은 좌절 갈등, 목표 갈등, 역할 갈등으로 구분한다. 좌절 갈등은 욕구가 목표에 도달하기 전에 좌절함으로 인해서 발생하는 갈등으로, 갈등의 대상이 장애물이 되는 경우다. 좌절에 대처하기 위해서는 공격, 포기, 집착, 타협의 방법을 사용한다. 목표 갈등은 동일한 목표나 가치를 가지면서 동시에 상충되는 상황에 직면할 때 발생하는 갈등이다. 목표 갈등에는 접근-접근 갈등, 접근-회피 갈등, 회피-회피 갈등이 있다. 접근-접근 갈등은 매력적이면서도 동시에 상호 배반적인 두 가지 목표가 있을 때 발생하는 갈등이고, 접근-회피 갈등은 한 목표에 부정적인 면과 긍정적인 면이 모두 있어서 생기는 갈등이며, 회피-회피 갈등은 선택해야 하는 두 요소가 다 매력적이지 않아서 발생하는 갈등이다. 역할 갈등은 역할의 충돌로 인해 발생하는 갈등으로, 크게 역할 내 갈등과 역할 간 갈등으로 구분한다. 역할 내 갈등은 역할 긴장, 역할 모호성, 상호 기대의 차이가 원인이 되는데, 역할 긴장은 역할에 대해 다른 역할 대상으로부터 상반되는 역할을 요구받을 때 발생한다. 역할 모호성은 자기에게 주어진 역할이 명확하지 않아서 발생하는 갈등이다. 상호 기대의 차이는 다른 역할 대상이 오기대하거나 과기대 혹은 저기대하여 발생하는 갈등이다. 역할 간 갈등은 나의 역할이 다른 역할 혹은 역할 집단과 상충된 요구를 해야 할 경우에 발생한다.

여기에 정리된 갈등의 종류들을 중심으로 이혼 갈등 중재 상담 사례들을 분석한 결과, 가장 중요한 요인은 서운함이었다. 그리고 서운함의 문제를 다루고 나니 이혼의 문제도 해결되는 사례들이 많았다. 처음에 상담을 위해 방문할 때는 재산 분쟁, 가부장 문제, 원가족 문제 등이 이혼의 원인이었지만, 서운함의 문제를 해결하고 나니 이런 문제들은 중요하지 않았다. 시부모와의 문제가 여전히 해결되지 않았으나 부부간의 서운함의 문제가 해결되니 시부모와의 문제가 더 이상 이혼의 원인이 아닌 상황이 된 것이다. 2억 원의 재산 때문에 이혼할 위기였으나, 서운함의 문제를 해결하고 나니 2억 원을 복구하지 못했어도 이혼하지 않고 다시 가정을 유지할 수 있게 되었다. 이런 사례들을 중심으로 각 갈등에서 서운함이 어떻게 작동하는지 살펴보자.

01 좌절 갈등

좌절 갈등이란 욕구나 목표가 외부적 요인으로 인해 방해받을 때 발생하는 갈등으로, 갈등의 대상이 장애물이 되는 경우다. 원하는 목표를 달성하기 전에 장애물이 생기거나, 배우자나 연인 때문에 목표가 방해받을 때 서운함이 발생하는 유형이다.

좌절 갈등에서는 공격, 포기, 집착, 타협의 반응이 나타난다. 상담 일지를 분석한 결과, 공격의 반응으로 서운함의 표현, 분노, 수동적 공격성이 나타났다. 당하는 입장에서 서운함의 표현을 듣는 것은 "너는 나를 만족시키지 못했어. 너는 무능해."라는 의미로 해석하는 경우가 많았으며, 이를 공격으로 여겼다. 분노는 직접적인 공격의 표현이었으며, 밥을 안 해 주는 등의 수동적 공격도 나타났다. 포기 반응을 보인 경우에는 불안과 우울을 호소하였고, 서운함을 표현하지 못하고 마음에 담아 두기만 하였으며, 다른 사람들에게 사랑을 받지 못한다거나 직업적인 경력을 이어 나가지 못한 상황에서는 서운함이 있어도 수치심을 느껴서 아무것도 하지 않고 표현하는 것을 포기하는 경우도 있었다.

좌절 갈등에 대해 가장 많이 나타나는 반응은 집착이었다. 집착은 배우자에게 시간 단위로 무엇을 하는지 보고하게 하거나, 이성 동료가 있는 회사 모임에 못 가게 하는 등의 불안으로 나타나기도 하고, 지속적으로 서운함을 표현하여 귀찮게 하는 방식으로 나타나기도 했으며, 드물게는 외도를 의심하는 방식으로 나타나기도 했다. 타협은 적응처럼 보이기도 했으나, 두려움에 기반한 타협과 희망에 기반한 타협이 다르게 나타났다. 두려움에 기반한 타협은 배우자를 잃을 것에 대한 두려움으로 좌절을 받아들이는 경우였으며, 희망에 기반한 타협은 공격이나 집착을 보이다가 아이를 갖게 된 후로 새로운 욕망을 구성하여 바뀐 환경에서 시작할 수 있는 것을 찾는 경우였다.

좌절 갈등은 주로 여자에게서 나타났으며, 좌절 갈등에서의 이혼의 원인은 크게 사랑받고자 하는 마음의 좌절과 욕망 실현의 좌절로 나타났다. 이 책에서는 사랑받고자 하는 마음의 좌절과 욕망 실현의 좌절의 사례를 하나씩만 살펴보기로 한다. 소개하는 사례는 내담자로부터 동의를 받았으며, 이름은 가명으로 쓰고, 지역명이나 회사명 등의 신분이 노출될 내용은 변경하거나 기술하지 않았다.

사랑받고 싶었을 뿐인데

연희(가명)는 동네 친구로 한철(가명)을 만났다. 연희는 미용실을 운영하고 있었고, 한철은 미용실 옆에서 슈퍼마켓을 운영하고 있었다. 일 끝나는 시간이 비슷해서 자주 마주치곤 했다. 어느 날 한철이 '인기가 많아 매진 상태에 있었던 꿀 과자'를 한 박스 챙겼다가 연희에게 전해주면서 둘은 그냥 인사하는 사이에서 만나면 웃어 주는 사이가 되었다. 그러던 어느 날 서로 가게 문을 닫고 집에 들어가는데, 한철이 술을 한 잔 하자고 권했다. 그날도 그냥 술만 마시며 조금 친해진 정도였다. 한철과 연희가 동갑내기라는 것을 알게 됐고, 서로 말을 놓고 친구처럼 지내자고 했다. 그렇게 가끔 술을 마시다가 한철이 고백해서 사귀게 되었다. 사귀는 동안에 생긴 추억거리들이 많았다. 한철은 영화 속의 주인공이 된 듯이 연희를 아껴 주었다. 그러다가 서로 예상한 대로 한철이 프러포즈를 하여 결혼에 골인했다.

결혼 후 신혼 기간 동안 둘의 관계는 좋았다. 가끔 삐지고 다퉜지만 영원히 행복할 거라고 생각했다. 그러나 결혼 생활이 몇 개월 흐르자 남편이 변하기 시작했다. 새벽에 들어오기 일쑤였고, 심지어 쉬는 날에는 친구들과 낚시를 가기도 했다. 연희도 결혼 전에는 쉬는 날이면 친구들과 여행을 다녀오기도 했으나, 이제 결혼했으니 남편과 보내는 것이 당연하다고 생각했다. 그런데 남편은 생각이 달랐던 것 같다. 연희가 남편이 낚시하러 가 있는 동안에 전화를 하면 남편은 전화를 잘 받지 않았다. 연희는 남편이 낚시에 다녀오면 잔소리를 시작했다. 남편은 그럴 때마다 연희를 달래 주었지만, 변하지는 않았다. 그러다가 연희가 임신을 했다.

둘의 관계는 아이를 낳은 후에 더욱 심각해졌다. 아이를 낳고 나니 미용실을 계속할 수가 없었다. 미용실 문을 닫고 연희는 집안일만 하기 시작했다. 미용실 일을 할 때는 그래도 함께 출근하고, 함께 퇴근하면서 이야기하는 시간이 있었다. 그러나 미용실을 접고 집에만 있기 시작하자 남편과 이야기하는 시간이 현저히 줄었다. 연희는 낮에 남편에게 전화하기 시작했다. 남편은 낮에 전화를 잘 받지 않았다. 연희는 일하고 있으려니 생각했다. 가끔은 남편이 일 끝날 시간이 됐는데도 집에 들어오지 않았다. 그래서 전화해 보면 친구들과 술을 마시고 있었다. 연희는 화가 났다. "그럼, 말을 했어야지!" 남편은 연희를 달래면서 자고 있을까 봐 전화를 못했다고 했다. 연희는 아이의 시간에 맞추다 보니 가끔 남편이 일을 끝내고 들어오면 자고 있을 때가 있었다. 연희에게는 이런 일들이 쌓이기 시작했다.

그러던 어느 날 연희가 남편이 퇴근할 시간에 아이를 재우고 마중을 나갔는데, 가게 문은 닫혀 있고 남편은 전화를 받지 않았다. 연희는 주변 술집들을 찾아다녔다. 그렇게 한 시간쯤을 헤매고 나서야 남편이 있는 술집을 찾았고 그는 친구들과 함께 있었다. 연희는 친구들 앞에서 술집을 아수라장으로 만들었다. 그동안 쌓였던 분노를 모두 끌어올렸다. 그리고 집에 돌아와 보니 아이가 울고 있었다. 남편은 자기가 잘못한 것을 인정하면서도 "아니, 애만 두고 나오면 어떻게 해?"라며 연희를 나무랐다. 연희는 눈물을 터트리고 밤새 울었다. "미친 새끼야, 네가 전화만 받았어도……."라는 말만 반복했다.

이 사건 이후, 둘은 대화가 줄었다. 남편은 연희의 눈치를 봤고, 연희는 남편에게 먼저 말을 걸지 않았다. 서로 어떻게 이 문제를 해결해야 할지를 몰랐다. 그 뒤로 작은 다툼들이 계속 이어졌다. 다툼이 시작되면 남편은 입을 닫거나 연희의 눈치를 보면서 피했고, 연희는 소리를 지르다가 남편이 피하면 분을 마음에 품은 채 혼자 울었다. 가끔은 남편이 예전처럼 친구들과 낚시를 한다고 나가서 하루 혹은 이틀씩 집을 비웠다. 그러면 연희는 오만가지 생각이 들었다. '우리 관계가 이런데 다른 여자를 만나겠지?' 이런 추측성 생각은 남편이 다른 여자를 만날 것이라는 생각으로 굳어졌다. 그래서 남편을 추궁하기도 했다. 남편은 결백을 주장했지만 증거를 제시하지는 못했다. 연희는 가끔 남편을 쏘아보면서 "너 때문에 내 인생이 이 모양이 됐어."라고 차갑게 말하곤 했다. 연희는 혼자 아이를 키우면서 불안하기도 하고 우울하기도 했다. 이러다가 아이와 둘이 죽을 수도 있겠다는 생각을 했다. 가끔 뉴스에 아이와 동반자살하는 엄마의 이야기가 나오는데, 연희는 그 엄마의 마음을 이해할 수 있었다.

그 상태로 아이는 세 살이 되었고 연희는 아이를 어린이집에 보내기 시작했다. 아이가 어린이집에 다니기 시작하자, 연희는 다시 미용실을 열었다. 그리고 남편에게 이혼 서류를 내밀었다. 이혼 서류 접수 후에 남편은 마지막으로 지푸라기라도 잡는 심정으로 상담을 받자고 제안했다. 연희는 이미 마음을 굳혔으나, 어차피 마지막이니까 못 들어줄 것도 없겠다는 심정으로 상담에 들어왔다.

너 때문에 내 꿈을 포기했어

수영(가명)은 또래에서는 제법 미래가 촉망한 대기업의 계약직 디자이너였다. 수영은 회사 남자들 사이에서 인기가 많았기 때문에 수영이 남자를 선택할 수 있는 조건에 있었다. 수영이 다니던 회사에서는 여자들에게 부당한 사례들이 종종 있었다. 수영이 회사로부터 불합리한 대우를 받았을 때, 회사에서 개발자로 있는 우식(가명)이 도와주었던 것을 계기로 우식과 교제하기 시작했다.

둘은 곧 결혼했다. 둘 다 또래에 비해서 경제적으로 안정적이었기 때문에 양가 집안에서도 환영했다. 다만, 양가 집안에서는 자녀를 원했으나 둘은 자녀를 갖지 않기로 했다. 우식의 의견이라기보다는 수영의 의견이었다. 수영은 임신을 하고 경력이 단절되는 사례들을 워낙 많이 봐서 자신의 네임 밸류(name value)를 만들어 내기 전까지는 아기를 갖지 않겠다고 했다. 우식도 이에 동의했고, 그렇게 행복한 신혼 생활을 시작했다. 양가 집안에서 아이 문제로 스트레스를 줬지만, 남편이 잘 보호해 주었다.

그러던 어느 날, 수영의 생리가 멈췄다. 임신이었다. 수영은 자신의 임신이 너무 싫었고 낙태까지 고려했다. 그런데 남편이 "낳기만 하면 엄마가 키워 주실 거야."라고 수영을 설득했다. 양가에서는 수영의 임신을 환영했다. 양가의 어머니가 서로 자기가 키워 줄 테니 걱정하지 말라고 했다. 낙태까지 고민했던 수영은 마음이 약해졌다. 그리하여 아이를 낳고 3개월 만에 복귀하겠다는 각오로 아이를 낳기로 결정했다.

그러나 그것은 수영의 각오였을 뿐이지 회사의 의지는 아니었다. 수영이 임신 6개월이 되었을 때 회사는 수영과의 재계약을 하지 않기로 했다. 수영은 이해할 수 없었다. 계약직이었다고 해도 디자이너 업무가 1년 주기로 돌아가는 것이 아니기 때문에 회사 입장에서는 굳이 계약 연장을 안 할 이유가 없었다. 아무리 수영이 항의해도 더 해 볼 수 있는 것이 없었다. 남편도 같이 싸우려고 했지만, 수영이 말렸다. 수영은 남편을 위해서 회사에 더 이상 피해를 주지 않고 나왔다. 아이를 낳고 다른 회사에 취업하면 된다고 생각했다.

그러나 그것도 쉽지 않았다. 아이를 낳으면 키워 주겠다던 양가의 어머니는 가끔 와서 봐 주실 뿐 아이를 데려가지 않았다. 양가의 어머니는 모유를 먹여야 한다면서 몇 개월만 더 키우라고 했다. 수영도 막상 아이를 낳고 보니 아이가 예뻤다. 몇 개월 더 투자할 가치가 있다고 생각했고 젖을 먹일수록 아이가 더 좋아졌다. 이런 생활도 나쁘지 않았다. 그렇게 6개월을 젖을 먹이다 보니 아이가 좋아져서 조금 더 키우기로 했다.

그렇게 1년이 흘렀다. 이제 정말 꿈을 다시 시작해야겠다고 생각하고 양가 어머니께 아이를 봐 달라고 부탁했다. 그런데 시간을 맞추는 것이 쉽지 않았다. 아이를 보기 위한 스케줄을 짜는 것도 쉬운 일이 아니었다. 수영은 그래도 어떻게든 양가 어머니께 아이를 맡겨 가면서 재취업을 위해 이력서를 넣기 시작했다. 그러나 취업도 생각보다 쉽지 않았다. 1년 이상의 경력 단절, 2세 아이의 엄마! 처음에 취업할 때 수준의 대기업은 어려웠다. 남편에게 회사에 자리 난 것이 없냐고 묻기까지 했지만, 남편은 들은 척도 안 했다. 수영은 눈을 낮춰서 중소기업에 이력서를 넣었다. "그래, 어느 회사면 어때. 중요한 건 실력이지." 실력을 증명해 나가면 중소기업에서도 꿈을 키워 나갈 수 있겠다고 생각했다. 오히려 중소기업이 인정받으면서 꿈을 키우기에 더 좋을 것이라고 위로했다. 그렇게 겨우겨우 중소기업 취업에 성공했다.

그런데 입사하자마자 두 번째 아기를 임신했다. 수영이 임신한 것을 먼저 알아본 것은 회사 사람들이었다. 회사는 수영에게 도의적 책임을 물었다. 수영도 의도한 것은 아니었다고 설명했지만, 그 회사를 계속 다닐 수는 없었다. 수영은 퇴사와 함께 낙태를 하려고 했다. 그러나 양가 부모님은 적극적으로 반대했고, 남편도 반대했다. 수영은 스트레스가 커졌다. 그렇게 양가 부모님 그리고 남편과 싸우다가 낙태 시기를 놓쳤고 결국 결정이나 판단을 못하는 상황까지 왔다. 에너지가 없어서 흘러가는 대로 두고 지내다 보니 또 둘째를 낳았다. 양가 가족은 모두 좋아했지만, 수영은 아무 욕구도 없었고 우울증이 찾아왔다.

우울증이 찾아온 뒤로 양가 부모님이 더 자주 방문해서 도와주었지만, 대부분의 시간은 수영의 몫이었다. 남편은 회사에서 승진도 하고, 성장하고 있었다. 승진하고 나서는 더 바빠졌다. 수영은 육아로 바빠졌고, 남편은 회사 일로 바빠졌다. 수영도 회사 일로 바빠지고 싶었다. 소통도 안 되는 두 명의 아기를 돌보는 것을 무의미하다고 느끼고 있었다. 첫 아기를 가졌을 때와 같은 기쁨도 없었다. 자꾸 죽고 싶다는 생각이 들어서 정신과를 찾아갔는데, 아직 젖을 먹여야 해서 약을 먹을 수도 없었다. 어느 날, 시어머니가 집에 와 보니 수영이 사라지고 아이 두 명만 남겨져 있었다. 시어머니는 우는 아기들을 겨우 달래고 남편에게 연락했다. 수영은 자살을 시도하러 무작정 나갔다가 어떻게 자살해야 할지 몰라서 밤이 되어서야 돌아왔다. 정신과에서는 짧은 상담 후에 우울증 치료와 더불어 부부 상담을 받아 보라고 권했다. 남편은 이해가 안 갔지만 의사의 권장이어서 부부 상담을 신청했다.

서운함은 어디에서 생겼을까

앞의 두 사례는 전혀 다른 문제 같아 보이지만, 결국 원하는 것이 좌절되어 갈등이 시작된 좌절 갈등 사례다. 연희는 사랑받고자 하는 욕망이 좌절되었고, 수영은 디자이너로서 성공하고자 하는 욕망이 좌절되었다. 그렇다면 좌절된 욕망을 해결해야 갈등이 해결되는 것이 아닐까? 물론 좌절된 욕망을 해결하면 갈등 해결에 도움이 된다. 그러나 갈등을 해결한다고 해서 이미 발생한 부정적인 감정이 사라지지도 않고, 해결할 수 없는 갈등도 분명히 존재한다. 무엇보다도 갈등 자체를 해결하는 것보다는 감정의 문제가 더 급하거나, 더 중요하거나, 더 근본적인 경우가 많다.

두 사람의 좌절 갈등의 반응은 루선스의 연구에 따르면, 공격, 포기,

집착, 타협으로 나타난다. 앞의 두 사례에서는 공격, 포기, 집착은 나타났으나 타협은 나타나지 않았다. 타협이 나타났다면 상담에 오지 않았을 것이다.

먼저, 연희와 수영은 공격 반응으로서 남편에게 분노를 표현하면서 소리를 지르거나 남편 탓을 했다. 연희는 사랑을 못 받는다고 생각했고, 수영은 남편 때문에 자신의 꿈이 좌절되었다고 생각했다.

> 저는 사랑받고 싶어 한 것 말고는 잘못한 것이 없어요. 남편은 결혼하고 나서 변했어요. 집도 잘 안 들어오고. 말도 안 걸고……. 사랑받고 싶은 것 말고는 바라는 것도 없었어요.
>
> – 연희

> 약속을 안 지킨 거죠. 분명히 애를 낳지 않겠다고 하고 결혼한 거고……. 자기도 동의했는데, 지가 내 미래를 막은 거예요. 자기도 인정해요. 내가 너 때문에 내 꿈도 포기했다고 하면 아무 말도 못 해요. 사실이니까…….
>
> – 수영

분노 외에도 둘 모두에게서 나온 반응은 우울과 수치심이었다. 우울은 포기 반응의 결과였고, 수치심은 집착 반응에 대한 결과였다. 연희는 스스로 생각할 때 한동안 우울 반응이 있었고, 수영은 정신과에서 우울증 진단을 받았다. 그리고 연희는 남편이 친구들과 술을 마시고 있는 현장에서 소리를 지르고 화를 낸 뒤에 스스로 수치심을 느꼈고, 수영은 취업을 위해 돌아다닐 때와 회사에서 쫓겨날 때 심한 수치심을 느꼈다. 수치심은 집착에 대한 결과로 나온 반응이었다. 연희가 술집에서 소리를 지를 때, 남편과 연락이 안 돼서 자꾸 전화할 때, 여자가 생긴 것이냐고 캐물을 때 수치심이 올라왔다. 모두 집착 반응이었다. 수영도 거절을 당하면서도 입사할 회사를 계속 찾아다닐 때, 남편에게 회사에 자리 좀 알아봐 달라고 요청할 때 스스로 집착적이라고 생각했고, 그 뒤에 수치심이 몰려왔다.

무엇보다도 둘 모두에게서 나온 중요한 반응은 서운함이었다. 연희는 남편과 연락이 안 될 때 사랑이 식었다고 생각했다. 그럴 때마다 서운한 느낌이 계속 들었다. 특히 남편을 미용실을 접고 아이를 키우고 있는 자신의 수고에 대해서 전혀 알아주지 않았다. 결혼 전처럼 사랑 고백을 하지도 않았다. 무엇보다도 연애할 때보다 오히려 친구들을 더 많이 만났고, 대화가 줄어들었다. 크게 싸운 뒤에 서운함은 점점 더 커졌다. 크게 싸우고 나서 남편은 연희에게 거의 말을 걸지 않았다. 안 그래도 아이를 낳은 뒤에 대화가 줄어서 서운함을 많이 느꼈는데, 싸운 뒤로는 대화가 아예 없다시피 해서 서운함 때문에 우울이 왔다. 수영은 자기도 성공할 수 있는 역량이 충분했는데, 가정을 위해서 그것을 포기했다는 것을 남편이 알아주지 않는 것이 가장 서운했다. 수영이 남편에게 회사에 자리 좀 알아봐 달라고 부탁할 때 남편은 미세하게 코웃음을 쳤다. 그때 서운함이 너무 크게 밀려왔다. 중소기업에 이력서를 넣고 다닐 때에도 "수고했다."거나 "힘들겠다."라는 격려는 하지 않고 "이제 그만해. 내가 버는 걸로 부족해?"와 같은 말을 해서 서운함이 컸다.

연희는 서운한 마음을 직접 표현하기보다는 수동적으로 공격하면서 서운한 마음을 우회하여 표현했다. 남편이 어디에서 무엇을 하는지 확인하고, 집착하고, 밖에 있다가 들어왔을 때는 어디에 갔다 왔냐고 추궁하고, 술집에서 소리를 지를 때에도 모두 서운함의 표현이었다. 수영은 서운함이 가득했으나 표현하지 않았다. 서운함을 표현하는 것이 너무 쪼잔해 보이기 때문이었다. 수영은 애교를 부리거나 의지하는 것을 잘 못했다. 스스로 문제를 해결해야 한다고 생각했다. 그래서 남편에게 일자리를 알아봐 달라고 부탁했을 때에도 정말 큰 용기를 냈던 것이다.

그러면 남편들은 왜 연희와 수영을 서운하게 만들었을까? 남편들의 사정은 이랬다. 먼저, 연희의 남편 한철은 원래 친구들이 많고 친구들과 낚시 가는 것을 낙으로 살아왔다. 연희를 만나고 나름대로는 최대한 희생하면서 맞춰 줬던 것이다. 결혼하고 나니까 익숙해지기도 했고, 친구들이 자꾸 불러내는데 거절하기도 어려워서 연애와 신혼 기간 동안에 못 놀았던 것을 다시 하기 시작했다. 연희에게 늦게 들어간다고 연락을 안 한 것은 정말 연희가 잘까 봐 그랬다. 한두 번 전화했을 때 연희가 자다가 깨는 것이 미안했다. 그래서 혹시 또 깨울까 봐 전화를 안 했을 뿐이었다. 그리고 연희가 화를 내고 삐진 뒤로는 연희의 눈치가 보여서 말을 걸 수 없었을 뿐 사랑이 식었다거나 마음이 변한 것은 아니었다.

수영의 남편 우식은 수영을 무시하거나 자신의 성공만을 중요하게 여겼던 것이 아니다. 우식은 원래 성공이나 성장에 큰 관심이 없었다. 그저 먹고살 만하면 됐고, 아이를 낳아서 키우면 좋겠다는 생각이었다. 그러나 수영을 사랑하기 때문에 아이도 포기하고 수영과 결혼했다. 우식은 승진에 관심이 없었지만, 수영이 워낙 사회적 성장과 성취로 사람을 평가하는 스타일이어서 수영에게 잘 보이려면 열심히 일해서 승진해야겠다고 생각했다. 수영이 우울증이라고 했을 때는 그저 산후우울증, 육아우울증이려니 했다. 인터넷에서 정보를 찾아보니 아이를 낳고 육아를 하는 초기에는 우울증이 제법 온다고 해서 시간이 흐르면 좋아지겠거니 생각했다.

그렇다면 이 두 커플 사이에 서운함을 발생시킨 이유는 무엇이었을까?

① 각자의 감정과 기대에 대해 소통하지 않았다. 남편과 아내 모두 그렇다.
② 자신들의 결정과 행동 과정에 대해 소통하지 않았다. 남편과 아내 모두 그렇다.
③ 상대방의 가장 중요한 핵심 욕구가 무엇인지 물어보지 않고 스스로 판단했다.
④ 해결 방법을 함께 찾아가려고 하지 않고 각자 자신의 해결 방법대로 풀어 나갔다.
⑤ 부정적인 말과 행동이 반복되는데, 그것을 해결하지 않아서 점점 커졌다.
⑥ 자신의 감정이 점점 망가져 가고 있는데 관리하지 않았다.

두 커플 모두 상담을 위해 방문했을 때는 이혼의 사유를 '성격 차이' 혹은 '권태기'라고 했다. 그러나 연희가 남편이 있는 술집에 찾아가기 전, 수영이 경력 단절 후 재취업 시도를 하기 전까지 두 커플의 성격 차이가 문제가 된 적은 없었다. 통계상 성격 차이가 1위인 이유는 말하기 좋기 때문이다. 통계청에서 제시하는 설문지에서 이혼의 이유로 제시한 항목은 성격 차이, 외도, 경제적 이유, 폭행, 원가족과의 갈등이다. 외도나 폭행, 원가족과의 문제, 경제적 이유가 아니라면 나머지는 모두 성격 차이라고 대답할 수밖에 없다. 권태기는 아무 문제가 없는데 사랑하지 않는 관계가 되는 것이다. 두 커플에게서 심각한 문제가 계속 보였다. 권태기는 더더욱 아니다.

둘 사이에서 해결해야 할 문제는 서운함이었다. 상담 내내 연희와 수영이 계속 호소한 것은 서운함이었다. 취업을 못했거나 아이를 키우는 것이 어렵다고 호소한 것이 아니라, 남편에게 서운했다고 호소했다. 스스로 계속 서운하다고 말하면서도 이혼의 이유가 서운함이라는 것을 몰랐다. 아마도 이 사소한 감정 하나 때문에 이혼한다는 것이 스스로도 납득이 안 되고, 이혼 사유로 제출하기도 어려웠을 것이다. 누군가 "너희 왜 이혼하니?"라고 하는데, "서운해서……."라고 말하기도 어려웠을 것이다. 그러나 많은 부부와 연인이 실제로 서운해서 혹은 상대방의 서운함을 감당하지 못해서 헤어진다. 이 두 커플의 이혼 사유 또한 서운함이었다.

연희 커플의 경우, 좌절된 욕망 자체가 남편의 사랑 때문이었기 때문에 서운함의 문제를 해결하고 관계를 좋아지게 하는 것이 곧 욕망을 다시 생기게 하는 과정과 동일했다. 그러나 수영 커플의 경우, 좌절된 욕망이 직업적인 부분이므로 사실상 서운함의 문제를 해결하기 위한 상담과 좌절된 욕망을 다시 갖게 하는 것은 전혀 다른 차원의 문제였다. 그럼에도 둘 모두에게 서운함의 문제를 해결하기 위한 상담을 진행하였고 서운함의 문제를 해결한 결과, 두 커플은 지금 이혼하지 않고 다시 잘 살아가고 있다.

02

목표 갈등

목표 갈등은 동일한 목표나 가치가 동시에 상충될 때 발생하는 갈등으로, 두 개의 매력적인 목표가 서로 배타적이어서 하나만 선택해야 하는 접근-접근 갈등, 하나의 목표에 긍정적인 측면과 부정적인 측면이 공존하는 접근-회피 갈등, 두 개의 선택지가 모두 매력적이지 않아서 발생하는 회피-회피 갈등이 있다.

접근-접근 갈등은 둘 다 매력적이지만 동시에 실현할 수 없으므로 하나를 포기해야 하는 두 가지의 목표가 있을 때 보이는 갈등 유형으로, 일과 가정의 갈등, 원가족과 현 가족의 갈등, 개인의 삶과 가정생활의 갈등으로 분류되었다. 일과 가정의 갈등은 일과 가정이 모두 매력적이어서 두 목표를 모두 잡고 싶지만, 둘 다 하려니 시간적 · 육체적 조건이 따라 주지 않아서 발생하는 갈등이다. 원가족과 현 가족의 갈등도 이와 같은데, 원가족이나 현 가족 중 한쪽에 문제가 있는 경우보다는 오히려 양쪽이 모두 매력적일 때 문제가 발생하는 경우였다. 원가족과도 관계가 좋아서 명절이나 휴일일 때 원가족과 보내고 싶은 마음이 있으나, 현 가족과도 관계가 좋아서 둘 중 하나를 선택하기 어려운 상황이 나타났다. 사례에 따라 두 가정이 함께 여행을 가는 등의 해결책을 찾기도 했으나, 매번 원가족과 현 가족이 모든 것을 함께하는 데에는 한계가 생겼다. 개인의 삶과 가정생활 사이의 갈등도 이혼의 원인으로 나타나곤 했는데, 취미 생활이 배우자와 맞지 않는 경우에 자기만의 취미를 유지하려고 하거나, 자기 계발을 위해 투자하고자 할 때 가정생활의 일정 부분을 포기해야 하는 상황에 부딪히곤 했다.

접근-회피 갈등은 한 목표에 부정적인 면과 긍정적인 면이 모두 있어서 생기는 갈등으로, 배우자에 대한 사랑이 있으면서 동시에 서운함이 발생해서 생기는 갈등이었다. 이에는 배우자에 대한 안타까움과 사랑이 있지만, 칭얼대는 배우자를 하나하나 챙겨 줘야 하는 등의 지치게 만드는 요인들 때문에 일상 유지가 힘든 상황들이었다. 이런 경우에는 결혼의 이익과 손해로 연결되는데, 정서적 안정이라는 이익이 있으나 과도한 경제적 지출, 결혼 전에는 경제적으로 구분하기로 했던 것이 결혼 후에는 적절하게 조절되지 않는 등의 문제로 결혼의 손해를 고민하게 만드는 갈등이었다.

회피-회피 갈등은 이혼도 결혼 유지도 매력적이지 않아서 발생하는 갈등으로, 이는 우울과 불안을 초래하였다. 이혼을 하면 원가족으로부터 받을 질타가 걱정이고, 결혼을 유지하기에는 배우자와의 관계가 힘들어서 어느 쪽도 선택할 수 없는 상황에서 발생했다.

목표 갈등으로 나타난 원인에서 주목할 만한 부분은 모든 갈등 요인에 서운함이 작용하였다는 점이다. 일과 가정의 갈등에서도 일을 이해해 주지 못하는 가족에 대한 서운함이 작용하였고, 원가족과 현 가족의 갈등에서도 원가족과 함께하고 싶어 하는 마음을 이해하지 못하는 서운함과 반대로 원가족과 모든 것을 함께하고 싶어 하는 배우자를 보는 것에서 오는 서운함도 있었다. 개인의 삶과 가정 사이의 갈등에서도 개인의 삶을 이해하지 못하는 배우자에 대한 서운함이 있었다. 배우자를 사랑해도 서운함이 크면 결혼을 유지하기 어려워했고, 원가족과 배우자 모두에게 매력을 상실한 경우의 원인에도 서운함이 있었다.

이 책에서는 목표 갈등에서의 접근-접근 갈등, 접근-회피 갈등, 회피-회피 갈등의 사례를 하나씩만 살펴보기로 한다.

가족을 사랑하지만 성취하고 싶은 것도 많아

철우(가명)는 고등학교 때 공부를 잘하지 못했다. 공부보다는 싸움으로 인정받는 것이 좋았고, 철우가 사는 지역에서 남자 고등학생들은 철우의 이름만 들어도 다 알 정도로 유명했다. 결국 대학에 못 갔고, 군대에 갔다 와서는 나이트클럽 웨이터로 일했다. 그러다가 나이트클럽에 놀러 온 희진(가명)을 만나게 되었고, 두 사람은 관계가 깊어졌다. 희진의 아버지는 중견기업의 임원이어서 딸의 남자 친구가 나이트클럽 웨이터라는 것이 불편했다. 철우는 희진을 정말 사랑했고, 희진의 아버지에게 부끄럽지 않은 직업을 가져야겠다고 생각했다. 그래서 밤에는 야간대학에 진학해서 공부했고, 낮에는 한 프랜차이즈 매장에서 아르바이트를 하기 시작했다. 말 그대로 주경야독하면서 바쁜 삶을 살았고, 희진은 그런 철우가 대견했다.

철우가 대학을 졸업할 때쯤에 프랜차이즈 대표와 만날 기회가 있었다. 철우의 기획안을 마음에 들어 한 대표가 철우를 부른 것이다. 대표는 철우에게 학비를 지원해 줄 테니 대학원에 진학하라고 했고, 본사에 정직원으로 취업하도록 배려해 주었다. 철우 입장에서는 거절할 이유가 없었다. 본사의 정직원이 된 철우는 서울의 11개 프랜차이즈를 관리하는 관리자가 되었다. 그리고 대학원을 마칠 즈음에는 수십 개의 프랜차이즈를 관리하고 있었고, 회사에서도 계속 승진했다.

희진이와 사귄 지도 8년이 되었고, 결혼 이야기가 오갔다. 철우는 또래 친구들에 비해서 제법 성공한 직장인이었고, 석사학위까지 취득했기 때문에 희진의 아버지 앞에서도 떳떳할 수 있을 것이라고 생각했다. 마침내 희진의 아버지를 찾아갔는데, 희진의 아버지는 생각보다 훨씬 더 철우를 반겨 주었다. 철우의 성장과정에 대한 내용을 다 알고 있었던 희진의 아버지는 철우를 아들처럼 대해 주었다. 철우는 성취하고 성장하며 인정받는 것이 좋았다. 그리고 이런 변화가 모두 희진의 덕이라고 생각했다.

희진이와 결혼하고 나서 아이도 낳았다. 결혼 4년 차에 철우는 전국 매장을 관리하는 관리자가 되었다. 아직 30대인데 40대에는 임원을 할 것이라는 이야기가 오갔다. 철우는 아파트를 2채나 갖고 있었다. 하나는 장인어른이 해 준 것이었고, 다른 하나는 철우가 직접 번 돈으로 산 것이었다. 차도 아내의 차와 자기의 차 2대가 있었다. 그리고 결혼 7년 차에 아이는 두 명이 되었고, 철우는 정말 남부럽지 않은 삶을 살았다. 스스로가 자랑스러웠다.

그러나 결혼 12년 차가 되던 해, 큰아이가 11세가 되었을 때 아내가 이혼하자고 말했다. 철우는 너무 황당했다. 이렇게 행복한데 이혼이라니……. 그때 철우가 아내에게 한 말은 "너 바람났어?"였다. 이혼의 원인이 자신에게 있을 것이라고는 전혀 생각하지 않았기 때문이다.

아내의 마음은 이랬다. 물론 아내도 철우의 성장과 성취가 자랑스러웠다. 철우가 성실한 사람이라는 것에 의심은 없었다. 다만, 문제는 철우가 더 이상 가족 같지가 않았다. 철우는 결혼기념일, 아내의 생일, 아이들의 생일을 하나도 몰랐다. 가족이 철우의 생일을 챙겨 주려고 준비한 날조차도 철우는 집에 들어오지 않았다. 자녀의 선생님이 어떤지, 어떤 친구들과 만나는지, 요즘 아내의 취미는 뭔지, 가족의 관심사는 무엇인지……. 철우는 아무것도 몰랐다. 그저 집에 돈만 벌어다 줄 뿐이었다. 아내는 철우에게 수차례 이런 어려움을 말했다. 아이들은 가족 그림을 그릴 때 아버지를 그리지 않았다. 아버지가 가족이라는 것을 아예 몰랐다. 아내가 철우에게 가족에게 신경 좀 쓰라고 해도 철우는 '내 역할을 하는 것'이라고 할 뿐이었다. 결국 이혼 이야기를 꺼낸 아내는 일과 가족 중에 하나를 선택하라고 했다.

철우는 너무 화가 났다. "내가 왜 이렇게까지 열심히 하는데!" 철우가 소리를 치자 아내는 "가족 때문이야? 그럼 가족을 위해서 이제 포기해도 되겠네. 임원 안 하면 되잖아. 매장 몇 개만 관리하면서 임원 포기하면 가족과 더 많이 보낼 수 있잖아. 이제 큰애 사춘기 접어드는데, 아빠는 딸이랑 몇 번이나 대화해 봤어?" 아내의 말을 듣고 나서야 철우는 자기가 임원을 포기할 수 없다는 것을 알았다. 당연히 가족이 1순위라고 생각했는데, 그렇지 않았다. 임원이 되고 싶었다. 그러나 아내에게 임원을 포기할 수 없다고 말하기는 어려웠다. 그래서 설득하기 시작했다. 우리 가족의 노후, 아이들에게 물려줄 재산을 만들기 위해서는 임원이 되어야 한다고 했다. 그런데 아내의 답은 명확했다. "우리 재산 충분해. 서울에 아파트가 두 채고, 그 외에 모아 놓은 것으로 투자한 것도 많아. 우리 애들 다 클 때쯤에는 나 유산도 받아. 돈 때문이면 난 더 이상 필요 없어. 난 남편이 필요하고, 애들은 아빠가 필요해." 철우는 이제 화를 내기 시작했다. "회사에서 임원으로 일하는 바쁜 아빠가 있는 것하고 아빠가 없는 선택지 중에 아빠가 없는 선택지를 고르겠다는 심보가 뭐야?" 그러자 아내는 아주 단호하게 다시 물었다. "그래서 임원을 꼭 해야겠다? 가족을 위해서 당신 성공은 포기 못하겠다? 그런 거지?" 철우는 철저하게 계산하는 사람이었다. "앞으로 잘할게."와 같은 지킬 수 없는 약속을 던지기는 어려웠다. 자신의 논리가 분명해 보였다. 아빠가 없는 것보다는 바쁜 아빠가 있는 게 낫다는 생각이었다. 오히려 아내의 생각에 오류가 너무 크다고 생각했다. 그래서 제3자에게 평가받고 싶었다. 그래서 아내에게 부부 상담을 제안했다. 상담사가 자기 편을 들어 줄 것이라는 확신이 있었다.

사랑하지만 미래가 없어

현경(가명)은 대학 영화 동아리에서 동철(가명)을 만났다. 현경은 디자인학과였고, 동철은 컴퓨터공학과 복학생이었다. 현경은 디자인을 하지만, 화면이 예쁘고 감각적인 영화를 좋아했다. 동철은 그냥 모든 영화를 좋아했다. 동철은 복학생이었지만, 분위기를 잘 맞추고 센스가 있었다. 그는 동아리의 분위기 메이커였고, 그래서 인기가 많았다. 학교를 다니면서 "내가 컴퓨터공학과가 아니라 영화과를 갔어야 했는데……." 라는 말을 많이 했다. 연극과 친구들하고도 친하게 지내다가 엉뚱하게 학교에서 연극 공연을 올리기도 했고, 축제 때 노래자랑에서 우승을 하기도 했다. 어디로 튈지 모르는 사람이었고, 낭만이 가득했다.

동철은 졸업 전 어느 날, 현경에게 사귀자고 했다. 행복하게 해 주겠다고 했다. 현경은 동철이 워낙 인기가 많아서 자신에게 마음이 있었다는 것이 너무 예상 밖이라 당황했지만, 거절할 이유가 없었다. 현경은 동철이 자신에게 과분한 남자라고 생각했다. 그는 키도 크고 잘생기고 유머러스하고 인기 많고 능력 있는 사람이었다.

현경과 동철은 졸업하자마자 취업에 성공했다. 현경은 디자이너로 취업했고, 동철은 프로그램 관련 회사에 취업했다. 현경은 회사 일이 좋았다. 성장하고 싶었고, 실제로도 실력으로 인정을 받았다. 그런데 동철은 몇 개월 회사를 다니다가 그만두었다. 그러나 걱정이 되지는 않았다. 동철은 여러 회사를 경험해 봐야 나중에 정말 내 일을 잘할 수 있다고 했다. 그리고 곧 다시 취업했다. 그런데 그 회사도 몇 개월 다니다가 그만두었다. 그러다가 갑자기 연극배우를 한다고 극단에 들어갔다. 그런데 극단에서도 공연을 올리지 못하고 곧 나왔다. 그리고 배달 일을 시작했다. 현경은 동철처럼 멋있는 사람이 회사를 금방 그만둔다는 것이 이해가 안 되었다. 그런데 대학 다닐 때 인기 많았던 동철의 모습을 자세히 떠올려 보니 일을 잘하거나 공부를 잘하는 사람이 아니었다. 재밌고 잘 놀고 인기 많은 사람이었다. 현경이 걱정이 되어서 동철에게 물어보니 배달 일은 잠깐 하는 것이라고 했다. 가끔 동철이 오토바이로 현경을 데리러 오면 영화의 한 장면처럼 갑자기 바닷가에도 가고, 한적한 카페에도 다녀오곤 했다. 비록 배달 일을 했지만, 여전히 낭만 가득했다.

그러다가 20대 후반에 현경이 임신을 했다. 현경은 어쩔 줄 몰라서 우울했는데, 동철은 엄청 기뻐했다. 그래서 결혼을 서둘렀다. 잠깐 한다던 동철의 배달 일은 벌써 수년째 이어 오고 있었다. "난 배달 일이 적성인가 봐." 이런 말도 종종 했던 터라 현경이 걱정되어 물었다. "결혼하고서도 배달 일을 할 거야?" 그랬더니 동철은 "배달이 어때서? 내가 마음먹고 배달하면 너보다 잘 벌어. 배달 무시하냐?"라고 했다. 현경의 얼굴이 굳어지자 동철은 웃으면서 "야, 장난이야. 내가 아무려면 애도 생기는데 배달만 하겠냐. 걱정하지 마. 나 가장이야."라고 했다. 현경은 동철을 믿었고, 결혼 생활은 행복했다. 결혼하면서 현경은 회사를 그만두었다. 현경은 성공하고 싶은 마음이 있었기 때문에 아이를 낳고 어느 정도 기르면 다시 취업해서 성장할 계획이었다. 디자이너는 프리랜서로도 일을 할 수 있기 때문에 경력 단절 없이 집에서도 일할 수 있을 것이라고 생각했다. 동철은 아기가 태어나고 배달을 잘 가지 않았다. 동철은 현경에게 배달은 자기가 일을 조절할 수 있어서 괜찮다고 했다. 동철은 태어난 아기를 돌보는 것이 행복했다. 현경은 그래도 동철이 생활비를 계속 벌어 오니까 일을 잘 안 가는 것에 대해 나무라지 않았다.

그런데 현경은 동철이 그동안 대출로 생활비를 대고 있었다는 것을 알게 되었다. 배달도 한 군데 적을 두고 하는 것이 아니라, 여기저기서 하고 싶을 때에만 배달을 했다. 현경은 대출을 받았다는 것을 알고 동철에게 잔소리를 하기 시작했다. 동철은 여기저기 배달 일을 했지만, 지속하지 못했다. 배달도 성실히만 하면 수입이 나쁘지 않은데, 문제는 동철이 성실하지 않았다. 현경의 잔소리가 늘어 가자, 동철은 종종 집에 들어오지 않았다. 친구들과 만나는 횟수가 늘었고, 동철과 현경 둘 사이는 점점 벌어졌다. 현경은 동철에게 컴퓨터 전공을 살려서 취업을 하든지, 새로운 기술이라도 배워서 취업하라고 했다. 국가 보조로 자격증 따는 과정을 현경이 직접 알아봐 주기도 했다. 그러나 동철은 그때마다 농담과 로맨틱한 분위기로 현경을 달래며 넘어갔다. 아이가 2세가 되었을 때 현경은 이혼하자고 했다. 동철은 그제야 어쩔 줄 몰라 급하게 부부상담을 신청했다.

이혼을 할 수도 없고, 결혼을 유지할 수도 없어요

경희(가명)는 대학을 다니는 도중에 겸임교수였던 도식(가명)을 만났다. 둘은 졸업을 하자마자 결혼했다. 경희는 경영학과 학생이었고, 도식은 스타트업 회사를 운영하는 사업가였다. 작은 회사이지만 경영학 박사학위를 취득하여 회사를 운영하면서 겸임교수로 대학에 출강하고 있었다. 결혼했을 때 경희의 나이는 24세였고, 남편은 36세였다.

도식은 강의할 때는 재치도 있고 센스가 가득했지만, 개인적인 관계에서는 그런 재치와 센스를 발휘하지 않았다. 강의를 위해 만든 모습이었다. 경희는 도식을 사랑해서 결혼했다기보다는 결혼해야 한다고 생각했다. 처음부터 교수와 제자의 관계였어서 감정을 적극적으로 표현하는 연애는 하기 어려웠다. 결혼 후에도 힘든 것이 많았다. 시댁 부모님은 경희가 부모님이 안 계시다는 것을 싫어했다. 경희는 어린 시절부터 고아는 아니었고, 경희가 대학에 갔을 때 부모님이 돌아가셔서 조부모님과 살았다. 부모님이 안 계시니 시부모님이 구박을 해도 하소연할 데가 없었다. 심지어 남편도 경희를 보호해 주거나 경희 편을 들어 주지 않았다.

결혼 후 경희는 작은 사업을 시작했다. 남편이 사업가여서 남편의 사업을 도울 수도 있었지만, 경희도 하고 싶은 사업이 있었고, 남편도 투자금이 들어가는 사업이 아니니까 해 보라고 했다. 그런데 경희의 사업이 커지기 시작했고, 남편 사업의 6배가 넘는 규모로 성장했다. 경희 나이가 30세가 되었고, 남편은 42세가 되었다. 아이는 아직 없었다. 부부 사이의 정이랄 것도 없었고 얼굴을 볼 일도 별로 없었다. 남편이 바람을 피우거나, 경희에게 폭력을 행사하거나 하는 일은 없었다. 성실한 사업가였다. 그러나 좋은 남편은 아니었다. 시부모님은 경희의 사업체 명의를 남편 명의로 하려고 수차례 시도했다. 경희는 이것이 너무 큰 스트레스였지만 남편은 굳이 경희 편을 들거나 시부모님의 폭력을 막지 않았다. 경희는 시부모도 남편도 보고 싶지 않았고, 그녀의 유일한 위로는 회사를 함께 키워 준 동료들이었다. 가장 어려운 시기에 월급도 안 받고 버텨 준 동료들 덕분에 회사가 성장할 수 있었기 때문에 지금은 동료들에게 충분한 보상을 하고 있다. 그런데 그것마저도 시부모가 못마땅해 하면서 마치 당신 재산이 흘러 나가는 것처럼 아까워했다. 그렇다고 이혼을 하는 것도 안 좋았다. 경희의 사업이 교육사업이었기 때문에 이미지가 중요했다. 이혼녀라는 딱지가 붙는 것이 불이익을 줄 게 뻔했다. 그리고 남편이 막 싫은 것도 아니었다. 그렇다고 결혼을 유지하자니 시부모님의 태도가 사업을 위협하기도 했고, 그런 희생을 감수할 만큼 결혼이 좋은 것도 아니었다.

경희는 결혼을 유지하는 것도, 이혼하는 것도 고민이 되어서 상담을 신청했다. 상담사는 남편과 함께 상담을 받을 수 있는지 물었으나 경희는 혼자서만 상담을 받겠다고 했다.

서운함은 어디에서 생겼을까

철우와 희진의 갈등은 접근-접근 갈등으로, 철우는 임원이 되는 것을 목표로 살아가는 바쁜 삶도 좋았고, 희진과의 결혼 생활도 좋았다. 둘 다 놓치고 싶지 않았다. 철우와 희진의 문제는 전형적인 서운함의 문제다. 먼저, 희진의 서운함은 눈에 보이는 서운함이고, 실제로 희진은 서운함을 지속적으로 표현했다. 희진이 좋아했던 철우의 모습은 재미있고 다정한 남자였다. 나이트클럽 웨이터가 보여 주는 재치와 능글맞음이 희진이 철우에게서 본 가장 좋은 모습이었다. 희진의 아버지는 권위적인 기업의 임원이었기 때문에 아버지와 달리 나긋하고 다정한 철우가 좋았다. 게다가 성실하기까지 하니 금상첨화였다. 그러나 철우가 변했다. 생일, 결혼기념일 하나 안 챙겼다. 사실 이혼을 이야기했을 때 임원 승진과 가족 중에 고르라고 말한 것은 일종의 항의 행동이었다. 희진은 철우가 "미안해, 잘할게."라고 말해 주길 바랐다. 그러나 철우는 "아빠가 없는 것보다는 있는 게 낫지."라고 오히려 뻔뻔하게 나왔다. 희진이 정말로 이혼을 결심한 것은 바로 이때였다. 그때 가장 크게 들었던 감정이 서운함이었다. 희진이 기대한 철우의 모습은 없었다. 서운한 것은 철우도 마찬가지였다. 철우는 정말 열심히 살았다. 장인어른도 칭찬했고, 회사에서도 인정을 받았다. 그런데 가족에게만 인정받지 못했다. 철우는 "나도 서운한 게 없는 건 아니었는데, 표현을 안 한 것뿐이거든요. 그런데 (아내는) 서운한 걸 다 표현하니까……. 참지를 않아요."라고 말했다. 철우는 아내에게 인정받고 싶었다. 자기가 얼마나 대단한 성장과 성취를 해내고 있는지 아내가 몰라 주는 것 같았다. 둘은 서로 다른 욕구를 갖고 있었다.

현경과 동철은 접근-회피 갈등으로, 현경이 볼 때 동철은 일상을 즐겁게 해 주는 남편이지만 미래가 없었다. 이 문제는 겉에서 보면 현실적인 문제로 헤어진 상황 이별 같아 보인다. 남편이 일을 하지 않으므로 헤어졌을 뿐이라고 생각할 수 있다. 물론 상황을 해결해야 하는 부분이 있다. 그러나 이런 직접적 갈등도 서운함의 문제와 엮여 있고, 갈등을 유발한 문제만 풀어서는 모두 풀리지 않는다. 결국 서운함도 함께 풀어야 갈등이 전체적으로 해결된다. 사실, 현경은 현실적으로 생각하면 자기가 돈을 벌고 동철에게 아이를 보게 할 수도 있었다. 어차피 이혼을 하고 나면, 아이를 엄마에게 맡기고 자기는 일하러 갈 것이었기 때문에 동철이 아이를 보고 자기가 일하는 것도 고려할 수 있는 길 중의 하나였다. 동철은 아이를 지극히 좋아했기 때문에 충분히 가능한 고려였다. 그러나 현경은 이혼을 선택했다. 서운했기 때문이다. 표면적으로 드러난 이혼 사유는 동철의 무능이었지만, 현경이 제일 힘들어했던 것은 동철이 현경의 말을 무시했다는 데 있었다. 현경은 동철이 취업하기 위해 노력하는 모습을 보이기만 했어도 함께 어려움을 헤쳐 나가고 싶었다. 그러나 동철은 그럴 생각이 없었다. 현경의 말을 진지하게 듣지 않고 다 농담으로 넘기려고 했다. 이런 소통 불가능성이 서운함을 만들었고, 갈등 문제와 더불어 이런 소통 불가능성에서 발생한 서운함의 문제를 함께 해결해야 풀리는 갈등이었다.

경희의 경우에는 혼자 상담에 들어왔기 때문에 풀기 쉽지 않은 문제처럼 보이지만, 경희의 문제야말로 서운함의 문제이고 다른 문제들보다 더 쉽게 풀렸다. 경희에게 시부모님의 간섭은 큰 문제가 아니었다. 문제는 남편이 경희 편에 서지 않았기 때문에 찾아온 서운함이었다. 남편이 경희를 위로하고 경희 편에 서기만 했어도 경희가 굳이 이혼까지 생각할 필요는 없었을 것이다. 만약에 남편이 시부모님의 간섭에 대해서 잘 방어해 주고, 경희의 사업을 응원해 줬다면 서운함이 생기지 않았을 것이다. 문제는 남편도 표현이 없지만 경희도 표현이 없다는 데 있다.

목표 갈등에서 각 커플 사이에 서운함을 발생시킨 이유는 무엇이었을까? 잘 살펴보면 좌절 갈등에서 서운함을 발생시킨 커플들의 경우와 동일하다.

① 각자의 감정과 기대에 대해 소통하지 않았다. 남편과 아내 모두 그렇다. 희진과 현경의 경우에는 소통한 것처럼 보이지만 소통보다는 통보에 가까웠다.

② 자신들의 결정과 행동 과정에 대해 소통하지 않았다. 남편과 아내 모두 그렇다.

③ 상대방의 가장 중요한 핵심 욕구가 무엇인지 물어보지 않고 스스로 판단했다.

④ 해결 방법을 함께 찾아가려고 하지 않고 각자 자신의 해결 방법대로 풀어 나갔다.

⑤ 부정적인 말과 행동이 반복되는데, 그것을 해결하지 않아서 점점 커졌다.

⑥ 자신의 감정이 점점 망가져 가고 있는데, 관리하지 않았다.

03 역할 갈등

역할 갈등은 역할의 충돌로 인해 발생하는 갈등으로, 크게 역할 내 갈등과 역할 간 갈등으로 구분한다. 역할 내 갈등은 역할 긴장, 역할 모호성, 상호 기대의 차이가 원인이 되는데, 역할 긴장은 역할에 대해 다른 역할 대상으로부터 상반되는 역할을 요구받을 때 발생한다. 역할 모호성은 자신에게 주어진 역할이 명확하지 않아서 발생하는 갈등이다. 상호 기대의 차이는 다른 역할 대상이 오기대하거나 과기대 혹은 저기대하여 발생하는 갈등이다. 역할 간 갈등은 나의 역할이 다른 역할 혹은 역할 집단과 상충된 요구를 해야 할 경우에 발생한다.

역할 갈등은 이혼의 원인 중 가장 직접적으로 나타나는 원인이다. 역할 갈등은 갈등 자체의 문제보다는 그 갈등으로 인해 발생하는 감정이 문제였다. 역할 갈등은 상황 자체는 해결하지 못할 문제는 아니었으나, 상황을 해결한다고 해도 감정이 해결되지 않아서 결국 이혼으로 연결되었다.

역할 갈등은 역할 내 갈등과 역할 간 갈등으로 나뉘는데, 역할 간 갈등은 시어머니와 며느리, 남편과 아내, 시아버지와 며느리, 동서 간, 형수와 도련님 등 서로 다른 사람이 맡고 있는 다른 역할로 인해 발생하는 갈등이다. 시어머니와 며느리, 동서 간에 발생하는 주요 감정은 억울함이었고, 시아버지와 며느리 사이에서 발생하는 주요 감정은 두려움이었으며, 남편과 아내, 형수와 도련님 사이에서 발생하는 주요 감정은 서운함이었다.

역할 내 갈등은 역할 긴장과 역할 모호성, 상호 기대의 차이로 구분이 되었다. 역할 긴장의 갈등이 가장 많이 두드러졌는데, 직장인으로서의 역할과 아내, 엄마, 며느리로서의 역할 긴장, 아내로서의 역할과 연인으로서의 역할 긴장이 주를 이루었고, 각 역할 긴장에서 발생하는 감정은 모두 서운함이었다. 직장인으로서의 역할과 아내, 엄마, 며느리로서의 역할의 충돌인 경우에 남편이 집안일을 함께해 주지 않아서 아내가 직장 생활과 집안일을 모두 감당해야 하거나 남편이 시댁 행사 등을 방어해 주지 않는 것에 대한 긴장 때문이었고, 아내와 연인 사이의 긴장은 결혼 전에 해 주었던 로맨틱한 반응들이 사라진 것에 대한 서운함 때문이었다. 역할 모호성은 아내를 인형으로만 있게 하고 아무것도 하지 못하게 해서 아내의 역할이 모호하게 된 상황으로 인해 발생한 갈등이다. 이 경우에 남편이 아내에게 살림도 못하게 하고, 일도 못하게 하고, 그저 공주처럼 예쁘게만 있게 하는 경우로, 아내가 역할의 모호함 때문에 정체성을 상실하며 발생했다. 상호 기대의 차이로 인한 갈등은 다른 역할 대상이 오기대하거나 과기대, 저기대하여 발생하는 갈등으로, 아내 혹은 며느리에게 과기대하여 직업여성으로서, 그리고 아내로서의 역할을 모두 잘 소화하기를 바람으로 인해 발생하는 갈등, 가정주부에게 집수리, 전기 배선 수리 등 오기대하여 발생하는 갈등, 남편이 무능하여 기대할 수 있는 것이 없어서 발생하는 갈등으로 나타났다.

이 책에서는 역할 긴장, 역할 모호성, 상호 기대의 차이, 역할 간 갈등의 사례를 각각 1개씩 소개한다.

아내이기도 하지만 스튜어디스이기도 해

가영(가명)은 스튜어디스였다. 평생 꿈이었고, 꿈을 이루고 살기 때문에 자기 직업에 대해서 만족했다. 처음에는 해외 항공사에서 일하다가 꿈에 그리던 대로 국내 항공사에서 일하게 됐다. 용석(가명)은 지인을 통해 가영을 소개받은 후로 쫓아다니기 시작했다. 용석이 지인의 SNS에서 가영을 보고 소개해 달라고 했고, SNS도 오래전부터 팔로우 상태였다. 용석의 적극적인 구애로 둘은 2년 동안 사귀다가 결혼했다.

가영의 결혼 조건은 간단했다. 스튜어디스 일을 계속할 수 있도록 해 줄 것! 어느 정도 경력이 생기고 결혼을 하면 국내선으로 전환하거나 본사 업무로 전환할 수 있는 기회를 주기도 했지만, 가영은 국제선을 타고 싶었다. 그래서 집을 비울 일이 많을 것이라고 이야기했고, 용석은 당연한 것이라고 말했다. 그리고 스튜어디스 일을 계속한다는 조건에는 아이를 늦게 갖거나 안 가질 수도 있다는 것도 포함이었다. 가영은 30대 중반까지는 스튜어디스를 계속할 계획이었고, 아이를 가져도 30대 중반이 지나고 나서 갖겠다고 했다. 용석은 가영의 조건에 모두 동의했다.

그러나 막상 결혼하고 나니 결혼 생활과 스튜어디스를 병행하는 것이 쉽지 않았다. 처음에는 용석도 가영이 국제선을 타고 나갈 때면 친구들을 만나면서 자기만의 자유를 누렸기 때문에 큰 문제가 되지 않았다. 오히려 가영이 비행을 가는 기간 동안에 자기 시간을 보낼 계획을 세우며 이중생활을 하는 느낌을 즐겼다. 그러나 친구들을 부부 동반으로 만날 때, 명절 때, 생일이나 크리스마스, 밸런타인데이 등 함께 챙겼으면 하는 기념일에 가영이 비행을 하면 용석은 서운해지기 시작했다. 신혼

인데 성관계를 오랫동안 못하고 혼자 지내야 한다는 것도 서운한 문제였다. 그런데 이런 문제로 말하지 않기로 약속했기 때문에 직접 말하지는 못했다. 그래서 가영이 비행을 나가 있는 동안은 용석도 연락을 안 받는 등의 항의 행동을 시작했다. 가영은 비행을 나갈 때마다 용석과 연락이 잘 안 되자 이상하게 여겼다. 그래서 비행을 다녀와서 용석에게 따지곤 했다. 용석은 친구들과 놀러 가서 연락이 어려웠다고 둘러댔다. 처음에는 그러려니 했는데 이런 일이 반복되자 추궁하기 시작했다. 점점 둘 사이에 다툼이 늘어 갔다.

어느 날, 가영이 비행을 나가 있는 동안에 또 연락이 안 되자 가영은 용석의 친구 SNS를 타고 들어갔다. 그런데 용석이 여자들이 끼어 있는 모임에 참석해 있는 것을 확인했다. 가영은 그 장면을 캡처한 후 한국에 돌아와서 용석에게 따졌다. 그러자 용석은 억울해하다가 쌓아 왔던 것을 터트렸다. "나는 친구들하고 같이 있는 것이 확실히 확인됐지. 너는? 내가 너 해외에 나가 있는 동안에 네가 어떻게 행동하는지 내가 어떻게 아냐?" 하지 말았어야 할 말을 하고 말았다. 가영은 서러워서 울었다. 그러나 용석도 서운함이 쌓일 대로 쌓인 상황이라서 달래 주고 싶지 않았다. 어쩌면 찌르고 싶어서 일부러 찌를 수 있는 말을 꺼낸 것일 수도 있다고 생각했다. 둘의 관계는 점점 삐걱댔다.

가영은 가정을 생각해서 많이 양보하는 마음으로 국제선에서 국내선으로 돌렸다. 최대한 가정에 충실하려고 노력했다. 그러나 둘 사이의 앙금은 이미 깊어진 상황이었다. 가영은 자기가 희생했으니 남편이 자신에게 고마워할 것이라고 생각했으나, 용석은 감정이 풀리지 않았기 때문에 가영이 국내선으로 돌리고 집에 자주 들어와도 가영이 국제선을 탈 때처럼 친구들과 놀러 가거나 오히려 역으로 집을 비우곤 했다.

가영이 "내가 내 꿈을 접고 희생한 건데 너는 어쩜 이래?"라고 따졌지만, 용석은 오히려 "네가 맨날 비행했던 것은 괜찮고, 내가 가끔 친구들하고 여행 간 것은 문제냐?"라고 따졌다.

둘 사이가 심각하다는 이야기를 들은 가영의 회사 동료가 부부 상담을 받아 보라고 제안해서 가영이 상담을 신청했다.

인형의 집

소피아(가명)는 우즈베키스탄에서 경리 일을 하고 있었다. 혁(가명)은 한국에서 사업차 우즈베키스탄에 방문할 일이 많았다. 우즈베키스탄에 갈 때마다 거래처에서 경리 일을 보고 있는 소피아가 마음에 들었다. 거래처를 바꿀 수도 있었지만 소피아를 보기 위해 바꾸지 않고 계속 거래했고, 직원을 보내도 됐지만 소피아가 보고 싶어서 직접 우즈베키스탄까지 갔다. 소피아는 한국어도 제법 잘했다. 한국 드라마와 노래를 좋아해서 일부러 한국과 거래하는 회사에 취업했다. 어느덧 혁의 마음 한가운데에 소피아가 들어와 있었지만, 고백하기는 어려웠다. 나이 차이 때문이었다. 혁은 42세였고, 소피아는 24세였다. 둘은 열여덟 살 차이가 났다. 혁은 나름대로 관리를 잘해서 42세처럼 보이지 않았지만 그래도 24세의 소피아에게 고백하기에는 무리가 있었다. 게다가 혁은 그동안 회사의 성장 속도에 맞춰서 일을 하다 보니 대학 때 잠깐 교제했던 것 말고는 연애는 처음이나 다름없었다.

한국에 있을 때조차도 소피아가 생각이 나서 도저히 안 되겠다고 생각한 혁은 일을 만들어서 우즈베키스탄에 갔고, 소피아에게 고백했다.

처음에 소피아는 거절했다. 혁은 '역시 안 되는 거였구나.'라고 생각하고 포기하려고 했는데, 소피아의 대답이 "저는 세컨드 싫어해요."였다. 혁은 소피아가 자신을 기혼자로 생각하고 있다는 것을 알게 되었다. 그래서 혁은 자신은 미혼이라고 말했다. 사업을 키우느라 연애도, 결혼도 못했다고 했더니 소피아는 크게 웃으면서 "그럼, 자기가 어떻게 해야 되냐?"라고 물어보았다. 혁은 무슨 말인지 이해를 못해서 고민하고 있었더니 소피아가 다시 물어보았다. "나는 여기에 있고 사장님이 와서 연애해요? 아니면 내가 한국으로 가요?" 혁은 그날 바로 소피아에게 청혼했고, 소피아는 자신의 가족에게 혁을 소개시켰다. 결혼식은 우즈베키스탄에서 한 번, 한국에서 한 번, 총 두 번 했다.

문제는 결혼 후 바로 시작됐다. 혁은 연애에 너무 서툴렀고, 결혼 생활은 더욱 서툴렀다. 혁은 소피아가 힘든 것이 싫었다. 그래서 설거지도 못하게 하고, 일도 못하게 했다. 다른 데에서 일하고 받을 만큼의 충분한 돈을 용돈으로 주었다. 소피아는 한국에서 다양한 일을 하고 싶었다. 카페에서 아르바이트도 해 보고 싶었고, 편의점에서 일해 보고 싶기도 했다. 그러나 남편은 절대 반대했다. 그렇게 일하고 싶으면 자기 회사에서 일하라고 했다. 소피아는 그것도 좋았다. 그래서 남편 회사에서 경리 업무를 시작했다. 우즈베키스탄에서 하던 일이었기 때문에 일을 금방 배웠고, 직원들도 소피아를 좋아했다. 그러나 문제는 남편이었다. 남편은 소피아가 힘든 것이 싫었다. 그래서 소피아에게 일을 그만하라고 제안했다. 소피아는 그만두고 싶지 않았지만, 사장인 남편이 원하니 어쩔 수 없었다.

남편은 소피아에게 공부를 권했다. 소피아는 그것도 좋았다. 소피아는 뭘 배울까 알아보다가 필라테스를 배우기 시작했다. 얼마 지나지 않아 소피아는 필라테스에 빠지게 되었다. 매일 필라테스를 배우러 갔고, 열심히 해서 필라테스 강사 자격증까지 땄다. 소피아는 필라테스 강사를 하겠다고 남편에게 말했다. 그런데 남편은 이것도 반대했다. 혁의 생각에서는 야한 옷을 입고 운동하는 것 자체가 불만이었다.

소피아는 결혼 2년 만에 이혼을 하겠다고 했다. 혁은 이해하기 어려웠다. 최선을 다했는데 왜 이렇게 됐는지 이해가 안 갔다. 소피아의 대답은 "오빠하고 결혼하고 나서 내 자아가 없어졌어."였다. 혁은 이 말이 더 이해가 안 갔다. 한국 사람들이 잘 사용하지 않는 한국말이었다. 그래서 마음이 급해진 혁은 부부 상담을 신청했다.

더 잘할 수 있었어

진숙(가명)은 진영(가명)과 의대 동기였다. 둘은 의대에 다니는 6년, 진영이 공보의로 있는 3년, 총 9년 동안을 사귀었고, 진영이 전공의 과정을 시작하면서 청혼을 해서 결혼했다. 둘은 이미 부부나 다름없는 수준의 교제를 해 왔기 때문에 둘 사이에 더 맞추거나 서운해할 문제는 없을 것이라고 생각했다. 그러나 문제는 결혼하고 나서 터지기 시작했다.

시부모님은 의사인 며느리가 들어온 것이 좋았다. 그래서 집안일을 시킬 생각은 전혀 없었다. 그것은 진영도 마찬가지였다. 진숙에게 명절에 며느리를 불러서 명절 준비를 시키는 일은 없을 것이라고 했다. 그러나 진숙의 생각은 달랐다. 진숙은 며느리 역할도 잘할 수 있다고 생각했다. 진영이 외아들이 아니라서 큰올케가 있었는데, 큰올케는 시부모님을 자주 찾아뵙고 명절에도 가서 일을 도왔다. 진숙은 자신도 그렇게 하겠다고 했다. 그런데 진영은 그렇게 하고 싶지 않았다. 게다가 진숙은 학교에 다닐 때에도 공부밖에 몰랐고, 공부도 매우 잘했다. 진영은 진숙이 일을 잘하는 사람이지, 살림을 잘할 것이라고 기대하지 않았다. 진영은 "그냥 우리 집 일이나 잘해 주셔."라고 했다. 그러나 진숙에게 그것은 또 다른 문제였다. "우리 집 일? 우리 집 일은 너랑 나랑 같이하는 거지. 시댁 일은 내가 하는 거고……." 진숙은 분명히 이렇게 말했지만, 진영은 진숙의 말을 이해하지 못했다.

진영은 전공의 과정이 어려웠다. 밤낮이 없었다. 진숙은 전공의 과정을 끝내고 이미 전문의 자격을 취득해서 진영에 비해 시간적 여유가 있었다. 진영은 진숙에게 피해를 주지 않으려고 집에 잘 들어가지 않았다. 진숙은 진영이 전공의 과정을 하고 있는 병원까지 찾아가서 옷이며 음식까지 챙겨 주었다. 진영은 감개무량하고 고마웠다. 그런데 집에 가면 진영의 방과 옷가지 등이 정리가 되어 있지 않았다. 진영은 오랜만에 집에 갔지만 짜증이 났다. "아, 이런 건 좀 치워 주지." 그러자 진숙이 짜증 내는 진영에게 한소리 했다. "네 것은 네가 치워. 그런 걸 나한테 시키려고 결혼했어? 내가 식모냐?" 진영은 알고 있었다는 듯이 혀를 찼다. "그럼, 그렇지. 시댁 일까지 한다길래…… 기대한 내가 바보지. 몇 년을 봤는데……. 내가 한다, 내가 해. 이게 당연한 거지." 진영은 진숙이 자기 일만 하는 게 당연한 거라고 생각했다. 그런데 이상하게 옷과 음식을 챙겨서 병원에 가져다주는 일은 계속했다. 진영은 진숙이 병원 사람들에게는 살림을 잘하는 사람으로 보이고 싶어 한다고 생각했다.

이렇게 그럭저럭 맞춰 가고 있었는데, 어느 날 진숙이 진영에게 전화를 해서 화를 냈다. "아버님 생신인 걸 왜 말 안 했어?" 진영은 진숙이 힘들까 봐 일부러 말을 안 했다. "내가 알아서 선물 보냈어. 우리가 같이 보낸 걸로 하고……. 좋아하셨어. 염려하지 마." 진영은 진숙이 고마워할 것이라고 생각했지만, 진숙은 화가 났다. "야, 그걸 왜 네가 정해! 나도 시댁에 역할이 있는 거야. 큰올케는 가서 인사드리고 음식도 해 드리고 했는데, 난 오늘 큰올케 연락받고서야 알았어. 너 미쳤어? 내가 시댁에 잘할 수 있다고 했지." 진영은 배려를 한 것이었다. 뭐가 문제인지 몰랐다. 둘 사이에 이런 일들이 자주 일어났다. 잘했다고 생각한 것은 문제였고, 안 되는 일이라고 생각한 것은 또 잘 해냈다. 둘은 계속 이런 문제가 발생하자 상담을 받아 보는 데 합의하고 상담을 신청했다.

고부간 갈등

선영(가명)은 태영(가명)과 3년의 교제 후에 결혼했다. 태영은 공무원이었고, 선영은 간호사였다. 결혼 후에 선영은 일을 그만두고 살림에 집중했다. 바로 임신을 해서 아이를 낳고 육아와 살림에 전념했다. 태영이 공무원이어서 안정적이기는 했지만, 고소득은 아니었기 때문에 살림을 잘 꾸려 나가야 했다. 그런데 시어머니는 아들이 공무원인 것이 자랑스러웠고, 아들의 수입이 굉장히 많다고 생각했다. 시어머니는 선영과 태영의 가계를 당신이 꾸려 가겠다고 했다. 선영과 태영은 둘 다 당황했다. 시어머니는 "나도 애들 키우는 동안은 시어머니가 다 관리했다."라고 당당하게 요구했다. 선영은 대답을 못하고 태영의 눈치를 봤는데, 태영은 선영의 눈치를 봤다. 선영은 태영이 나서야 할 순간이라고 생각했는데, 태영은 정확하게 대답을 안 하고 다른 이야기를 꺼냈다. 그렇게 뭔가 결정된 일 없이 그 자리가 정리되었다. 시어머니가 가신 뒤에 선영이 태영에게 어떻게 할 거냐고 묻자 태영은 "다음에 또 그러시면 용돈이나 좀 드려. 용돈 달라는 얘기야."라고 말했다. 선영은 뭔가 찝찝했지만, 태영이 시어머니를 더 잘 알 테니 태영의 말을 듣기로 했다.

다음에 시어머니가 찾아와서 선영에게 태영의 월급 통장을 달라고 했다. 선영은 "어머니, 요즘은 통장으로 안 해요. 다 인터넷뱅킹이어서 공인인증서를 핸드폰에 깔아야 하거든요. 제가 관리해야 돼요."라고 하고 태영이 말한 대로 용돈을 쥐어 드렸다. 그러자 시어머니는 역정을 냈다. 시어머니에게서 처음 보는 모습이어서 선영은 감당하기 어려웠다. 시어머니는 그렇게 돌아가셨고, 태영이 오자 시어머니가 했던 말을 옮겼다. 태영은 한숨만 쉬고 말을 이어 가지 못했다.

얼마 후에 선영에게 동서가 찾아왔다. 돈을 빌려 달라고 했다. 이야기를 들어 보니 서방님(남편의 남동생)이 도박을 해서 빚이 많이 생긴 상황이었다. 지금은 마음을 고쳤고 성실하게 살려고 노력하는데, 이미 생긴 빚을 감당하기 어려운 상황이었다. 선영은 시어머니가 자신의 둘째 아들 때문에 돈이 필요한 것이라고 추측했다. 선영은 동서에게 급하게 사용할 생활비 정도만 빌려주면서 앞으로 더 빌려주기는 어렵다고 했다. 남편이 퇴근하고 돌아온 뒤에 상황을 이야기하고 시어머니에게 용돈 이상은 드릴 수 없다고 말했다. 태영을 보니 이미 상황이 어떻게 돌아가는지 알고 있는 것 같았다. 그래서 선영은 확인했다. "당신은 알고 있었지?" 태영은 굳이 대답하지 않았다. 그 뒤로도 시어머니는 와서 돈을 자기가 관리하겠다고 역정을 내고 돌아가고는 했다. 태영은 이 문제에 깊게 개입하지 않았다. 선영은 태영에게 몇 차례나 이 문제를 해결할 사람은 태영이라고 말했지만, 태영은 선뜻 나서지 않았다. 선영은 다시 시어머니가 왔을 때 같이 싸우면서 돈을 던지고 이혼 서류를 남겨 둔 채

친정으로 갔다. 그리하여 태영은 혼자 상담 신청을 했다.

서운함은 어디에서 생겼을까

가영과 용석의 갈등은 스튜어디스로서의 역할과 아내로서의 역할 사이에서 나타나는 역할 긴장의 문제였다. 가영의 입장에서는 자기가 희생을 해서 국제선에서 국내선으로 전환하기까지 했는데, 그 희생을 용석이 몰라준 것이 서운했다. 또한 태영이 가영의 외도를 의심하는 것도 서운한 문제였고, 일부러 상처를 주려고 하는 것도 서운했다. 용석은 아내 없이 혼자 한국에서 지내는 자신의 삶이 얼마나 많은 것을 희생하고 있는지를 모르는 것도 서운했고, 자신을 의심한 것도 서운했다. 서로 찌르고 공격한 것이 있었지만, 서운함이 더 컸기 때문에 각자가 어떻게 찔렸는지는 눈에 들어오지 않았다. 둘 다 자존심 때문에 서운함을 적절한 방법으로 표현하지 못하고 우회해서 수동적 공격만 계속했다. 가영은 상담 중에 "(성관계를 안 해서) 서운해한다는 것은 상대방이 표현을 안 해서 몰랐어요."라며 미안한 표현도 했지만, 기본적인 마음에서는 서운함이 더 컸다.

소피아와 혁의 문제는 소피아에게서 역할을 빼앗는 역할 모호성의 문제였다. 혁은 나름대로 소피아를 위해 최선을 다해 아껴 주었는데 소피아가 그걸 알아주지 않아서 서운했다. 소피아는 자신이 하고 싶은 것을 모두 못하게 해서 서운했다. 소피아와 혁의 문제는 서운함의 이유가 다층적이거나 다양하지 않고 명확했다.

진숙과 진영의 문제가 조금 복잡하기는 하지만, 역시 상호 기대의 차이로 나타나는 서운함의 문제였다. 진숙은 뭐든지 잘 해내는 프로 같은 모습을 보이고 싶었다. 시댁 부모님에게는 며느리로서, 큰올케에게는 피해를 주지 않는 동서로서, 남편에게는 잘 챙겨 주는 아내로서, 그리고 병원에서는 프로페셔널한 의사로서 모두 잘 감당하고 싶었다. 진숙이 진영에게 기대한 것은 자기가 일을 잘 감당하도록 중간 역할을 잘해 주는 것이었다. 그러나 진영은 중간 역할을 할 생각이 없었고 남편으로서, 친구로서의 역할에 충실하고 싶었다. 그래서 진숙에게 피해가 가지 않게 하고 싶어서 중간 연결고리를 끊었다. 진숙의 오기대였다. 반대로, 진영은 진숙에게 저기대했다. 의사로서 바쁘기 때문에 며느리 역할을 할 필요가 없다고 생각했다. 큰올케보다 시부모님께 돈을 더 많이 보내기 때문에 상관없다고 생각했다. 진숙에 대해 저기대한 결과였다. 그리고 진영의 오기대도 있었는데, 진숙이 아내로서 집안 청소나 자기 방 관리 등을 잘해 주기를 바랐다. 그러나 진숙은 둘 다 의사로 돈을 벌고, 심지어 진숙이 더 잘 벌고 있기 때문에 집안일은 각자 나눠서 하는 것이 맞다고 생각했다. 그래도 진영이 전공의 과정으로 바쁘기 때문에 다른 곳은 진숙이 청소를 했고, 다만 진영의 방과 서재는 진영이 관리하도록 두었다. 서로 기대가 다르다 보니 다른 기대에 대한 서운함이 오갔다.

선영과 태영의 문제는 한국의 전형적인 고부간 갈등에 도련님 갈등까지 겹쳤다. 역할 간 갈등이 해결하기 가장 까다롭다. 제3자가 개입하기 때문이다. 그래서 고부간 갈등이 이렇게 오랫동안 이혼의 상위 순위를 유지하나 보다. 선영은 시어머니에게도 서운하고, 태영에게도 서운했다. 먼저, 시어머니가 서방님을 위해 자기 집의 재산을 끌어다 쓰려고 한 것이 서운했다. 서방님은 문제를 일으켰고 자기 집은 문제를 안 일으켰는데, 오히려 서방님을 더 감싸고 도는 것이 서운했다. 이보다 더 중요한 것은 태영이 이 문제를 방관하고 있는 것이었다. 태영에 대한 서운함만 없었어도, 태영이 선영의 편에서 움직이고 말만 해 주었어도 선영은 이혼까지 생각하지 않았을 것이다.

역할 갈등에서의 서운함도 좌절 갈등이나 목표 갈등에서 나타나는 현상과 동일한 현상이 있었다.

① 각자의 감정과 기대에 대해 소통하지 않았다.
② 자신들의 결정과 행동 과정에 대해 소통하지 않았다.
③ 상대방의 가장 중요한 핵심 욕구가 무엇인지 물어보지 않고 스스로 판단했다.
④ 해결 방법을 함께 찾아가려고 하지 않고 각자 자신의 해결 방법대로 풀어 나갔다.
⑤ 부정적인 말과 행동이 반복되는데, 그것을 해결하지 않아서 점점 커졌다.
⑥ 자신의 감정이 점점 망가져 가고 있는데 관리하지 않았다.

서운함의 문제로 이혼하는 부부나 이별하는 커플들은 앞의 여섯 가지 현상에서 반복적으로 실패한다.

제 2 부

서운함 알아차리기

럽디(주) 연구팀은 해외에서 진행한 서운함에 대한 연구를 메타분석하고자 해외 논문의 탐색적 연구를 진행했다. 그러나 찾기가 어려웠다. 가장 큰 이유는 영어권에서는 서운함이라는 단어와 동일한 의미의 단어를 찾기가 어려웠기 때문이다. '서운하다'를 영어로 번역할 때 'disappointed, let down, hurt, sad, felt snubbed, felt slighted, felt blue' 등을 사용한다. 최대한 유사한 단어들을 모두 모아 봤지만, 정확하게 서운함을 표현하지는 못한다. 'disappointed'는 실망했다는 의미다. 기대한 것만큼 돌아오지 않았다는 의미에서 서운함에 가장 가까운 표현이기는 한데, 'disappointed'가 기대와 결과 사이에 명확한 구분점이 있는 상황에서 생기는 느낌이라면, 서운함은 해석에 의해서 나오는 느낌이어서 동일한 표현은 아니다. 'let down'은 'disappointed'보다 더 일상적이고 편안한 상황으로, 실망스러운 경우에 사용하는 표현이다. 서운함에 아주 가까운 표현이지만, 대인관계에서 발생하는 서운함과는 결이 많이 다르다. 상처를 입었다는 의미의 'hurt'나 유감스럽다거나 슬플 때 쓰는 'sad'는 서운함을 번역할 때 종종 쓰이지만, 한국인은 이 두 단어가 전혀 다른 의미인 것을 알고 있다. 'felt snubbed'는 무시당했다는 의미이고, 'felt slighted'는 좀 더 강하게 경멸당했다는 의미여서 서운함보다 훨씬 더 직접적이고 강하게 갈등이 심화됐을 때 사용하는 표현이다. 이렇듯 서운함이라는 단어를 번역할 때 사용하는 표현들에도 정확하게 서운함을 담아낼 수 있는 영어 표현은 없다. 그렇다 보니 서운함에 대한 영어권의 연구를 찾기가 어렵다.

영어권의 연구에서 찾기 어렵다 보니 영어권의 연구를 따라 진행하는 한국 심리학 및 상담학 연구의 흐름상 한국에서도 서운함과 관련한 연구는 찾아보기가 어렵다. 불안, 우울, 수치심, 억울함, 슬픔, 분노 등 대부분의 감정 및 느낌 관련 연구가 이루어져 있는데, 서운함에 관한 연구는 학술 연구 검색엔진을 통해 '서운' '서운함' '서운하다' 등으로 검색한 결과를 선행 연구에서 찾아보기 어려웠고, 럽디(주) 연구팀에서 진행한 연구들이 유일했다.

그러면 왜 우리나라에서는 대부분의 갈등 원인이 서운함일 만큼 많은 사람이 서운함을 느끼고 살아가는 걸까? 이걸 밝혀내기 위해서는 앞으로도 더 많은 연구가 진행되어야 하겠지만, 럽디(주) 연구팀에서 10만 건의 갈등 중재 상담 내용을 분석한 결과, 그것은 한국인들이 갖고 있는 깊은 관계성 때문이었다.

아이를 양육하는 과정부터 친구 관계, 연인 관계, 부부 관계까지 한국이 갖고 있는 관계의 깊이는 영어권의 사회와 많이 다르다. 이것은 옳고 그름의 문제가 아니라, 관계에 있어서의 분화와 미분화의 문제다. 한국의 엄마들은 아기와 자기를 동일시하고 또 다른 자기라고 여긴다. 아기일 때 엄마가 아기와 잠을 같이 자는 것은 당연하고 삶의 여정에서의 선택을 엄마가 해 주거나 영향을 미친다. 그러나 영어권과 유럽의 엄마들은 아기와 자기를 다른 독립된 개체라고 여긴다. 그래서 약하고 어리기 때문에 보살펴 주지만, 아기여도 잠을 따로 자고 삶을 살아가는 과정에서의 선택은 자녀의 몫이라고 여긴다. 유럽과 영어권의 국가들은 일단 아기일 때부터 엄마와 정서적 분화를 연습하지만, 한국은 그런 연습을 하지 않는다. 가족 관계에 있어서 분화가 어려운 포르투갈 및 남미 문화도 정서적인 면에서 한국과 비슷한 측면이 있다. 포르투갈어 문화권도 가족 간, 세대 간 관계가 긴밀하며, 분화되지 않은 채 깊은 유대감으로 살아간다. 아이를 대하는 방식과 교류 형태도 비슷하다. 포르투갈어 'mágoa'는 한국어 '서운함'과 매우 비슷하다. 실망감에 원망을 더한 느낌으로 해석에 기반하며, 애착 대상에게 걸었던 기대가 무너질 때 발생한다. 다만 mágoa는 감정의 깊이가 매우 크고 오랜 시간 지속되며 쉽게 사라지지 않는 경우에 쓰지만, 한국어 서운함은 mágoa처럼 쉽게 사라지지 않는 경우부터 일시적이며 작은 기대의 어긋남까지 사용하는 영역이 더 넓다. 이렇듯 서운함은 관계 중심적인 문화권에서 발생하는 단어이고, 이 단어를 사용하는 문화권의 사람들에게서 더 자주 발생한다. 결국 관계 중심적인 사회에서는 서운함이 자연스럽게 자주 발생한다. 그래서 한국이 갖고 있는 관계 중심적인 정서가 없는 나라에서는 서운함이라는 단어와 같은 단어를 찾기가 어렵다.

분화가 잘되는 문화와 결속이 강한 문화 어느 쪽이 더 좋다고 단정할 수는 없다. 심리학도 서양 학문에 토대를 갖고 있어서 서양의 학문이 우수하다고 여겼던 과거에는 분화하는 것이 더 좋다고 여기는 경향이 있었지만, 한국의 방식이 갖는 미분화된 관계의 장점에 대한 연구도 많이 나오고 있는 추세여서 단정 짓기는 어려운 부분이 있다. 한국 문화는 가족 중심적이고, 서로 의지할 수 있으며, 공감하기 위해서 노력하지 않아도 자연스럽게 연민이 생긴다. 반면에 정서적 유대가 너무 깊어서 서로의 삶에 간섭하고, 정서에도 권력 구조가 생기며, 서로에 대한 정서적 기대로 서운함이 발생한다. 그런 의미에서 서운함은 반드시 나쁜 느낌은 아니다. 정서적 연결고리의 역할을 하고, 서로에게 생긴 갈등을 감지하거나 해결할 수 있는 실마리를 주기도 하기 때문이다. 물론 기본적으로 고통을 주는 부정적인 느낌이기 때문에 해결해야 할 대상이고, 갈등을 중심으로 발생하기 때문에 잘 다루지 못하면 2차, 3차 문제까지 유발하기에 장점보다는 단점이 많은 것을 부정하기는 어렵다. 그래서 우리는 서운함을 해결하고 다루는 방법을 배워야 한다.

서운함을 발생시키는 한국 정서에서는 관계가 미분화되어 있기 때문에 정서적 거리의 문제가 발생한다. 분화가 자연스러운 서양 문화에서는 기본적으로 모든 사람은 독립적 존재로 여겨서 서로의 거리를 만들어 가야 하지만, 한국 사람들은 연인이라는 관계 안에 이미 정서적 거리를 정의해 놓고 있다. 예를 들어, 영국 사람이 소개를 통해 연인이 되었다면 일주일에 얼마나 자주 만날 것인지, 연락을 얼마나 자주 할 것인지 정해 놓는 것이 없다. 모든 것이 0에서 시작하여 하나씩 새로 만들어 가는 과정을 갖는다. 그러나 한국 사람들 중에는 "연인이 됐으면 매일 연락해야 하는 것 아냐?" 혹은 "서로 스케줄 공유를 안 할 거라면 왜 사귀지?"와 같은 말을 하는 사람들이 많은데, 이 의견에 동의하든 동의하지 않든 자연스럽게 들을 수 있다. 그렇다 보니 연인이라는 관계에 이미 기대를 설정해 놓고 있고, 심지어 그 기대는 서로 대화하지 않아도 당연한 것이라고 여기는 경우가 많다. 문제는 이 기대의 크기와 거리가 각자 다르다는 데 있다. 그러니 자연히 서운함이 발생한다.

그렇다면 서운함의 문제를 해결하기 위해 제일 먼저 해야 할 일은 무엇일까? 대부분의 감정적 문제를 해결하기 위한 첫 단계가 알아차림이다. 신체적 영역이 감지하기 쉬운 감정일수록 알아차리기가 쉽다. 신체로부터 벗어나 느껴지는 감정일수록 알아차리기가 어렵다. 서운함은 관계에서 발생하며, 신체로 오기보다는 생각에서 나타나는 경향이 많아서 알아차리기 어려운 감정이다. 서운함의 문제를 해결하기 위해서는 알아차리기 연습이 필요하다. 서운함을 잘 알아차리기 위해 서운함이 무엇인지 정의해 보자.

04 서운함이란

나는 연애와 갈등을 다루는 상담을 많이 진행하다 보니 서운함을 이론적으로 연구하고 정리하기 전부터 자연스럽고 당연하게 갈등의 중심에는 서운함이 있다는 것을 잘 알고 있었던 것 같다. 그런데 다른 상담사들과 대화하다 보면 갈등의 중심에 서운함이 있다는 것을 의아하게 받아들였다. 불안, 수치심과 같이 애착 이론에서 다루는 감정을 중심으로 접근하거나 성격 차이나 경제적 문제 등 감정 외적인 문제로 접근하려고 했다. 다른 상담사들은 서운함의 문제를 중심으로 갈등을 해결하는 상담사들이 의외로 없었다. 나는 서운함을 중심으로 상담하여 나타나는 효과를 보면서 서운함과 갈등의 관계를 좀 더 깊게 연구하고 이론으로 정립할 필요가 있다고 생각했다.

남편과 나는 '아이들이 행복하게 태어날 수 있는 세상'을 위해 안 싸우고, 안 쌓이는 연애와 결혼 생활, 가정생활을 만들자는 비전으로 상담을 시작했다. 남편은 갈등을 중재하기 위한 화법을 개발하고, 나는 서운함의 문제를 해결하기 위한 상담 방법들을 개발했다. 이 외에도 많은 갈등 중재 및 재회 상담을 위한 상담 이론을 만들어 적용했지만, 화법과 서운함의 문제가 가장 핵심이었다. 서운함의 문제를 해결하며 파혼 위기의 예비부부가 결국 웨딩마치를 울리고, 이혼한 부부가 재회하는 결과물이 계속 나타났다. 남편과 둘이서 시작한 작은 회사가 입소문을 타고 임직원 50명이 넘는 회사로 성장했다. 남편과 나는 회사의 성장 속도에 따라 밀려드는 상담을 감당하느라 연구를 늦출 수밖에 없었지만, 연구가 계속되어야 한다는 생각에 2021년 기업부설연구소의 허가를 받아 석사 및 박사급의 연구원들을 채용하여 연구팀을 구성했다. 상담은 수익을 발생시켰지만, 연구는 상담으로 얻은 수익을 쏟아 내야 했다. 그러나 매년 9만 2천 건의 이혼, 그보다 몇 배 더 많은 연인의 이별 현황을 보고 우리가 성취한 결과물들을 더 많은 상담사와 연인, 부부가 누려야 한다는 생각에 연구에 대한 투자를 미룰 수 없었다.

제1부에서 정리한 것처럼 럽디(주) 연구팀이 10만 명의 이혼 및 이별, 갈등 중재 내담자들을 대상으로 갈등의 원인을 분석한 결과 1순위는 서운함이었다.

그렇다면 서운함을 해결하면 갈등을 중재할 수 있는 걸까? 나는 서운함을 갈등 중재의 핵심으로 보고 서운함을 해결하기 위한 상담 프로그램을 만들어서 실행했다. 그 결과, 갈등을 중재하는 과정에서도 서운함의 문제를 해결하면 경제적 갈등이나 배우자의 문제 행동, 원가족과의 갈등문제도 자연히 해결되곤 했다. 이렇게 서운함의 문제를 해결하기 위한 상담 방법을 럽디(주)의 상담사들에게 교육해서 이를 실행하게 했다. 그 결과, 상담사들과 내담자들의 만족도가 높아졌다. 이미 정신분석이나 정서중심치료, 비폭력대화 등의 상담 이론에 해박한 석사 및 박사 상담사들도 서운함의 문제에 대한 이론을 접하면서 상담의 깊이를 더할 수 있었다.

도대체 서운함이 뭐길래 이렇게 많은 갈등을 일으키고, 또 갈등을 해결하기도 하는 걸까?

서운함은 해석 작용이다

표준국어대사전에서는 서운함을 "마음에 차지 않아 아쉽거나 섭섭한 느낌"이라고 정의하고 있다.

사전이 정의하고 있는 바에 의하면, 서운함은 감정(emotion)이 아니라 느낌(feeling)이다. 감정은 신체적 작동으로, 몸을 타고 흘러나오는 반응이다. 그래서 감정은 몸과 함께 고려한다. 몸의 행동, 몸의 움직임을 본다. 예를 들어, "나는 너를 보면 두근거려."라는 표현은 감정이다. 부들부들 떤다거나 오싹하다는 것은 신체적 반응이기 때문에 감정에 대한 표현이다. 느낌은 머리에서 일어나는 작용이다. 즉, 생각의 영역이다. "나는 네가 나를 좋아한다고 느꼈어."라고 말한다면 이 말은 머리에서 해석한 것이지, 신체적 반응이 아니다. 즉, 느낌은 해석 작용이다. 서운함에는 생각 혹은 해석이 개입한다는 의미다.

서운함이 기본적으로 느낌이라고 해서 감정이라고 부를 수 없는 것은 아니다. 개념상 느낌이지만 느낌도 감정이라고 인식하고, 이미 감정이라고 사용하고 있기 때문이다. 사실상 감정과 느낌을 학문적으로 구분한다고 할지라도 살아가면서 표현할 때 일일이 구분해서 쓰기는 어렵다. 느낌은 감정의 해석으로 나타나기도 하고, 느낌의 해석 작용이 감정을 만들어 내기도 한다. 그래서 사람은 감정을 주관적 '느낌'으로 경험한다. 감정이 의식 없이 발생했을 때는 인지하지 못하다가 느낌으로 그 감정을 이해하고 나서야 비로소 감정을 인식하기도 하고, 느낌으로 감정을 이해한 후에 감정을 재경험하기도 한다. 그래서 개념상 감정과 느낌이 구분된다고 해도 실생활에서 사람은 감정과 느낌을 복합적으로 경험한다. 서운함은 주관적 판단에 의해 인지적으로 나타나기 전에 자동적으로 신체적인 반응을 동반한다. 기대했던 대로 행동하지 않는 연인의 행동을 보고 가슴이 답답하거나, 돌멩이가 얹힌 듯한 자동적이고 신체적인 반응이 나타난다. 서운함이 주관적 판단에 의해서 인지적으로 나타나기 때문에 사전적으로 느낌이라고 기술하지만, 신체 반응을 거친다는 의미에서 감정이라고 하는 것이 틀린 표현은 아니다. 다만 서운함이 신체적 반응으로 나타날 때는 서운하다는 표현 이외에도 "답답해." "짜증 나." 등 여러 다른 표현을 동반할 수 있다. 누군가에게 "나, 너에게 서운해."라고 표현할 때는 이미 해석이 자리 잡은 뒤이기 때문에 정의상 느낌이 맞다. 그러나 서운한 느낌이 든 후에 내 몸에 남아 있는 흔적을 표현할 때는 서운한 감정이라고 말하기도 한다.

느낌은 기분(mood)하고도 구분할 필요가 있는데, 기분은 감정이 길게 지속되는 상태를 의미한다. 이 세 가지를 종합하면 "서운해서 화가 나." 혹은 "서운한 느낌이 들어서 기분이 나빠."와 같이 말할 수 있다. "서운해서 화가 나."는 '서운함–감정' 구조이고, "서운한 느낌이 들어서 기분이 나빠."는 '서운함–기분' 구조다. 어떤 상황에 대한 해석에 의해서 서운한 느낌이 들었고, 그래서 화가 나는 감정이 생겼거나 기분이 안 좋아진 것이다.

그러면 아쉬움은 뭘까? 그리고 섭섭함은 뭘까? 이렇게 꼬리에 꼬리를 물면 서운함이 뭔지 정의하기가 점점 애매하게 된다. 그래서 깔끔하게 다른 연결 감정들은 따로 '제6장 서운함을 둘러싼 심리 반응'에서 다루기로 하고 지금은 연결 감정들을 제외하고 정의하자면 서운함이란 '마음에 차지 않는 느낌'이다. 그런데 혼자 뭔가 마음에 차지 않는 느낌이 들 때에도 서운하다고 할까? 사전적으로는 가능하다. 혼자 마음에 차지 않는 상황이 있다고 해도 외부에 대한 기대가 있어야 서운함이라는 느낌이 든다고 사전적으로 정의한다. 예를 들어, 맛있는 요리를 기대했는데 음식 맛이 없게 되었거나, 즐거운 소풍을 기대했는데 비가 와서 소풍을 가지 못할 때에도 사전적으로는 서운함을 느낀다고 표현한다. 서운함은 이렇게 외부 조건에 대한 기대가 좌절되어서 마음에 차지 않을 때 드는 느낌이다. 그러나 서운한 느낌을 주는 외부 조건이 날씨나 음식 등의 상황이나 환경일 경우, 부족하다거나 아쉽다는 표현을 더 많이 쓰기 때문에 상황이나 환경에 대해서는 사전적으로는 가능하다고 할지라도 서운함이라는 표현을 잘 쓰지 않는다. 서운함은 주로 사람에 대해 기대에 차지 않을 때 사용한다. 즉, 서운함이란 '타자에게 거는 기대가 무너져서 뭔가 결여된 느낌'이다.

잘 생각해 보면 기대가 무너졌기 때문에 발생하는 느낌이어서 기대를 하지 않았으면 서운함은 생기지 않는다. 그러면 서운함은 기대한 사람의 문제일까, 아니면 그 기대에 부응하지 못한 사람의 문제일까? 이걸 정의하기도 애매한 부분이 있다. 기대라는 것이 내가 하는 것이기는 하지만 상대방과 약속한 것이 있을 수도 있고, 사회적 합의에 의해 응당 그래야 하는 것일 수도 있다. 예를 들어, 아기는 엄마가 젖을 주길 기대하고, 초등학교 입학 시기가 되면 아이는 부모가 학교에 보내 주길 기대한다. 직장을 다니는 남편은 전업주부인 아내가 밥을 해 주길 기대하고, 전업주부인 아내는 직장을 다니는 남편이 생활에 필요한 돈을 벌어 오기를 기대한다. 연인들은 크리스마스에 함께 있길 기대하고, 노부모는 명절에 외지에 있는 자녀들이 방문하길 기대한다. 부부는 생일을 알아주길 기대하고, 친구는 취업을 축하해 주길 기대한다. 이렇듯 사람들의 삶은 타자와의 관계에서 발생하는 기대의 연속이고, 즉 삶은 서운함이 발생할 수 있는 조건의 연속이라는 의미이기도 하다. 인간관계가 있는 곳에는 늘 기대가 있고, 기대가 있는 곳에는 늘 서운함이 있다.

여기서 서운함이 느낌이라는 것에 주목해야 한다. 느낌은 생각의 영역이며, 해석의 과정을 거쳐서 발생한다. 다른 느낌들 중에서도 특히 서운함은 해석의 산물이다. 사람은 누구나 각자의 고유한 경험을 구성해서 자신만의 해석 틀을 갖고 있다. 그래서 같은 상황을 봐도 과거의 경험을 통해 만든 해석 틀에 따라서 다르게 해석한다. 이 해석 틀이 동일한 사람은 전 세계에 단 한 명도 없다. 프랑스의 철학자 폴 리쾨르(Paul Ricoeur)는 "자아는 해석과 관련되며, 현재 자아가 타자와의 관계 속에서 이루어지는 상황과 이야기를 어떻게 해석하느냐에 따라서 이후의 자아 세계를 만들게 된다."라고 했다.

이렇듯 해석 틀은 과거의 경험과 깊은 관련이 있다. 그래서 철학자 앙리 베르그송(Henri Bergson)은 "현재는 거대한 과거와 접속하고 있는 하나의 점일 뿐이다."라고 했다. 즉, 현재는 모든 과거를 업고 있다. 과거의 결정체로 나온 것이 현재일 뿐이다. 과거와 현재를 차단하거나 분리하고는 현재에 무엇인가를 생성할 수 없다. 우리가 사는 '현재'는 과거에 비하면 사실상 거대하지 않다. 현재는 과거를 업고 살아간다. 거대한 과거들이 현재의 작은 구멍을 통해 생산되어 나올 뿐이다. 이런 거대한 과거가 현재의 해석의 틀을 만든다. 그래서 사람은 종종 타자의 진짜 의도보다는 나의 '해석'이 더 중요하고, 그 해석을 중심으로 한 자신의 반응으로서의 느낌과 감정을 만든다. 상대방이 한 행동이나 말의 의도나 중요한 맥락을 생략하여 '해석'하지 않도록 조심해야 하지만, 그렇게 판단을 중지하고 상대방의 의도나 맥락을 있는 그대로 받아들이는 것이 쉽지 않다. 베르그송의 시간 개념을 도식으로 표현하면 [그림 4-1]과 같다.

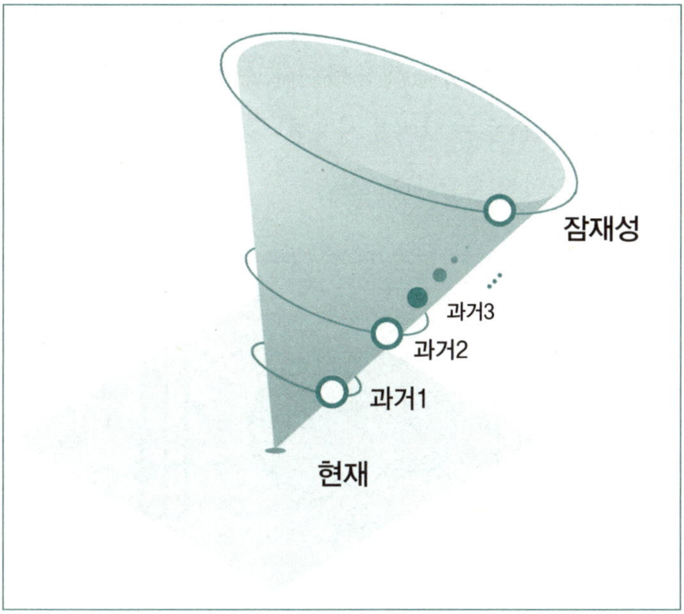

[그림 4-1] 시간의 원뿔

경험과 과거가 있는 한 해석을 중지하는 것은 기대하지 않는 것보다도 어렵다. 해석 후에 그 해석의 결과에 대해 판단을 중지하려고 노력할 수는 있어도, 아예 해석을 안 할 수는 없다. 해석을 안 할 수 있다면 그것은 뇌가 없다는 의미다. 뇌가 있는 한 해석은 반드시 하게 된다. 해석을 안 한다는 것은 불가능한 일이다.

서운함은 인식 작용이다

해석에 대해서 알기 위해서는 '인식'에 대해서 생각해 봐야 한다. 두뇌 작용의 순서상 외부 정보를 인식하고 나서 해석의 과정을 갖는다. 정보를 받아들일 때 사용하는 틀을 인식 틀이라고 하고, 정보들이 융합되면서 결괏값으로 나오는 틀을 해석 틀이라고 한다. 인식 틀이라고 하든, 해석 틀이라고 하든 이 두 단어를 사용한다는 것은 외부 정보가 객관화되지 않는다는 의미를 포함한다.

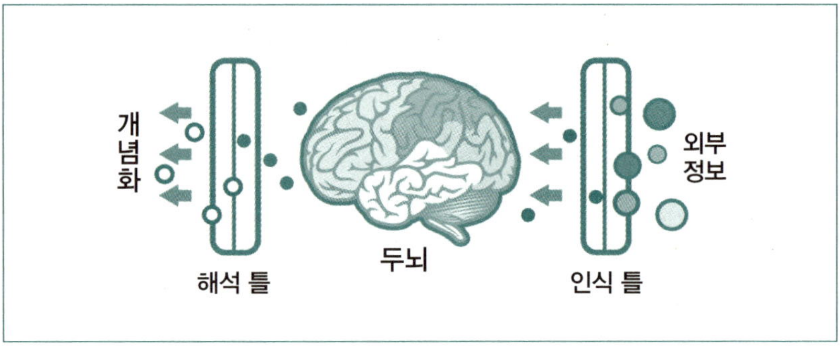

[그림 4-2] **뇌의 정보처리 과정**

사실 외부 정보는 객관화될 수가 없다. 이마누엘 칸트(Immanuel Kant)는 이 부분을 설명하기 위해 '물자체'와 '현상'을 구분했다. 물자체는 객관적인 사물 혹은 상황 자체이고, 현상은 그 물자체 중에서 사람이 보거나 듣고 인식한 것이다. 인간이 보는 달은 엄지손톱만 한 크기의 발광체다. 더군다나 인간의 시각에는 달의 한 표면만이 들어온다. 이렇게 인간이 감지할 수 있는 영역이 '현상'이다. 그러나 현상이 물자체의 모든 것은 아니다. 분명히 현상 너머 감지하지 못한 것이 있다. 인간이 감지할 수 없는 달의 이면처럼, 인간이 감지하지 못하는 영역을 포함한 모든 사물을 물자체라고 한다. 현대에는 우주에 대한 연구가 되어 있어서 달의 이면이 있다는 것을 알고 있지만, 고대인들은 달의 이면이 있다는 것을 알 방법이 없었다. 이렇듯 인간이 보고 접하는 사물들에 전혀 알 수 없는 영역이 분명히 존재한다. 현상으로 나타나지 않는 물자체의 개념은 달과 같은 사물에만 적용되지 않는다. 상황에도 현상과 물자체의 개념이 적용된다. 사람은 자신이 경험한 부분만을 인식한다. a와 b가 각각 다른 입장, 다른 역할에서 같은 상황을 바라본다고 가정해 보자. 비록 상황이 같아도 a와 b는 다른 현상으로 인식하게 된다. 한 상황은 a와 b의 두 현상으로만 나타나지 않는다. 백 명의 사람에게 각각의 역할과 입장이 있다면 하나의 장면이 백 개의 현상으로 나타난다. 그래서 다툼이 생기고, 오해를 만들게 되며, 이별하기도 한다.

어느 날 결혼을 앞둔 연인이 데이트를 하는데, 남자가 평소와 달리 말이 없다. 여자는 남자의 눈치를 본다. 남자가 말이 없는 이유는 아버지의 사업이 망해서 남자가 아버지 사업을 배우는 것을 그만두고 다른 직업을 구해야 하는 상황에 처했고, 이런 사실을 여자에게 말하면 평소에 남자가 아버지 사업을 물려받을 것에 대해서 기대하던 여자가 자기를 싫어하게 되지 않을까 걱정했기 때문이다. 남자는 이 사실을 여자에게 말할 수 없었고, 이 사실을 알지 못하는 여자는 자기가 뭔가 실수한 것이 있는지 자꾸 자기를 돌아본다. 이런 상황이 반복되자 여자는 남자의 마음이 떠났고, 권태기가 왔다고 생각하면서 서운함이 밀려온다. 상황을 인식과 해석 중심으로 정리해 보자면 여자는 남자의 기분이 나쁘다고 '인식'했고, 그것이 자신 때문일 것이라고 '해석'했다. 남자는 여자가 자신이 사장이 되기를 기대한다는 것을 '인식'했고, 아버지 사업이 망했다는 것을 말하면 헤어질 것이라고 '해석'했다. 이 둘은 실제로 파혼하고 헤어졌으나, 상담 과정에서 각자가 했던 인식과 해석이 잘못되었음을 확인하고 서운함이 풀려서 재회했다.

모든 물자체는 인간의 인식 틀을 거쳐서 각 개인에게 존재한다. 인식 틀은 ‘감각-지각-통각’을 통해 구성된다. 감각은 시각, 청각, 후각, 촉각, 미각으로, 인간의 신체를 통해 외부를 처음으로 인지하는 ‘각(覺: 깨달음)’이며, 지각은 감각한 것을 뇌가 인지하는 것이다. 통각은 뇌가 받아들인 감각들을 종합하여 사물을 개념화하는 것이다. 인간이 알고 있는 모든 것은 물자체가 아니라 인식 틀의 그물망을 통해 받아들인 일부다. 즉, 물자체를 얼마나 많이 입력할 수 있는지가 인식 능력이고, 세상은 실체로서의 물자체와 상관없이 인식하는 만큼 존재한다. 인식 능력이 없으면 물자체는 그 사람에게는 없는 것이나 마찬가지다. 바꿔 말하자면 세상에는 개인에게 인식되지 않는 물자체가 무한하게 존재한다.

물자체의 가장 큰 특징은 완전히 인지되지 않는다는 것이다. 예를 들어, 인간은 사랑이라는 단어로 사랑을 담아내지 못한다. 물자체로서의 사랑은 ‘ㅅ ㅏ ㄹ ㅏ ㅇ’이라는 문자에 재현되지 않는다. 그래서 사랑한다고 말하지만 다 표현하지 못한 것 같고, 뭔가를 더 표현해야만 할 것 같은 답답함과 불안 그리고 밋밋함에 휩싸인다. ‘사랑’이라는 단어에 사랑 그 자체로서의 물자체가 담기지 않기 때문이다. 사랑이라는 단어로서의 현상에 담기지 않은 현상의 이면이 잔여물로 남아서 “사랑한다.”라고 말한 사람의 마음을 불만족스럽게 만든다. 인간 세계에는 ‘언어’를 통해 인식하는 시스템을 갖고 있지만, 물자체로서의 ‘사랑’은 언어 시스템으로 완전히 인식하지 못한다.

인식 ‘틀’ 혹은 해석 ‘틀’이라고 말하는 이유는 인식과 해석이 비슷한 패턴으로 반복되면서 틀이 형성되었기 때문이다. 이렇게 틀로 만들게 된 인식과 해석은 사람마다 다르다. 긍정적인 인식 틀과 해석 틀을 가진 남자는 한 여자가 자기를 쳐다보면 ‘어, 나 좋아하나? 나한테 관심이 있어서 쳐다보나?’라고 생각한다. 반대로 부정적인 인식 틀과 해석 틀을 가진 남자는 동일하게 한 여자가 자신을 쳐다보면 '왜 쳐다보지? 내 옷이 이상한가?'라고 생각한다. 극단적으로 두 개의 방향성만 예시로 들었지만, 사람마다 다양한 인식 틀과 해석 틀을 갖고 살아간다.

인식 틀과 해석 틀은 이렇게 물자체에 대해서 온전하게 인식하거나 해석하지 못하기 때문에 찜찜한 느낌과 함께 심리의 중심에 불만족이 자리 잡아 언제든 일상으로 튀어나올 준비를 한다. 물자체와 인식의 거리가 멀수록 혹은 해석의 거리가 멀수록 인식되지 못한 물자체는 개인이 원하지 않는 어떤 경우에 통제할 수 없는 상황에서 통제하기 어려운 분량으로 튀어나오곤 한다. 튀어나오는 방법은 매우 다양한데, 애정의 과도한 집착이나 도착일 수도 있고, 망상이나 꿈일 수도 있으며, 통제되지 않는 감정이나 언어일 수도 있다. 이러한 방식으로 튀어나오는 물자체는 자기 심리의 중심에 자리 잡고 있었음에도 불구하고 매우 낯설게 느껴지는데, 그 이유는 일상에서 나타나는 익숙한 방식이 아니기 때문이다.

이렇게 나의 인식과 해석이 다른 사람의 인식과 해석과 다르게 나타나면 찜찜한 느낌이 더 커진다. 이 찜찜한 느낌은 애착 대상에 대한 동일시의 욕구 때문이다. '내 의식과 해석이 내가 사랑하는 저 사람의 의식과 해석과 동일하면 좋겠다. 그게 사랑이 아닐까?' 하는 생각에서 찜찜함이 발생한다. 이 찜찜함이 여러 감정과 느낌으로 튀어나올 수 있는데, 특히 '내가 기대한 것'과 다른 인식이나 다른 해석이 발생하면 서운함이 나타난다. 즉, '기대-기대에 대한 의식과 해석의 격차-서운함'의 과정을 갖는다. 똑같은 상황이라고 해도 인식과 해석에 따라 만족할 수도 있고, 서운할 수도 있다.

그렇다면 서운함이 생기지 않으려면 사랑하는 사람에 대해서 기대하는 마음을 내려놓거나 해석을 중지하면 되는 것일까? 이론적으로는 그렇지만 그것은 불가능하다. 커플 및 부부 상담이나 이혼 및 재회 상담을 하다 보면 '서로에게 기대하지 않는 것이 싸우지 않는 법'이라고 생각하는 사람들이 있다. 틀린 말은 아니다. 서로 기대가 없으면 싸움이 발생하지 않는다. 그런데 더불어 사랑도 발생하지 않는다. 기대에 대한 부응은 만족감을 가져오고, 만족감이 사랑을 자라게 하기 때문이다. 기대에 대한 충족으로 만족감을 경험하지 못하면 곧 사랑은 식고 헤어지게 된다. 기대는 애착 대상에게 자연스럽게 발생한다. 앞에서 언급했듯이, 인간은 각자에게 부여된 역할에 따라 각 역할에 해당하는 기대를 하면서 평생을 살아가기 때문에 기대를 안 한다는 것은 그만큼 마음을 접는다는 의미다. 더군다나 애착 대상에게 기대하지 않는다면, 부하 직원이나 상사 혹은 스승과 제자처럼 그 역할 자체에 자연스럽고 당연하게 부여된 기대와 만족감만큼도 사랑이 자라지 않는다. 사랑하는 사람에게 기대하지 않을 수도 없지만, 정말로 기대하지 않게 되면 헤어지고 만다. 그렇다면 어쩌란 말인가? 기대하면 서운함이 발생하는데, 기대하지 않으면 사랑이 식는다니……. 이를 해결하기 위해 우리는 서운함을 어떻게 다뤄야 할지 알 필요가 있다.

연인은 동일한 언어를 말하지 않는다

인식과 해석에 문제를 일으키는 것은 정확하지 않은 언어 때문이다. 서운함은 교차적 언어, 이면적 언어 사용으로 인해서 상호 기대의 차이를 만들어 나타난다. 사실상 언어에 보편성은 없다. 사람마다 사용하는 언어가 달라서 인식과 해석에 차이를 가져온다.

언어학자 노엄 촘스키(Noam Chomsky)는 언어에는 보편성이 있다고 보았다. 그러나 촘스키와 동시대를 살아간 언어학자 윌리엄 라보프(William Labov)는 촘스키의 의견에 반론을 제기하면서 언어에는 다양한 특징이 있으며 자유변이한다고 주장했다. 라보프에 의하면 언어는 늘 변주 중에 있으며 보편성이 아니라 연속적 변화 가능성을 갖고, 심지어 한 사람이 사용하는 언어도 대상과 배치에 따라 변주된다고 주장했다. 물론 촘스키는 언어를 거시적으로 보았고, 라보프는 언어를 미시적으로 보았기 때문에 서로 초점화한 언어의 이해가 다르고, 둘 다 맞다고 보는 것이 일반적인 견해다.

그렇다면 연애할 때의 언어는 촘스키의 견해처럼 보편적 언어일까? 라보프의 견해처럼 변화하는 각자의 특징을 갖는 언어일까? 연인과 부부는 교사가 아니다. 연인과 부부의 언어에 나타난 모든 다양한 특징을 이해하고 수용하며 상대방의 언어에 따라 반응해야 한다. 인간의 정신은 단조롭지 않고, 언어는 반드시 인간의 마음을 반영한다. 때문에 연애를 할 때는 언어적 보편성이 존재하지 않는다. 같은 '아빠'라는 단어에 공포가 있을 수도 있고, 아련한 추억이 있을 수도 있다. 상대방이 사용하는 언어들이 어떤 정서와 맥락을 갖고 있는지 알려고 하지 않는다면 연애는 둘 중 누군가의 독재의 자리가 될 수 있다.

연인과 부부는 같은 상황을 보고도 그 상황에 대해서 서로 다른 언어와 해석을 갖는다. 그 이유는 인간의 뇌가 언어와 기억을 인식하고 표현하는 과정이 동일하지 않기 때문이다. 인간의 뇌는 새로 들어온 정보를 이미 가지고 있는 정보로 재해석하는 구조를 갖는다. 새로 들어온 정보는 순수하게 객관적으로 뇌에 입력되는 것이 아니라, 이전에 가진 정보에 의해 재해석되는 방식으로 뇌에 저장된다는 의미다. 새로 들어온 정보가 논리적이고 근거를 갖춘 것일수록 이전 정보의 영향을 적게 받아 입력된다. 아예 영향을 받지 않고 그 자체로서 입력되는 새로운 정보는 없다.

그래서 사람은 같은 목적을 갖고 같은 환경 가운데에 있다고 할지라도 동일한 언어를 말하지 않는다. 그동안 살아온 경험과 만나 온 사람들이 다르기 때문이다. 사람의 지문이 동일하지 않듯이, 동일한 언어를 말하는 사람은 없다. 그래서 연인 사이의 대화에서 아무리 사소한 말일지라도 반드시 '해석'이 필요하다. 연인과 부부가 동일한 언어를 말하지 않기 때문에 상대방의 말을 어떻게 해석할지에 대한 고민이 필요하다.

아무리 서로를 잘 아는 연인이나 부부라고 할지라도 사람은 모두 각자 자신의 언어를 사용한다. 자신만의 언어가 없는 사람은 없다. 모두가 지문처럼 자신만의 언어를 갖고 있다. 회의나 교육과정에서는 제법 보편적 언어가 활용되지만, 연애와 결혼 생활에서 나타나는 언어는 철저하게 개인적이다. 연인 사이에서 정답이 있는 언어가 있고, 오류가 있는 언어가 있어서 왜곡된 언어를 수정하여 정답인 언어로 바꾸고자 행동한다면, 반드시 서운함을 발생시켜서 그 관계를 깬다. 연애에서 상대방의 언어에 대한 수용이 없다면, 결국 한 사람이 다른 한 사람의 언어를 억압하고, 그 억압된 언어들은 다른 충동으로 돌아온다. 결국 연애는 언어의 상호작용이다.

연인과 부부의 언어와 표현을 잘 관찰하고 상대방의 언어를 명료화하는 사람이 연애의 고수다. 연애의 대화는 자신의 판단을 중지하고 완전히 상대방의 입장에서, 가능한 한 상대방의 언어로 상대방의 말을 다시 자세히 구술하여 들려주는 작업이다. 이를 통해 연인은 공감받을 수 있으며, 자신의 말을 더 자세히 생각해 볼 수 있다. 그 후에 자신의 언어로 다시 한번 자기가 이해한 말이 어떠한지 의견을 들려준다. 자신의 언어로 전환할 때 조심할 것은 이 관점이 공격하는 것이 아니라 나의 관점에서 정리하는 것일 뿐이라고 말하는 것이 좋다. 그리고 반드시 상대방에게 내가 한 말에 대한 의견을 묻고, 그에 대한 상대방의 답변을 이해했다고 표현하는 것이 좋다. 서로 이해한 바를 교환하지 않고 두루뭉실하게 표현하거나 간과하고 지나가면 서운함은 반드시 발생한다. 소통이 없으면 서로 자기의 인식 틀로 상대방의 두루뭉실한 말을 해석하거나 상상하게 된다. 긴 이야기의 경우, 정확한 소통이 어려울 수 있지만 최대한 관심을 갖고 상대방의 언어를 관찰해야 한다.

서운함은 내러티브의 단절이다

서로 사용하는 언어가 다르다는 것은 내러티브가 다르다는 것이다. 인식 틀과 해석 틀이 다른 이유는 내러티브가 다르기 때문이다. 종종 연인 중에 서로의 내러티브를 모른 채 사귀는 사람들이 있다. "저 사람은 자기 얘기를 잘 안 해요."라고 한다. 높은 확률로 둘 중의 한 사람은 서운함으로 가득하다. 내러티브란 그 사람이 살아온 역사다. 같은 역사를 갖고 있는 사람은 없고, 그래서 내러티브는 지문처럼 서로 다르다. 나무의 실체가 있고 말로서의 '나무'라는 글자가 있듯이, 사람이 말로 하는 내러티브는 사실상 말을 넘어선 그 실체를 갖고 있다. 내러티브를 온전히 언어라고 보기는 어렵다. 내러티브는 말이 아니라 그 안에 언어화할 수 없는 서사 그 자체이자 상대방이 살아온 배경, 그 배경에서 살아 낸 인생이 있다.

정신분석가 가타리는 내러티브에 암묵적 전제가 있다고 했다. 내러티브에는 '상대방이 왜 저렇게 말하는지'를 알 수 있는 상대방이 하는 말의 이유가 있다. 그래서 내러티브는 상대방이 연애와 상황을 '해석'하는 기준이 된다. 연애는 애착관계를 형성하기 때문에 이 서사를 변화시키는 계기가 되기도 한다. 연애를 통해 그 사람의 내러티브가 변한다.

인간은 누구나 개인적인 측면에서 우리가 어떤 사람인지, 우리가 어떻게 될 것인지를 설명할 수 있게 하는 자기 삶의 내러티브를 가지고 있다. 즉, 우리가 우리 자신에게든 또는 타인에게든 이야기를 하고 다시 말할 때 이러한 이야기는 우리가 누구였는지, 우리가 누구인지, 우리가 어디로 가는지에 대한 의미 있는 정보를 제공한다는 것이다. 그래서 내러티브는 연인이 왜 그렇게 말하고, 왜 그렇게 결정했는지에 대한 정보를 제공한다. 상대방의 내러티브를 모르면 상대방의 말과 행동을 적절히 해석할 수 없어서 서운함은 자연히 발생한다.

연애는 상대방의 이야기를 함께 살아 내고, 함께 이야기하고, 다시 살아 내고, 다시 이야기하는 과정이다. 연애는 상대방의 세계에 대한 자서전이자, 일기이며, 전기이고, 편지다. 연애는 서로에 대한 가장 개인적인 관점을 드러내는 과정이다. 누구에게도 하지 않은 이야기를 하고, 누구에게도 하지 않은 표현을 한다. 연애는 이런 상호작용과 지속성을 통해 서로가 그동안 살아왔던 자신의 과거 경험을 이야기하고, 서로 성찰하며, 서로 변화되는 것을 목격하기 때문에 서로의 이야기를 다시 체험하면서 살아 낸다. 그래서 연애는 '관계적 책임성'이 있다. 관계적 책임성 때문에 연애는 서로의 긴장감을 경험케 하는데, 여기서의 긴장감은 '사랑에 빠지기'와 '냉담하게 관찰하기' 사이에 있다. 더 잘 사랑하기 위해서 마냥 사랑에 빠지면서 동시에 해석을 위해 상대방의 언어와 내러티브를 관찰하기도 해야 한다. 만약 연인 간의 해석의 내용이 충돌한다면 서로의 해석에 귀를 기울이고, 해석을 통한 상호 소통 속에서 나타나는 변화 과정도 공유해야 한다. 이렇듯 자기 내러티브를 상대방이 이해하는 과정, 상대방의 내러티브를 내가 이해하는 과정이 있어야 서운함 없이 소통할 수 있다.

서운함은 실망감이나 거절감, 섭섭함, 아쉬움, 서러움, 억울함, 속상함 등의 여러 감정을 경험하고 나서 발생하기도 하고, 서운함이 발생한 후에 죄책감, 분노, 불안, 수치심, 원망과 미움 등이 생산되기도 한다. 그래서 사람들은 서운함을 느꼈다고 표현하기도 하고, 서운한 감정이라고 표현하기도 한다. 이는 사전적 정의와 상관없이 관용적 표현으로 얼마든지 사용할 수 있다. 그러나 만약에 서운한 느낌과 전후에 나타나는 감정을 구분할 수 있다면 그만큼 대처가 쉽다. 서운한 느낌과 전후의 감정을 구분하기 위해서 서운함이 왜 생기는지, 서운함과 혼동되는 감정이 무엇인지 그리고 서운함 이후에 어떤 감정들이 생기는지를 살펴볼 필요가 있다.

05

서운함은 왜 생길까

서운함은 주로 인간관계에서 발생하는 감정으로, 특정한 기대나 욕구가 충족되지 않았을 때 나타난다. 이는 단순히 부정적인 감정이라기보다는 개인의 욕구, 관계의 동력 그리고 의사소통의 결핍을 반영하는 중요한 심리적 신호다. 서운함이 생기는 주요 원인은 다음과 같다.

상호 기대의 차이

서운함은 주로 우리가 특정한 기대를 품었지만, 그것이 충족되지 않았을 때 발생한다. 친구나 연인이 자신의 생일을 잊었을 때, 배우자가 결혼기념일을 잊었을 때 등을 들 수 있다. 이런 기대는 그래도 서운함을 표현할 만한 당위를 가질 만큼 사회 보편적인 기대가 정해 있는 것이지만, 기대는 때로 명확하게 표현되지 않기 때문에 상대방이 이를 알지 못하고 행동해서 갈등이 발생하곤 한다. 애정 표현이 줄어들었거나, 대화에서 무시당했다고 느낄 때, 친구가 연락을 소홀히 했을 때 상대방의 바쁜 상황을 몰라서 '나를 소중히 여기지 않는구나.'라고 느낄 수 있다. 이와 같이 해석 가능한 여러 상황에서 서운함을 느끼지만, 이런 상황은 예측이 불가능하고 명료하게 표현하기도 어렵다.

서운함을 발생시키는 기대에는 인정욕구가 포함된다. 인간은 본능적으로 사랑하는 사람이 자신을 중요한 존재로 여기길 원한다. 그러나 상대방이 자신을 충분히 배려하거나 인정하지 않는다고 느낄 때 서운함이 생긴다. 이렇게 서로의 생각이나 감정을 충분히 나누지 못했을 때 상대방의 행동을 오해하거나 나쁜 의도로 해석하기 쉽다.

특히 자존감이 낮은 사람은 자신의 가치를 낮게 평가하며, 타인의 행동을 자신에 대한 무관심이나 비판으로 쉽게 받아들이는 경향이 있어서 비교적 서운함을 더 잘 느낀다. 자존감이 낮은 사람들이 주로 하는 '내가 중요하지 않아서 이런 행동을 하는구나.'라는 해석은 바로 서운함으로 연결될 수 있다. 이런 경우, 타인과의 관계에서 상대방이 다른 사람에게 더 많은 관심이나 애정을 보일 때 자신이 소외되었다고 느끼면서 서운함이 발생할 수 있다. 애착 유형의 불안형은 자존감이 낮은 특징을 갖고 있어서 불안형에게서 서운함을 느끼는 일이 더 많다. 회피형의 경우에는 서운함이 자주 발생하지 않지만, 개인이 관계 속에서 자신만의 권리나 경계가 침해당했다고 느낄 때 서운함이 생긴다. 상대방이 나의 시간을 존중하지 않거나 반복적으로 약속을 깨는 경우가 그렇다.

정신분석가 자크 라캉(Jaques Lacan)은 서운함이라는 표현을 사용한 것은 아니지만, 불안이라는 정동과 관련하여 기대와 현실의 간극으로 인해 발생하는 감정에 대해서 연구했다. 라캉이 불안에 대해서 연구한 내용을 이해하면, 왜 불안형이 서운함을 더 잘 느끼는지 이해할 수 있다.

라캉은 인간의 욕망이 언어로 나타난다고 보았다. 라캉에 의하면, 우리는 다른 사람과의 관계를 통해 욕망을 형성하며, 이 과정에서 기대를 만들게 된다. 인간의 욕망은 타자의 욕망을 향한다. 우리는 타자가 우리를 어떻게 생각하는지, 타자의 욕망이 무엇인지에 따라서 우리의 욕망을 구성한다. 서운함은 타자가 나의 욕망을 충족시켜 줄 것이라는 기대가 깨질 때 발생한다. 이는 욕망이 항상 결여(lack)를 중심으로 작동하기 때문이다. 라캉은 이렇게 기대가 깨지고 결여를 느끼는 이유가 인간관계는 언어를 통해 작동하기 때문이라고 보았다. 언어를 통해 자신의 욕망을 표현하지만, 언어는 항상 불완전하다. 즉, 우리의 욕망과 기대는 완벽히 전달될 수 없고, 타자도 이를 완벽히 이해하지 못한다. 서운함은 '타자가 내 욕망을 오해하거나 충족하지 못했다.'라는 경험에서 발생한다.

서운함은 상대방을 향한 기대의 충족이 지연되거나 부족하다는 사실을 깨닫는 순간에도 발생한다. 이 지연은 현실의 불완전함, 현실의 타자와 이상화된 타자 간의 차이를 인식하게 만든다. 인간은 결코 이 차이를 극복할 수 없다. 인간은 과거의 경험을 무의식적으로 반복한다. 이는 인간의 무의식적 욕망과 관련되어 있다. 서운함은 과거의 관계에서 경험했던 결여와 상실의 흔적이 반복적으로 현재의 관계에 투사될 때 발생한다. 예를 들어, 어린 시절에 부모에게 충분한 관심을 받지 못한 사람은 성인이 되어도 타인에게 지속적으로 '충분한 관심'을 요구하며, 그 요구가 충족되지 않을 때 서운함을 느낄 가능성이 크다. 그러나 모든 사람은 과거의 경험이 다르고, 기대와 충족 그리고 결여와 상실의 반복도 다를 수밖에 없다. 서운함은 인간이 자기 경험을 토대로 이상화한 기대와 현실적 경험 사이의 불일치에서 발생하는 충격으로 나타난다.

서운함의 기저에는 이렇듯 과거의 결여 경험이 있다. 라캉은 인간이 욕망을 느끼는 이유 자체가 이 결여 때문이라고 주장했다. 그렇다면 서운함이 발생하는 원인은 현재의 사건에만 있는 것이 아니라 과거의 결여 경험이 현재 상황에서 재활성화되며 나타난다. 예를 들어, '나는 부모님에게 인정받지 못했다.'라는 무의식적 상처가 현재의 친구나 연인과의 관계에서 다시 재현될 수 있다. 그런 의미에서 서운함은 인간이 상대방을 통해 과거의 반복되는 결여를 충족시키고자 하는 욕망이 좌절될 때 발생한다. 따라서 현재 연인이 나를 충분히 인정하지 않는다고 느끼는 순간, 그 사람은 현재의 연인과의 관계뿐 아니라 과거에 상처받았던 관계까지 무너졌다고 느낀다. 그래서 서운함은 현재 상황보다 늘 크게 다가온다.

인간은 상상적으로 자신을 친구, 애인, 동료 등의 특정한 위치로 정체화하며, 이 위치에 따라 특정한 기대를 형성한다. 서운함은 타자가 상징적으로 '나에게 할당된 자리'를 인정하지 않거나 무시한다고 느낄 때 발생한다. 이러한 특정한 위치를 이상적 자아(ideal ego)라고 한다. 인간은 나에게 할당된 자리로서 '나는 중요한 사람'이라는 이상적 이미지를 유지하려고 하지만, 상대방의 행동이 이를 부정한다고 해석되면 서운함을 유발한다. 이때 과거에 형성된 정체화 과정의 실패나 결여를 현재 상황에서 재경험하면서 서운함을 느낀다. 결국, 서운함은 과거에서부터 시작된 결여와 현재의 타자의 욕망이 어떻게 상호작용하는지에 따라서 형성되는 무의식적 반응이다.

라캉의 사랑 이론에는 됨의 사랑, 가짐의 사랑 그리고 상호적 사랑이 있다. 가장 유아적인 사랑인 됨의 사랑은 인간이 타자의 시선과 언어를 통해 자신의 '존재'를 정립하는 사랑이다. 자신을 타자가 보기를 원하는 방식으로 동일화하거나 타자를 내가 보길 원하는 방식으로 동일화하는 것을 의미한다. 됨의 사랑에서 발생하는 서운함은 타자가 이러한 동일화를 인정하지 않거나 부정한다고 느낄 때 발생한다. 됨의 사랑은 근본적으로 결여를 중심으로 작동한다. 인간은 자신의 '존재'를 타자를 통해 확인받으려고 하지만, 타자가 이를 충분히 충족시키지 못하면 서운함이 생긴다.

가짐의 사랑은 인간이 자신에게 타자가 욕망하는 무언가를 '가지고 있다'고 생각하는 사랑이다. 여기서 '가짐'은 인간이 타자와의 관계에서 자신의 위치를 확인하려는 시도를 의미한다. 됨의 사랑처럼 동일하기를 원하는 것은 아니지만 '저 사람은 나의 외모를 좋아해.'라며 저 사람이 욕망하는 무엇인가가 나에게 있다고 생각한다. 그런데 그 사람이 나의 외모보다 다른 사람의 외모를 더 좋아한다는 것을 알게 되면 서운함이 생긴다. 가짐의 사랑을 하는 사람은 자신이 가진 것으로 인해 타자와의 관계가 유지된다고 믿기 때문에 타자가 내가 가진 것을 무시하거나 이를 인정하지 않을 때 소유의 상실로 인해 서운함이 발생한다. 가짐의 사랑은 타자에게 제공하는 '자기의 가치'를 통해 관계를 유지하려는 시도다. 그러나 타자가 이를 내가 기대한 만큼의 가치로 생각하지 않을 경우, 인간은 자신의 가치를 의심하며 서운함을 느낀다.

상호적 사랑은 가장 성숙한 사랑의 유형으로, 나와 상대방이 서로를 욕망과 인정의 대상으로 설정하고, 관계 속에서 서로의 위치를 서로가 말하고 표현한 대로 확인하고 수용하는 사랑이다. 이는 서로의 욕망이 서로 꿈꾸거나 기대한 것과 다르다고 할지라도 인정하고 반영하며 함께 조정해서 형성된 사랑이다. 상호적 사랑에서도 서운함은 발생한다. 상호적 사랑은 서로를 필요로 하고 인정하는 관계이기 때문에 한쪽이 이 관계를 소홀히 하거나 깨트릴 경우에 서운함을 느낀다. 상호적 사랑은 나에게서 발생한 욕망이 상대방에 의지하는 것이 아니라 나의 욕망이라는 것을 잘 알고 있다. 다만 그 욕망을 상대방이 함께해 주길 기대할 수는 있다. 예를 들어, '나는 오늘 너와 함께하고 싶어.'라는 생각이 나의 욕망이라는 것을 이해한다. 그리하여 상대방에게 이 욕망을 전달하고, 상대방으로 하여금 들어줄 것을 요구한다. 상대방이 이것을 거절하면 물론 서운함이 발생한다. 그러나 그 서운함은 상대방의 것이 아니라 역시 나의 것이라는 것을 이해한다. 상호적 사랑은 이러한 과정을 통해 서로의 정서적 거리를 확인하고, 서로 다른 정서적 거리를 어떻게 좁혀 갈지 혹은 어느 정도의 거리로 유지할지를 결정한다.

연애 초기에는 서운함이 쉽게 발생하지 않는다. 오히려 연애 기간이 오래되고 사랑이 깊어질수록 서운함이 많게 된다. 미국의 심리학자 버나드 머스타인(Bernard Murstein)은 자극-가치-역할 이론(Stimulus-Value-Role theory: SVR)을 통해 관계가 어떻게 발전하는지 설명했다. 이 관계 발전의 과정을 보면 서운함이 왜 초기에는 없다가 관계가 깊어지면서 나타나는지 알 수 있다. 연애를 막 시작하는 자극 단계(stimulus phase)에서는 외적인 요인, 특히 신체적 매력과 말투, 매너 등 표면적인 특질에 매료된다. 초기의 끌림과 흥미가 관계 형성의 주요 동기다. 관계의 본질적인 호환성보다는 '첫눈에 반함' 같이 이미 서로가 갖고 있는 요소가 작용하여 관계를 만들기 때문에 서운함이 발생할 여지가 적다.

그런데 가치 단계(value phase)로 들어가면서 서운함이 시작된다. 가치 단계에서는 두 사람 간의 가치관과 신념을 통해 관계를 진전시킨다. 서로의 취향, 목표, 생활철학 등 내적인 특질에 대해 알아가는 단계로, 두 사람이 장기적인 관계를 유지할 수 있을지 판단한다. 이 단계에서 두 사람은 장기적 관계를 위해 "우리가 같은 방향을 바라보고 있는가?"라는 중요한 질문을 던진다. 만약 가치관의 차이가 크다면, 관계는 이 단계에서 멈출 수 있다. 만약 이 단계에서 됨의 사랑에서 적용하는 동일시가 나타난다면, 단지 '다름'만으로 서운함이 발생할 수 있다. 거절하거나 부정한 것이 아니지만 다르다고 말한 것으로 인해 부정당한 느낌이 든다. 이는 상대방이 나와 동일하기를 바라는 욕망 때문인데, 이 욕망은 관계를 장기화하고 싶은 마음을 포함한다. 상대방은 그런 의도가 없다고 할지라도 이 '다름'이 "너와 나는 오래갈 수 없어."라고 말하는 것처럼 들리기도 한다. 그러나 '나와 다른' 상대방이 나에게 무슨 행동을 한 것은 아니기 때문에 그 서운함을 표현할 수는 없다. 서운함은 역할 단계(role phase)를 거치면서 극대화된다. 역할 단계는 사회적 역할과 책임을 수행하는 단계로, 두 사람이 부부 혹은 파트너로서 구체적인 역할을 수행하면서 관계를 안정화시키려고 노력하는 단계다. 일상적인 의사결정과 문제 해결 과정에서 협력하고, 상대방이 동반자로서 적합한지를 평가하며, 경제적 책임, 자녀 양육 등의 역할을 서로에게 맞게 수행할 수 있는지를 확인하며 관계가 깊어지는 단계다. 이때 가치의 영역이 현실로 드러나기 때문에 자라 온 환경에 따른 역할 이해의 차이가 기대와 다르다는 것이 확인되고, 그 역할 이해의 차이가 사랑하지 않는 것으로 해석 및 간주되면서 서운함을 확대한다. 이런 서운함을 잘 처리하면 관계의 강도는 상승하지만, 이 서운함을 처리하지 못하면 관계의 강도는 줄어든다.

그렇다면 같은 기대를 갖고 있는 사람을 만나면 되지 않을까? 그러나 같은 기대를 갖고 있는 사람은 없다. 어느 한쪽에서의 기대가 같아도 다른 쪽에서의 기대가 다르다. 기대는 마음의 영역이자 해석의 영역이다. 표현되지 않으면 일치할 수 없다. 그렇기 때문에 기대는 초기부터 표현하고 소통해야 명료하게 된다. 서운함의 문제 대부분은 소통과 표현의 부재나 결핍으로 인해 악화된다. 아무리 성숙한 사랑을 하는 사람들도 서운함이 아주 없을 수는 없다. 인간은 정확히 일치하는 기대나 해석을 가질 수는 없으며, 그렇다고 아무 기대가 없으면 사랑이 싹트지 않는다. 중요한 것은 '서운함을 어떻게 줄일 것인가?' 그리고 '서운함이 발생할 때 어떻게 처리할 것인가?'이다. 서운함을 줄이는 방법도, 발생 후에 처리하는 방법도 모두 기대와 현실의 간극을 줄이는 데 그 열쇠가 있고, 그 간극을 줄이는 가장 좋은 방법은 표현과 소통에 있다.

관계의 효용 감소와 손실 회피

현상학자 에드문트 후설(Edmund Husserl)은 "사랑이란 나와 타자가 서로에 대해 남남이고, 이질적인 상태에서 하나의 친밀한 관계로 전이해 가는 과정이다."라고 말하면서 사랑을 만드는 것은 '상호 주체적 의사소통'이라고 했다. 사랑은 일방적일 때보다 상호적일 때 가장 아름다우며, 상호적인 교환 조건이 성립될 때 오히려 지속 가능하다.

상호적이라는 측면에서 인간의 심리는 경제적인 원리로도 설명할 수 있다. 이걸 인정하는 것이 더 일상적이고 합리적이다. 부부나 연인의 갈등 중재 상담을 하다 보면 자기는 애정의 손실 계산을 하면서 상대방이 손실 계산을 하려고 하면 "사랑하는데 어떻게 계산적일 수 있냐?"라고 말하는 경우를 많이 본다. 동일시의 방식으로 사랑을 하려면, 한 사람의 기준으로 다른 한 사람은 억압받는 오류를 만든다. 사랑에도 상호 이해 가능한 합리적인 기준점이 필요하다. 합리적인 사랑은 사랑의 정의에 대한 것이 아니고 사랑하는 방법에 대한 것이다. 그런데 사랑하는 방법을 이야기하는데, 사랑의 정의에 대해서 꺼내어 자꾸 연결시키면 부정적인 감정만 남는다. 사랑에도 분명히 합리적인 선택이 중요하고 이걸 인정하면 연애와 부부 생활이 쉽다. 합리적인 사고와 선택은 사랑을 부정하는 것이 아니라 사랑을 더 견고하게 한다.

서운함이 발생하는 이유를 효용 감소와 손실 회피라는 행동경제학과 경제심리학의 관점에서 분석할 수 있다. 경제학에서는 사람들이 특정 행동이나 상황에서 얻는 효용(utility), 즉 만족감을 분석한다. 서운함은 기대했던 효용이 감소했을 때 발생하는 감정적 반응으로 이해할 수 있다. 서운함은 주로 우리가 기대했던 행동이 충족되지 않았을 때 발생한다. 이때 기대 효용(expected utility)과 실제 효용(actual utility)에 간극이 생기면 서운함이 발생하는 것이다. 기대 효용은 기대했던 수준의 관심이나 배려에서 나타나는 효용이고, 실제 효용은 실제로 받은 관심이나 배려다. 기대 효용과 실제 효용 간의 간극이 클수록 효용 감소가 크며, 그 크기만큼 서운함을 강하게 느낀다.

문제는 이 기대 효용에 변화가 생길 수 있다. 처음에 상호 기대를 잘 소통했는데도 불구하고 이상하게 서운함이 발생하는 이유가 이 때문이다. 처음에는 분명히 서로 기대를 잘 파악하고 그 기대를 충족해 주었는데, 시간이 흐를수록 서운함이 점점 커지는 현상이 대부분의 연인과 부부에게서 나타난다. 이렇듯 상호 기대를 잘 소통해서 이해했는데도 불구하고 서운함이 발생할 수 있다. 그 이유는 한계 효용(marginal utility) 체감의 법칙 때문이다. 경제학의 한계 효용 체감의 법칙에 따르면, 동일한 행동이 반복되면 처음에 느꼈던 만족감이 점차 줄어든다. 심리학자 앨런 파로두치(Allen Parducci)의 범위–빈도 이론(range-frequency theory)도 이러한 원리를 설명한다. 범위–빈도 이론이란, 큰 쾌락을 경험하면 쾌락에 대한 기준선이 높아져서 비슷한 수준의 자극만으로는 쾌락을 덜 느낀다는 이론이다. 상대방에게 상위 가치가 있으면 내가 갖고 있는 하위 가치를 포기하고 상대방의 상위 가치를 선택한다. 돈을 벌고 자기 계발을 할 수 있는 시간보다 상대방과 함께 데이트하는 시간이 상위 가치인 셈이다. 그러나 데이트의 희소성이 떨어지고 데이트의 쾌락이 익숙한 것이 되면 한계 효용의 가치가 떨어진다. 한계를 처음 넘었을 때에만 효용감이 높다. 그래서 연애 초기에는 상대방이 가치가 높아서 연락도 자주 하고 모든 다른 시간을 포기하지만, 시간이 흘러 데이트가 익숙해지고 한계가 유지되면 효용성은 점점 떨어진다. 그렇기 때문에 한계를 계속 높여 가야 같은 수준의 가치 투자가 유지된다. 이때 한계를 높이는 데 투자하는 비용을 한계 비용이라고 하는데, 인간은 어떻게 하든 한계 비용을 낮추면서 한계 효용을 높이는 방법을 찾는다.

예를 들어, 연인이 처음에는 자주 보내던 메시지나 애정 표현이 큰 만족감을 줬지만, 시간이 지날수록 동일한 행동이 평범하게 되고 기대치가 높아진다. 따라서 이전과 같은 행동이 지속되더라도 만족감(효용)이 감소하고, 상대적으로 서운함을 느낄 가능성이 커진다.

연인 사이의 예가 와닿지 않는다면 일상적인 예를 하나 더 들어 보자. 아이스크림이 너무 먹고 싶었던 철수는 슈퍼마켓으로 달려가 아이스크림을 하나 사서 먹었다. 이 첫 번째 아이스크림을 먹었을 때 철수의 만족감을 10이라고 해 보자. 하지만 하나를 다 먹었는데도 아이스크림이 맛있어서 오히려 더 먹고 싶어 한다. 그래서 하나를 더 사 먹었다. 여전히 맛있지만, 포만감 때문인지 첫 번째 아이스크림만큼 맛있지는 않았다. 두 번째 아이스크림의 만족감은 첫 번째 아이스크림에 비해서 절반 정도였다. 그래서 수치상으로 5라고 해 보자. 두 번째 아이스크림을 먹었더니 첫 번째 아이스크림처럼 맛있지 않아서 조금 아쉽다. 그래서 하나를 더 샀다. 세 번째 아이스크림의 만족도는 3이었다. 세 번째 아이스크림까지 다 먹고 나자 이제 철수는 아이스크림을 보기만 해도 질릴 것 같았다.

아이스크림을 사 먹은 철수의 사례에서 보았을 때 첫 번째 아이스크림의 만족도는 10, 두 번째는 5, 세 번째는 3이었다. 이렇듯 아이스크림의 맛은 동일한데도 만족감은 점점 줄어드는 것을 한계 효용 체감의 법칙이라고 한다. 한계 효용은 [그림 5-1]과 같이 처음 지점보다 점차적으로 낮아진다. 동일하게 대해 줘도 예전처럼 사랑하지 않는다고 느낄 수 있다는 의미다.

총 효용은 그동안 쌓인 만족의 총량이다. 한계 효용과 상관없이 총 효용은 상승한다. 사실상 인간관계란 총 효용도 매우 중요하다. 총 효용

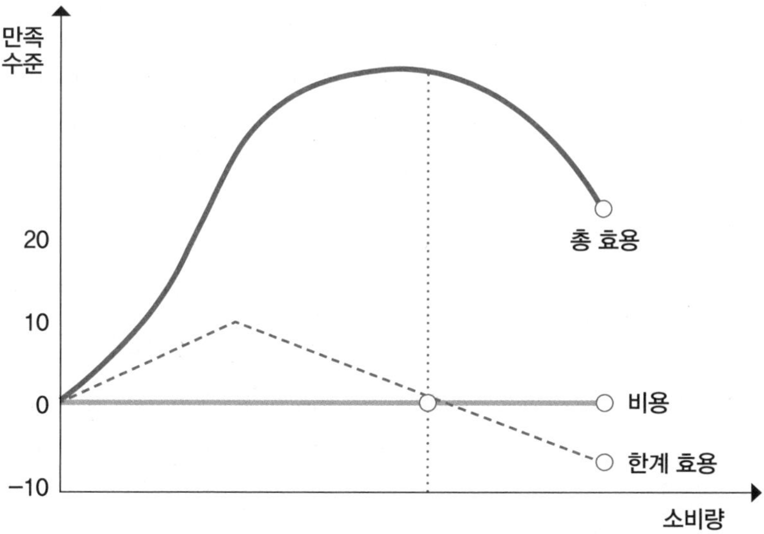

[그림 5-1] **한계 효용 곡선**

이 쌓인 만큼 그 사람과의 추억과 서사가 쌓인 것이고, 그렇게 정이 생기기 때문에 관계에서 그동안 쌓아 온 만족의 총량, 즉 총 효용을 빼고 그 사람과의 관계를 이야기할 수는 없다. 그럼에도 불구하고 한계 효용을 더 중요하게 느낄 수밖에 없다. 만족감은 매우 감정적이고 심리적인 문제이기 때문에 메타인지가 쉽지 않다. 총 효용이 상승세라도 한계 효용이 비용 아래로 내려가면 계속 느끼던 만족감이 사라진다.

한계 효용과 한계 비용의 원리를 잘 이용하면 갈등 과정에 있는 애착 대상을 움직이게 만들 수 있다. 갈등이 반복되는데도 불구하고 헤어지지 않고 계속 사귀는 이유는 무엇일까? 갈등에도 불구하고 관계를 유지하는 비용이 헤어지는 데 들어가는 비용보다 더 낮다고 판단하기 때문이다. 먼저, 계속 만나던 사람의 비용은 알지만 새로 만날 사람의 비용은 모른다. 현재 만나는 사람과는 오래갈 수 있는 미래 연속성의 가치가 존재한다. 현재 만나는 사람이 무엇을 좋아하고, 무엇을 안 좋아하는지에 대한 인지 비용이 존재한다. 처음 사랑할 때 외모로 인해 부여된 가치가 떨어져도 만난 시간의 흐름에 따라 미래 연속성의 가치와 인지 비용이 올라가기 때문에, 결국 한계 효용은 줄어들기보다 오히려 더 높아질 수도 있다.

캘리포니아 대학교 로스앤젤레스 캠퍼스(UCLA)의 심리학과 교수 벤자민 카니(Benjamin Karney)는 실험 참여자들을 대상으로 두 번에 걸쳐 결혼 만족도 검사(Marital Satisfaction Scale: MSS)를 진행했다. 첫 번째는 연구의 시작 단계였고, 두 번째는 그로부터 10년 뒤였다. 참여자들은 10년 뒤의 기억에 기반해서 시작 단계 당시의 만족도가 어땠는지에 대해 응답했다. 이를 통해 카니 교수는 시작 단계에 대해 실제 만족도와 회상 만족도를 비교하였다. 시작 단계의 만족도는 5.8이었으나 회상 단계에서는 4.7점이었다고 기억했다. 시간의 흐름에 따른 결혼의 행복 정도 또한 결혼 지속 연수에 따라 줄어들었다. 물론 이러한 경향은 평균적인 결혼에서 나타나는 특징이다. 부부마다 평균 이상의 하락세 또는 변화가 없는 경우도 있지만, 대부분의 경우에 신혼의 만족감을 지속시키기는 힘들다. 시작 단계에 비해서 사랑의 행위가 적고 낮아지는 경우, 사랑의 행위가 유지되는 경우, 사랑의 행위가 많아지고 높아지는 경우를 토대로 분석한 결과, 낮아지거나 유지되면 만족감은 지속되지 않았고, 사랑의 행위가 많아지고 높아지는 경우에만 만족감이 유지될 수 있었다. 사랑의 행위가 점점 많아지지 않으면, 한계 효용의 효과로 인해 만족감이 떨어지고 서운함이 발생한다는 의미다.

서운함이 가장 커지는 지점을 이해하기 위해 한계 효용과 더불어 손실 회피에 대해서도 알아 둘 필요가 있다. 인간관계는 투자-보상 구조로 볼 수 있다. 내가 상대방에게 시간, 감정, 노력을 투자했을 때 이에 상응하는 보상이 줄어들거나 사라지면 이를 손실로 인식한다. 이 손실감을 호소하는 것이 서운함이라고 볼 수 있다. 이때 사람은 그 손실로부터 회피하고 싶은 마음이 생긴다. 이것을 손실 회피(loss aversion)라고 한다. 손실 회피는 사람이 이득보다 손실에 더 민감하게 반응한다는 행동경제학의 기본 원칙이다. 손실은 동일한 크기의 이득보다 2~3배 더 강렬한 심리적 영향을 준다. 서운함은 인간관계에서 받아야 한다고 느낀 기대치를 손실로 인식할 때 발생한다. 즉, 관심, 배려, 인정과 같은 행동을 기대했지만 충족되지 않으면 이를 심리적 손실로 간주한다. '예상된 이득이 실현되지 않은 것'을 손실처럼 느끼는 것이다. 친구가 나에게 신경 쓰지 않는다고 느낄 때, 이 행동은 내게 기대했던 관심을 잃어버린 것처럼 인식된다. 그래서 이 손실을 피하기 위한 결정을 하는 것이 사람의 마음이다. 그래서 이 손실을 피하기 위해 서운함을 호소한다. 서운함이 갈등을 유발하고, 서운함의 호소로도 갈등이 해결되지 않는다고 생각하면 이별을 결정하게 된다.

철수와 영희가 연인 관계에 있다고 가정해 보자. 철수는 영희에게 최선을 다해 잘해 준다. 철수가 연인에 대한 사랑이 넘치는 상황에서 상대방에게 퍼주더라도, 일단 영희와 사귀는 것에 의한 효용이 큰 상태이기 때문에 잘해 주기만 하고 돌아오는 것이 없어도 상관없다고 생각한다. 그러나 시간이 흐름에 따라 감정의 활성도가 낮아진 상태가 되자 영희가 철수의 사랑에 대해 충분한 반응을 안 해 주는 것에 대해 행복도가 떨어지며 손실감을 느낀다. 이 떨어진 행복도의 상태에서 철수는 영희에게 애정 행동을 갈구하는데, 여기서 영희가 철수가 해 준 것처럼 해주지 않으면 철수의 마음에 손실감이 발생한다. 이때 철수의 손실 회피에 의해서 상대방이 나에게 해 주지 않은 것보다 더 민감한 반응이 나오는데, 이때의 반응이 서운함이다. 문제는 서운함이 발생한 후에 이전의 부족함을 갚아 주었다고 하더라도, 감정적으로 이미 발생한 서운함은 해결되지 않는다.

이 둘의 관계에서 영희가 철수의 요구만큼 애정 행위를 해 주지 않는다고 해 보자. 그러면 철수는 손실 회피 반응으로 자기도 애정 행위를 줄인다. 서운함은 늘고, 애정 행위는 줄어드는 것이다. 이때 영희의 만족감은 줄고 손실감은 늘어난다. 이처럼 효용 감소와 손실 회피가 순차적으로 일어날 때 서운함이 강화된다. 철수에서 시작된 서운함은 영희에게로 넘어간다.

여기서 영희의 행동은 세 가지로 나뉜다. 첫째, 가장 빈번하게 나타나는 현상은 서로 애정 행위를 줄인 상황으로 유지하는 것이다. 둘째,

영희가 역으로 철수에게 서운함을 호소하는 것이다. 애정 행위가 동일하게 유지되어도 한계 효용의 법칙으로 인해 만족감이 줄어드는데, 철수가 애정 행위를 줄였으니 영희 입장에서는 사랑이 식었다고 생각할 수밖에 없다. 셋째, 영희가 철수의 반응에 긴장해서 그동안 철수가 투자하던 애정 행위들을 역으로 돌려주는 것이다. 철수의 입장에 있는 대부분의 내담자는 세 번째 반응을 기대하며 서운함을 표현하고, 항의 행동으로 애정 행위를 줄인다. 그러나 세 번째 반응을 하는 사람은 거의 없다. 대부분은 첫 번째 반응이나 두 번째 반응을 한다. 그렇게 갈등이 깊어진다. 이 상황에서 철수가 느끼는 감정, 철수의 애정 행동이 줄어든 상황에서 영희가 느끼는 감정 그리고 철수와 영희가 함께 느끼는 애정 행동의 감소 전부가 서운함이다.

그렇다면 왜 이렇듯 손실감에 대한 문제가 발생할까? 그것은 기준점 효과(reference point effect) 때문이다. 사람마다 사랑에 대한 기준이 다르다. 앞서 설명했던 영토성과 유사한 개념이다. 영토성이 사람이 살아가면서 만난 관계를 통해 영향을 받은 규칙이라면, 기준점은 이런 영토성을 통해 무의식적으로 생긴 기준이다.

애착관계에 있어서 사람들은 과거의 특정 시점에 받았던 매우 좋았던 대우나 관심을 일상의 기준점으로 삼는다. 과거 어느 특정 상황에서 상대방이 많은 관심을 보였다면 동일한 수준의 관심이 유지되길 바란다. 그러나 사람은 관심을 언제나 동일하게 유지할 수 없다. 그래서 관심이 줄어드는 것을 손실로 느낀다. 이렇게 과거 자신의 경험을 토대로 인해 상황을 손실로 받아들이는 심리를 기준점 효과라고 한다. 이는 기대치의 상승과 현재 행동의 비교에서 손실 회피 성향이 작동한 결과다. 기준점 효과는 심리학과 행동경제학에서 인간이 판단이나 의사결정을 내릴 때 특정한 기준점을 설정하고, 그 기준점을 중심으로 비교와 평가를 한다는 이론이다. 이는 '기대'와 '현실' 간의 차이에서 비롯된 감정을 설명하는 데 유용하며, 서운함과 같은 감정의 형성을 이해하는 데에도 중요한 역할을 한다. 서운함은 개인이 특정 기준점을 형성하고, 이를 만족시키지 못했을 때 발생한다.

기준점은 이렇듯 '과거 경험 속에서 받은 대우나 보상을 기준으로 삼는 경우'뿐 아니라, '사회적 기준을 토대로 다른 사람의 상황과 자신을 비교하여 형성된 기대로 기준을 만든 경우' '명시적 약속이나 암묵적 신호로 누군가와 함께 만든 기준이 있는 경우'도 해당된다. 예를 들어, 과거 경험으로 기준을 삼는 경우는 상대방이 과거에 중요한 날마다 선물을 준비해 주었다면, 그 경험이 기준점으로 작용해서 다음에도 비슷한 행동을 기대하는 것이다. 사회적 기준을 토대로 기준을 만든 경우는 주변 친구들이 결혼식에 투자하는 정도의 수준으로 결혼식을 할 것을 기대하는 것과 같다. 명시적 약속이나 암묵적 신호로 기준을 만든 경우는 남편이 "부부가 결혼기념일에는 같이 있어야지."라고 말해서 아내가 당연히 결혼기념일에 같이 보내는 것을 기준으로 삼은 경우다. 서운함은 이와 같은 기준점이 기대치가 되는데, 실제 현실에서는 차이가 날 때 발생한다. 만약 기준점의 수준의 대우나 결과를 받지 못하면 그 차이가 부정적인 감정으로 변환된다. 기준점을 만족시키지 못한 상황은 손실로 인식되며, 이는 서운함으로 이어진다. 인간은 이득보다 손실에 더 민감하기 때문에 기대에 못 미치는 상황은 과장되어 부정적으로 느낄 가능성이 크다. 나는 친구 생일에 특별한 선물을 준비했는데, 정작 내 생일에 상대방이 간단한 문자만 보냈다면, 기준점이 된 과거의 나의 경험과 현재 상황의 불일치로 인해 서운함을 느낄 수 있다.

기준점이 서로 다르면 다른 기대를 갖게 되고, 자연스럽게 서운함이 발생한다. 기준점의 차이는 의사소통의 부족으로 벌어지기 마련이다. 자연히 관계 속에서 나타나는 대부분의 서운함은 의사소통 부족이나 암묵적인 기대에서 비롯된다. 상대방은 기준점이 무엇인지 정확히 알지 못할 수 있으며, 이는 기대와 현실의 불일치를 증폭시킨다. 의사소통 부족은 이런 불일치를 확장한다. 기준점이 공유되지 않은 경우, 상대방은 이를 충족시키지 못할 가능성이 클 수밖에 없다. 그래서 서운함을 줄이는 가장 좋은 방법은 기대치를 명확히 전달하고, 현실적인 기대를 설정하거나 상대방과 소통하여 기준점을 명확히 공유하는 것이다. 그리고 서운함을 느낀 상황이 단순한 실수인지, 상대방의 의도적인 무관심인지 구분하여 감정을 과잉 해석하지 않도록 할 필요도 있다. 그리고 서운함을 느낀 이유를 객관적으로 분석하고, 이를 기반으로 관계를 개선하려는 긍정적인 방향으로 전환해야 한다. 기준점 효과는 서운함이 기대와 현실의 차이에서 비롯된다는 점을 잘 설명해 주며, 이를 통해 관계에서 감정을 더 잘 관리하고 이해하는 데 도움을 줄 수 있다.

정리하자면, 서운함은 손실감과 관련이 있다. 손실감은 한계 효용의 법칙에 따른 만족감의 저하와 기준점 효과에 따른 욕구불만으로 인해 발생한다. 이 손실감은 결국 손실 회피에 대한 인간의 심리로 서운함을 발생시키고, 한쪽의 서운함의 표현과 항의 행동은 다시 상호 간의 서운함을 강화하면서 이별로 치닫게 만든다. '이별' 이전에 '상호 간의 서운함'이, '상호 간의 서운함' 이전에 어느 한쪽의 '서운함'이, 한쪽의 '서운함' 이전에 '손실 회피 심리'가, '손실 회피 심리' 이전에 '손실감'이, '손실감' 이전에 '욕구불만'이나 '만족감'의 저하가, '욕구불만' 이전에 '기준점의 차이'가, '만족감의 저하' 이전에 '한계 효용의 법칙'이 존재했다. 이

긴 과정 중에 어느 하나만 적절하게 대응하고 끊어 내도 이별로 가는 경로를 바꿀 수 있다. 그런데 신기하게도 애착관계에 있는 연인들과 부부들은 이 패턴을 끊어 내지 못하고 모두 약속이나 한 듯이 이 경로를 반복한다.

서운할 때 뇌에서 일어나는 일

제4장에서 설명한 것처럼 서운함은 해석 작용이고, 해석 작용은 인식 틀과 해석 틀을 중심으로 하는 뇌 작용이다. 서운함이 뇌 작용이라면, 서운함이 발생할 때 뇌에서는 무슨 일이 일어날까?

먼저, 서운함은 느낌이지만 서운함을 중심으로 감정이 앞뒤에 연차적으로 발생해서 감정과 사실상 구분하기 어렵다는 것을 이해할 필요가 있다. 느낌으로서의 서운함은 다른 감정의 영향을 받고, 또 다른 감정들에 영향을 주기 때문에 감정을 만들 때의 뇌 작용과 느낌을 만들 때의 뇌 작용을 모두 만들어 낸다.

감정은 일반적으로 변연계(limbic system)에서 시작되며, 주로 생존과 적응을 위해 신체로부터 발생한다. 외부 자극이 신체를 통해 들어오면 편도체(amygdala)가 이를 평가하고 '위협' 또는 '기쁨'과 같은 초기 감정 반응을 유발한다. 이 과정은 매우 빠르게 진행되며, 의식적인 사고를 요구하지 않는다. 변연계는 동기와 감정을 주로 담당하고, 변연계에 포함되어 있는 편도체는 특히 불안 또는 두려움과 관련한 감정을 조절한다.

느낌은 변연계가 아니라 변연계와 맞닿아 있는 대상회(cingulate cortex), 섬피질(insular cortex), 전전두엽(prefrontal)과 같은 고차원적 영

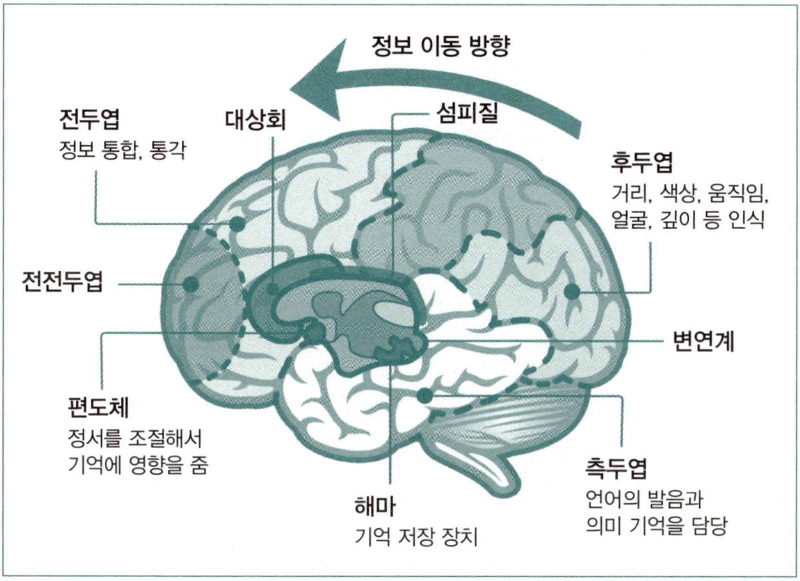

[그림 5-2] **감정과 느낌을 만드는 뇌 구조도**

역에서 처리된다. 대상회는 감정을 학습하여 기억하거나 처리하는 기능을 하고, 섬피질은 외부와 신체의 상태를 감정과 연결하여 전두엽으로 보내는 역할을 한다. 전전두엽은 계획하여 그 계획을 집행하는 기능을 한다. 즉, 변연계에서 만든 감정을 대상회가 학습하고 섬피질이 외부 및 신체와 연결하면 전전두엽이 해석 및 계획한다. 감정이 변연계에 한정되어 있다면, 느낌은 변연계의 정보를 대상회와 섬피질을 거쳐 전전두엽까지 전달하면서 발생하는 과정이다. 즉, 감정을 인지적으로 처리한 결과라고 볼 수 있다. 예를 들어, '나는 화가 나 있다'는 감정을 인지하고 이를 반성적으로 생각하면서 개인적 의미를 부여하는 과정이 느낌을 형성한다. 감정으로 인해 생성된 주관적인 경험이어서 감정보다 더 복잡하고 지속적이다. 인지 반응이다 보니 성찰과 의미 부여를 포함하며, 개인적인 경험들을 통합하여, 개인적인 의미를 만드는 역할을 하고, 감정을 반추하고 해석하기 때문에 감정에 비해 발생하는 데 더 긴 시간이 필요하다. 서운함은 감정의 영역과 느낌의 영역을 모두 활성화시키기 때문에 변연계부터 전전두엽까지를 모두 사용하는 소모성이 매우 큰 느낌이다.

감정은 의식 없이 발생할 수 있지만, 느낌은 의식적 사고와 자기반성이 필요하다. 예를 들어, 무서운 소리를 들었을 때 즉각적으로 느끼는 두려움이 감정이라면, 왜 내가 두려움을 느끼는지 이해하려는 과정이 느낌이다. 갑작스럽게 큰 소리를 들었을 때 심장박동이 증가하고 땀 분비가 되는 등의 즉각적인 두려움은 감정이고, '나는 위험하다고 느꼈다.'라는 자기 성찰을 했다면 느낌이다. 칭찬을 받았을 때 기뻐서 미소가 나오고 심리적으로 고양된다면 감정이고, '나는 사랑받고, 인정받고 있다.'라는 생각과 더불어 그 칭찬에 의미 부여를 한다면 느낌이다. 뇌는 이렇듯 감정과 느낌을 구분할 수 있다. 이 구분은 심리학, 신경과학 그리고 상담적 개입에서 중요한 통찰을 제공한다.

서운함은 특히 섬피질의 기능과 깊은 연관이 있다. 서운함은 인간관계에서 자주 발생하는데, 섬피질이 감정을 신체 및 외부와 연결하고 표현을 조절하는 역할을 하기 때문에 자신이 소외되거나 부당하다고 느낄 때 활성화된다. 즉, 섬피질은 서운함과 같은 사회적 정서를 경험하는데 관여한다. 서운함이 기대가 충족되지 않거나, 자신이 소외되거나 배제되었다고 느낄 때 발생하는 것을 생각해 보면 섬피질과 서운함이 깊은 관계가 있다는 것을 알 수 있다. 섬피질은 긍정적인 경험보다는 고통스러운 경험에 더 민감하다. 그래서 고통스러운 경험을 반복하지 않도록 더 강화된 기억을 갖게 해서 같은 실수를 두 번 반복하지 않도록 방어하는 역할을 한다. 편도체가 위험이나 고통을 바로 감지하는 기능을 갖고 있다면, 섬피질은 이전에 있었던 고통이나 위험을 학습해서 반복하지 않도록 돕는 역할을 한다.

섬피질은 사회적 정서 경험에 관여한다는 특징과 고통스러운 경험을 반복하지 않기 위해 작동한다는 특징을 갖는다. 그리고 섬피질은 옥시토신(oxytocin)과 카테콜아민(catecholamines) 호르몬과 깊은 관련을 갖고 있다. 옥시토신은 사회적 정서 경험과 관련된 호르몬이고, 카테콜아민은 쾌락과 고통의 경험과 관련된 호르몬이다. 서운함이 사회적 정서 경험과 고통의 경험 회피를 위해 역동하는 느낌이라는 것을 생각해 보면, 서운함은 옥시토신과 카테콜아민과 깊은 관계를 맺고 있다는 것을 알 수 있다.

옥시토신의 수준이 높을 때 사랑이 깊어진다는 것이 그동안의 정설이다. 미국 스탠퍼드 대학교의 행동과학 전문의 카렌 파커(Karen Parker)는 옥시토신이 자폐아의 사회성 향상에 좋다는 연구 결과를 발표했고, 스웨덴 린셰핑 대학교의 연구진은 옥시토신 함량이 높을수록 유대감이 상승한다는 결론을 도출했다. 이 외에도 옥시토신의 수준이 높은 때에 관한 연구는 다양하지만, 옥시토신이 부족할 때 어떤 결과가 나타나는지에 대한 연구는 캘리포니아 대학교 샌프란시스코 캠퍼스(UCSF)의 데브아난드 마놀리(Devanand Manoli) 교수 연구팀이 옥시토신 수용체를 차단한 들쥐 실험밖에 없다. 부정적인 조치를 취하는 연구이기 때문에 인간을 대상으로 연구를 진행할 수 없다. 데브아난드 교수의 연구에 의하면, 들쥐들에게서 옥시토신 수용체를 차단하자 들쥐들은 짝을 맺지 못했다. 최근 연구에서 옥시토신 수용체를 불능화한 들쥐들을 장기적으로 관찰하자 다른 들쥐들과 짝을 맺는 것을 확인했다는 결과가 도출된 사례가 있지만, 아직 이전 연구들을 번복할 만한 결과는 아니다. 부정적 결과물에 대한 연구는 사람을 대상으로 할 수 없다 보니 인간관계에서 옥시토신이 차단되면 무슨 일이 발생하는지 구체적으로 밝히기는 어렵지만, 들쥐 실험을 통해 옥시토신이 없으면 '관계가 단절된다'는 것 정도는 확인이 가능하다.

옥시토신은 엄마가 아기에게 젖을 먹을 때 가장 많이 분비된다. 젖을 먹이는 행위가 대표적인 사례이고, 포옹, 손 잡기, 쓰다듬기, 마사지 등의 스킨십은 옥시토신 분비를 증가시키는 주요 자극이다. 스킨십은 피부에 있는 C-촉각 섬유(C-tactile fibers)를 자극하고, 이 자극 정보는 섬피질을 활성화시킨다. 섬피질이 자극 정보로 인해 활성화되면서 이 감각을 친밀감이나 안정감 같은 종류의 정서로 통합하며, 사회적 유대감, 신뢰, 공감 능력을 증진시킨다. 이때 스트레스가 완화되면서 안정된 정서 상태를 유지한다.

이러한 옥시토신의 효과는 카테콜아민 계열의 호르몬에 영향을 준다. 카테콜아민 계열의 호르몬에는 도파민(dopamin), 노르에피네프린(norepinephrine), 에피네프린(epinephrine)이 있다. 도파민은 에피네프린과 노르에피네프린의 전구체다. 전구체란 반응물이라는 의미로, 도파민을 만들어야 에피네프린이나 노르에피네프린을 만들 수 있다는 의미다. 말하자면 도파민이 밀가루라면, 에피네프린이나 노르에피네프린은 팬케이크 같은 개념이다. 도파민을 만든 후에 '하이드록실기(−OH)'가 도파민에 추가로 생성되면서 노르에피네프린이 된다. 그리고 노르에피네프린에 '메틸기(CH_3)'가 추가되면서 에피네프린이 된다. 도파민이 없으면 노르에피네프린을 만들 수 없고, 노르에피네프린이 없으면 에피네프린을 만들 수 없다. 도파민 → 노르에피네프린 → 에피네프린의 순서로 만들어지기 때문에 도파민은 에피네프린을 만들기 위한 첫 번째 단계인 셈이다.

도파민은 자극과 기쁨을 느끼는 호르몬으로, 사랑의 시작 단계에서 만족감을 주기 위해 가장 중요한 작용을 하며, 사랑하는 사람 사이에 상호작용을 통한 쾌감과 보상 반응, 즉 뭔가를 주고 싶은 마음이 들게 한다. 그래서 도파민이 없으면 사랑이 시작되기 어렵다. 긍정적인 사회적 상호작용으로 인해 섬피질이 활성화되고, 옥시토신이 분비되면 도파민 시스템이 활성화된다. 옥시토신은 도파민 시스템을 활성화하여 사회적 행동과 친밀감, 애정 등의 긍정적 경험을 강화하고, 도파민은 옥시토신이 유발한 사회적 행동에 대한 보상을 증폭시킨다. 도파민은 유통기한이 있고, 특정 기간이 지나면 다시는 발생하지 않는 것처럼 알고 있는 경우가 많지만, 사실은 그와 달리 도파민은 어떻게 행동하고 반응하느냐에 따라 지속적으로 발생할 수 있다. 연애에서 도파민을 발생시키는 행동을 아무것도 안 한다고 가정할 때 약 3~6개월을 유지한다는 게 일반적인 견해다. 그러나 어떻게 행동하고 사랑에 반응하느냐에 따라서 연애 초기와 같은 수준의 자극은 아니더라도 그에 준하는 수준의 도파민은 지속적으로 발생시킬 수 있다. 도파민을 지속적으로 발생시키는 데 도움을 주는 호르몬이 옥시토신이다. 옥시토신은 도파민 시스템을 활성화하여 유대감을 통한 쾌감을 만들고, 도파민은 옥시토신 분비를 촉진하여 보상적 경험이 반복될 수 있도록 긍정적 경험을 만든다. 옥시토신과 도파민의 상호작용은 함께하는 시간을 보상으로 느끼게 하여 관계를 지속하려는 동기를 제공하고 연인 간의 신뢰와 친밀감을 강화한다. 두 호르몬의 균형이 깨지고 도파민이 과잉되면 성적 자극을 과도하게 탐닉하는 등의 중독 행동으로 이어질 수 있고, 이런 자극이 없으면 사랑이 아니라고 생각하게 된다. 옥시토신이 과잉하게 되면 과도한 의존성이나 집착으로 이어질 수 있다.

도파민에 '하이드록실기'가 추가되면 노르에피네프린이 된다. 하이드록실기는 스테로이드 호르몬인 테스토스테론이나 에스트로겐과 합성하여 성적 자극을 일으키기도 하고, 생리적 변화를 만들기도 한다. 특히 성적 매력을 강화하는 페로몬 등의 후각 자극 물질로 작용하기도 해서 향수에 사용되기도 한다. 하이드록실기는 스트레스 상황에 처하거나, 심박수나 혈압이 올라가거나, 위협을 느껴서 긴장된 상태에 놓일 때 발생한다. 예를 들어, 시험 전에 긴장하거나, 격렬한 운동을 하거나, 공포영화를 보면 도파민에 하이드록실기가 추가되면서 노르에피네프린이 된다. 노르에피네프린은 사람을 불안하게 하고, 경계 상태로 만들면서 위협을 감지한다. 노르에피네프린이 만성적으로 작용하면 우울증이 되기도 한다. 인지적으로 각성된 상태이기 때문에 아무것도 하지 않아도 에너지 소모량은 크다. 그래서 체력이 약하다고 생각하지만, 사실상 에너지 소모가 많아서 체력이 빨리 고갈된다. 그렇다면 노르에피네프린이 다시 도파민으로 돌아갈 수도 있을까? 그것은 불가능하다. 한번 진행된 화학적 변환은 역으로 진행되지 않는다. 노르에피네프린을 다시 도파민으로 되돌리는 효소나 역반응 메커니즘은 생체 내에서 존재하지 않는다. 따라서 도파민은 노르에피네프린의 전구체 역할을 하지만, 그 역방향은 생리적으로 일어나지 않는다. 이는 도파민으로 인해 흥분되고 기쁘다가 격렬한 운동을 통해 노르에피네프린이 발생한 감정이 다시 흥분되고 기쁜 상태로 가지는 않는다는 의미다. 운동 시의 심박수가 사랑할 때의 심박수와 비슷해서 운동할 때 만나면 사랑에 쉽게 빠진다는 말이 있다. 운동할 때 노르에피네프린이 나오는데, 이것이 도파민으로 전환되는 것이 아닌가 하는 생각을 할 수도 있다. 그러나 그것은 새롭게 도파민이 생성되는 것이지, 노르에피네프린이 도파민으로 전환된 것은 아니다.

노르에피네프린이 주는 스트레스를 조절할 때 옥시토신이 가장 중요한 작용을 한다. 옥시토신은 노르에피네프린과 스트레스 반응에서 상호작용하여 스트레스의 강도를 조절하고 적응적 반응을 촉진한다. 스트레스 상황에서 옥시토신이 분비되면 노르에피네프린의 활성화를 조절하여 심박수와 혈압을 안정시킨다. 노르에피네프린은 스트레스 상황에서 주의집중과 반응 속도를 높이는 데 기여하기 때문에, 스트레스를 높이는 역할도 하지만 스트레스를 감지하는 역할도 한다. 옥시토신은 이 과정을 조율하여 스트레스를 감지한 후에는 반응을 완화하고 긍정적인 사회적 상호작용을 촉진하도록 돕는다. 위협 상황에서 옥시토신은 노르에피네프린과 협력하여 공감을 통해 스트레스를 감소시킬 수 있고, 노르에피네프린의 과잉 반응을 억제하여 심리적 안정감을 제공할 수도 있다. 노르에피네프린이 활성화되어 불안하고 경계하며 위협할 때 제일 좋은 것이 공감과 협력이라는 의미다.

노르에피네프린에 '메틸기'를 추가하면 에피네프린이 된다. '노르(nor)'는 화학에서 '하나의 메틸기는 없다'는 것을 나타내며, 노르에피네프린은 에피네프린에서 메틸기가 제거된 형태를 뜻한다. 메틸기는 한 개의 탄소(C)와 세 개의 수소(H)로 구성되어 있다. '메틸(methyl)'이라는 용어는 그리스어 '메탄(methane)'에서 유래했으며, 술을 의미한다. 메틸기는 세포 활동을 조절하고 생체 반응을 유도하여, 마치 술을 마신 것처럼 일시적으로 신체를 과도하게 사용할 수 있도록 한다. 에피네프린은 소위 아드레날린(adrenaline)이라고 불리기도 한다. 노르에피네프린이 인지적 각성상태, 불안과 경계 상태를 유지하는 역할을 한다면, 에피네프린은 생체적 각성상태와 에너지를 제공하고 흥분과 강렬한 정서를 유발한다. 노르에피네프린은 정신을 과도하게 각성하는 것이고, 에피네프린은 신체를 과도하게 각성하는 것이라고 생각하면 쉽다. 그래서 노르에피네프린이 장기화되면 정신이 고갈되어서 우울증이 되고, 에피네프린이 장기화되면 신체 에너지가 고갈되어서 피로감이 증가한다. 스트레스 상황에서 에피네프린은 심박수와 혈압을 증가시키고 신체를 위협에 대비하게 만든다. 에피네프린이 신체적 반응을 촉진한 후, 신체 각성상태가 유지되면 지쳐서 신체가 위험하게 될 수 있다. 이때 옥시토신은 이러한 과도한 각성을 진정시키고 스트레스를 해소한다. 사회적 지지가 높은 사람일수록 스트레스 상황에서 옥시토신 분비가 증가하여 에피네프린의 스트레스 반응을 완화한다. 특히 옥시토신은 갈등이 고조되는 투쟁-도피(fight-flight) 반응에서 에피네프린이 과활성화될 때 아드레날린(에피네프린)의 공급을 진정시킨다.

그러면 이 호르몬 및 뇌 작용과 서운함은 어떤 상관관계가 있을까?

옥시토신이 차단되는 실험을 사람에게 할 수 없다 보니 옥시토신의 차단이 서운함과 직접적인 연관성이 있는지를 확인할 수 있는 실험 또한 어렵다. 하지만 현재까지의 연구들을 토대로 필연적 추론을 하자면, ① 섬피질은 옥시토신 수용체를 가지고 있으며, 사회적 관계와 감정적 유대 형성에 관여한다는 것은 뇌과학적인 근거를 갖고 있는 사실이다. 그래서 ② 섬피질의 활성화는 타인의 고통에 대해 공감하는 등의 옥시토신의 사회적 효과를 증폭시킨다는 것도 분명한 사실이다. 더불어 앞서 기술한 실험들을 토대로 생각해 볼 때, ③ 인간관계에서 옥시토신이 도파민을 활성화시키고 친밀감과 유대감을 높인다는 것과 친밀함이나 유대감이 손상될 때 옥시토신의 수준이 감소한다는 것도 부정할 수 없는 사실이다. 그렇다면 ④ 옥시토신의 결핍이 도파민의 수위를 낮추고 서운함을 더 느끼게 할 가능성을 높인다는 것이 필연적인 추론이다.

도대체 카테콜아민 호르몬들과 서운함은 어떤 관계가 있길래 이렇게 길게 카테콜아민 호르몬들에 대해서 설명했을까?

앞서 살펴봤듯이, 서운함은 기대와 현실의 불일치로 인해 발생한다. 이렇게 기대와 현실이 불일치할 때 섬피질은 이 불일치를 '사회적 위협' 또는 '심리적 손실'로 받아들여서 '사회적 배제'에 대한 감각을 느낀다. 사회적 배제 및 사회적 고립감은 옥시토신을 감소시키고 불안과 스트레스, 압박감을 만든다. 뇌는 이를 경고 신호로 받아들여서 교감신경계(sympathetic nervous system)를 활성화한다. 이때 도파민은 에피네프린과 노르에피네프린으로 전환되어 심박수와 혈압을 상승시킨다. 이러한 호르몬 반응은 신체가 심리적 손실에 대처하도록 돕는 '즉각적 방어 메커니즘'으로 작용한다. 동시에 도파민의 수치는 보상 기대가 충족되지 않았기 때문에 감소한다. 도파민은 보상 경험과 연관된 호르몬이기 때문에 기대했던 일이 일어나지 않으면 도파민의 수치가 급격히 떨어진다. 이는 기분 저하, 실망, 그리고 지속적인 긴장, 불안, 과민 반응으로 나타난다. 기대와 현실이 불일치할 때 섬피질에서 시작해서 옥시토신, 에피네프린, 노르에피네프린, 도파민에 일어나는 연속 반응들을 보면 앞서 기술한 서운함의 반응과 일치한다.

이렇게 옥시토신과 도파민이 낮아지고 에피네프린과 노르에피네프린이 상승하는 상황이 지속되면, 안면이 창백하게 되거나 얼굴이 빨개지고, 평소에 착하게 나오던 말이 흥분 상태로 인해 공격성을 보이게 된다. 이 상태의 반복은 사람에게 각성의 기본 수준을 변화시키며, 심한 경우에는 우울증, 스트레스 호르몬인 코르티솔(cortisol)에 의한 암 발병 위험성 증가 등이 나타날 수 있다. 서운함은 이런 과정을 거치면서 일반적인 연애를 하는 사람들에게서도 많이 나타난다. 서운함을 통제할 수 있어야 싸우지도, 쌓이지도 않는 상태에 도달할 수 있다.

06

서운함을 둘러싼 심리 반응

서운함으로 오해되는 심리 반응

서운함은 '기대한 무엇인가가 부족하다'는 의미에서 사전적으로는 인간관계가 아니더라도 쓸 수 있는 단어다. 예를 들어, 소풍을 기대했는데 비가 와서 못 가는 등의 상황에서 발생할 수 있다. 그러나 이런 경우에는 서운하다는 말 외에도 속상하다는 등의 다른 표현들이 있어서 굳이 서운함을 쓰지 않고 속상함을 사용한다. 기사 등의 문어체에서도 종종 서운함을 인간관계와 상관없이 쓰기는 하지만, 구어체 기준의 실제 사례에서 서운함은 대체로 인간관계와 연결된다.

인간관계와 연결되다 보니 서운함 하나만 느끼는 것이 아니라 여러 가지 다른 심리 반응과 엮여서 나타난다. 그래서 서운함과 비슷한 심리 반응들과 서운함을 혼동한다. 각각의 심리 반응들은 원인과 역동이 다르기 때문에 정확하게 어떤 느낌이고, 어떤 감정인지를 알아차리지 않으면 엉뚱한 반응을 하기도 한다. 그래서 서운함과 헷갈리는 다른 감정들과 구분할 수 있는 기준을 갖는 게 좋다.

'정서중심치료(Emotion-Focused Therapy: EFT)'를 만든 레슬리 그린버그(Leslie Greenberg)는 감정을 '1차적 감정'과 '2차적 감정'으로 나눴고, 1차적 감정을 다시 '적응적 감정'과 '부적응적 감정'으로 나눴다. 1차적 감정은 어떤 상황이 생겼을 때 그 상황에 대해서 즉시 나타나는 감정이고, 2차적 감정은 1차적 감정 이후에 나타난 상황이나 해석을 통해 재생산된 감정이다. '1차 적응적 감정'은 그 상황에서 적절하게 나오는 감정이고, '1차 부적응적 감정'은 과거에 1차 적응적 감정이 부모를 통해 억압되었거나, 트라우마적 경험으로 적응적 감정을 부정하여 상황에 적절하지 않게 나타나는 감정이다. 감정의 종류에 따라 고정되게 나뉘는 게 아니고 상황에 따라 나뉜다. 예를 들어, 연인이 떠나가면 슬픔은 적응적 감정이지만, 먹고 싶은 짜장면이 빨리 나왔을 때 슬프면 부적응적이다. 아무도 없는 숲속에서 길을 잃었는데 점점 어둡게 변하면서 불안한 것은 적응적이지만, 평소에 좋아하던 사람에게 사랑 고백을 받았는데 불안하면 부적응적이다. 이와 같이 적응적 감정과 부적응적 감정은 같은 상황에서도 무엇이 수면 위로 드러나느냐에 따라 다르게 보이지만, 두 감정 모두 서로에게 영향을 주고받는다.

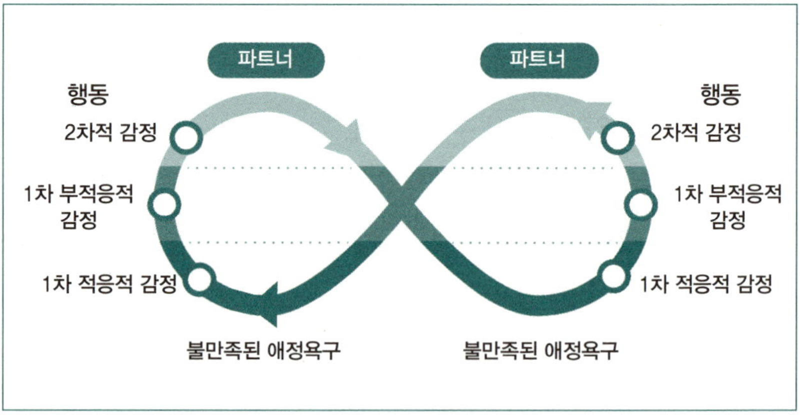

[그림 6-1] 2차적 감정의 이동 도식

앞서 설명했듯이, 서운함은 감정과 느낌이 상호작용하면서 형성되지만, 궁극적으로는 느낌에 더 가까운 정서적 상태라고 할 수 있다. 주관적이고 복합적인 경험으로 상황에 대한 인지적 해석과 의미 부여가 더해서 느낌으로 경험된다. 그렇다면 서운함은 2차적 감정일까? 2차적 감정도 해석에 의해서 나타나고, 서운함도 해석에 의해서 나타난다고 해서 서운함이 2차적 감정과 동일한 것은 아니다. 느낌과 감정을 실제에서는 분리하기 어려워서 서운함을 감정으로 부르기도 하지만, 사전적 의미로 보면 2차적 감정은 '감정(emotion)'이고, 서운함은 '느낌(feeling)'이다. 감정은 신체적 반응을 의미하고, 느낌은 주관적 경험에 의해 해석하는 전두엽 작용이기 때문에 사전적으로 2차적 감정과 느낌을 동일하게 볼 수 없다. 굳이 느낌과 2차적 감정을 구분하자면 '1차적 감정 → 느낌 → 2차적 감정'의 순서라고 볼 수 있다.

1차적 감정은 해석 없이 바로 나타나는 감정이고, 느낌은 해석 작용이며, 2차적 감정은 해석에 의해서 나타나는 감정이기 때문이다. 발생 순서상 그렇다는 것이지, 늘 이 순서대로 흘러간다는 의미는 아니다. 이미 1차적 감정을 경험하고 있다면, 굳이 2차적 감정으로 가지 않기 때문이다. 여자 친구가 남자 친구에게 말을 붙였는데, 남자 친구가 다른 생각을 하다가 여자 친구의 말을 몇 차례 놓쳤다고 가정해 보자. 이때 여자 친구가 1차적 감정을 표현한다면 "야, 너 자꾸 내 말 안 듣고 딴 생각하니까 내가 화나잖아. 너 한 번만 더 딴 생각하면 나 화낸다?" 정도가 될 것이다. 이렇게 1차적 감정으로 반응하면 2차적 감정으로 흘러가지 않는다. 그런데 여기에 해석이 가하면 '내 말을 몇 번이나 안 듣는 걸 보니 사랑이 식었네?'라고 생각하게 되고, 결국 서운함이 몰려오면서 말이 점점 없어진다. 뒤늦게 남자 친구가 이상한 것을 느끼고 "왜 그래?"라고 물어보면 그때는 이미 서운함에 직면해서 물어보기 민망한 시점이다.

결과적으로, 해석과 2차적 감정으로 그 상황을 결말짓는다. 그래서 서운함은 2차적 감정과 엮일 가능성이 높다. 1차적 감정과 엮일 수도 있는데, 주로 부적응적 감정이 나타날 때다. 부적응적 감정은 1차적 감정이라고 할지라도 과거의 반복된 경험에 의해 적응적 감정 대신에 나타나는 감정이어서 과거 경험 가운데에서 서운함이 이미 작동해서 부적응적 감정이 습관화되었을 수 있다.

그래서 서운함을 발생시키지 않기 위해서 욕구와 1차 적응적 감정을 찾는 것이 중요하다. 특히 서운함은 관계에 직접적인 영향을 주는 느낌이기 때문에 다른 느낌이나 감정과 혼동이 생겨서 잘못 반응하면 관계에도 문제가 발생한다. 친한 사람이 죽었는데 슬프지 않다거나, 이유 없이 눈물이 흐른다거나, 사랑 고백을 받거나 1등을 하는 등의 좋은 일이 생겼는데 불안함이 일어나는 것은 우리가 살아가면서 빈번하게 발생한다. 부적응적 감정을 경험하지 않는 사람은 존재하지 않는다. 이런 상황을 스스로 이상하게 여기지 않고 살아왔다면 감정에 매우 둔감한 것이다. 심지어 마음챙김이나 게슈탈트치료에서는 '알아차림'이라는 이름으로 이 감정을 알기 위한 훈련을 하고, 비폭력대화나 감정 코칭에서는 '관찰'이라는 단계에서 자신의 감정을 확인하는 훈련을 한다. '알아차림'이나 '관찰'이 학문의 이론으로까지 정리되어 있다는 것은 훈련 없이 바로 모든 상황에서 자신의 1차 적응적 감정을 알기는 어렵다는 의미이고, 이 문제로 많은 사람이 심리적인 그리고 관계적인 부분에서 고통을 겪고 있다는 의미다. 특히 감정이 느낌과 엮여 있을 때는 감정을 알아차리기가 더 어렵다. 그래서 서운함과 헷갈리는 감정들을 정리해서 서운함을 구분할 필요가 있다.

실망감

서운함을 영어로 번역할 때 제일 많이 사용되는 단어는 'feeling of disappointment'로, 즉 실망감이다. 논리적으로 접근하면 실망감과 서운함이 달라 보이지 않는다. 그러나 이 두 느낌은 동시에 함께 나타날 수는 있어도 분명히 다른 느낌이다. 서운함은 상대방과 나 사이의 문제이지만, 실망감은 상대방이 어떤 사람인지에 대한 반응이다.

좋아하는 연예인이 있다고 가정해 보자. 그 연예인을 좋아하는 이유는 연기를 잘하고 잘생겨서이기도 하지만, 평소에 가치관이 바르고 아내에게 잘하는 가정적인 모습이 좋아서 좋아했던 경우였다. 그런데 어느 날 뉴스를 보는데, 그 연예인이 바람을 피웠을 뿐 아니라 바람을 피운 여자와 함께 마약까지 했다는 뉴스가 나왔다. 이때 '실망했다'고 표현할 수는 있지만, '서운하다'고 표현하지는 않는다.

이처럼 실망감은 그 사람 자체에 대한 나의 기대가 무너졌을 때 나타나고, 서운함은 그 사람과 나의 관계에서의 기대가 무너졌을 때 나타난다. 실망감의 경우에 "너 그런 애였어?"라고 말하는 것이라면, 서운함은 "너 나한테 어떻게 그럴 수 있어?"라고 말하는 것이다. 그래서 실망감은 명료하지 않더라도 보편적인 기준이 존재하는 반면에 서운함은 보편적인 기준이 없다. 서운함은 매우 개인적인 기준으로 발생하기 때문에 충분한 소통이 없으면 자주 발생할 수 있다. 그래서 서운함을 다루기 위해서는 둘 사이에 기준이나 규칙을 만들 필요가 있다.

실망감은 절망감과도 구분할 필요가 있다. 실망감은 기대한 여러 가능성 중에 하나의 가능성이 불만족된 결과로 나타나는 느낌이다. 실망했다고 해서 다른 길이 없는 것이 아니고, 실망한 상황을 돌이킬 수 없는 것도 아니다. 그러나 절망감은 다른 가능성을 생각하기 어려운 불만족 상황이다. 절망한 상황을 돌이킬 수 없다고 해석한 결과로 나타나는 느낌이다. 실망감과 절망감은 그 크기와 강도에 있어서 차이만이 아니라 다른 종류의 느낌이지만 혼동되고는 한다. 절망감을 동반한 트라우마를 경험했거나 어린 시절부터 절망감을 자주 느껴 온 사람이라면 실망감에도 절망감을 느낀다. 이것을 '과각성'이라고 부른다. 과각성 상태, 즉 실망한 정도의 상황인데, 절망감을 느끼는 상태에 돌입한 사람은 관계에 작은 문제가 발생해도 관계 자체를 끝내려고 한다. 인생을 모 아니면 도로 생각하고 과정에 집중하기 어렵다. 승진에 실패한 후 자신의 무가치함과 절망감을 느끼고, 이혼 후에 자살을 하려고 이혼과 자살을 동시에 준비했던 내담자가 있었다. 실망감과 절망감을 구분하지 못하면 이렇듯 삶의 작은 변화 하나하나가 힘겹다.

이런 경우에 실망감과 서운함이 자주 혼동을 일으키기 때문에 서운함의 크기도 매우 달라진다. 연인이 문자를 하루 확인하지 않은 이유로 혹은 자기가 약속 시간에 늦은 이유로 연인과의 이별을 각오하곤 한다. 그러나 자기가 과각성 상태라는 것을 알지도 못하고 느낌에 따라 정하기 때문에 심지어 이런 느낌을 기반으로 가치관이 변하기도 한다. "문자를 하루 종일 확인하지 않는데 어떻게 연애를 해요? 사랑하지 않는데?"라거나 "저한테 실망했을 거예요. 이제 우리는 끝났어요."라며 연애 관계의 실수를 용납하지 않는다.

실망감과 절망감, 서운함의 구분은 욕구불만이나 결여처럼 선후 관계를 혼동하는 게 아니라 느낌의 종류에 대한 혼동이다. 그래서 더욱 정확하게 분별해야 한다. 이 느낌이 서운함인지, 실망감인지, 절망감인지에 따라 혹은 지금 상황에서 서운함을 느껴야 하는지, 실망감을 느껴야 하는지, 절망감을 느껴야 하는지를 구분하는 분별력에 따라서 상황과 문제를 해결하는 방향성이 매우 달라진다.

섭섭함

서운함의 사전적 정의는 '마음에 모자라 아쉽거나 섭섭한 느낌'이다. 다시 말하면, 섭섭함이 서운함과 일치되는 느낌은 아니지만 연결된 느낌인 것은 분명하다. 심지어 상당히 많은 경우에 비슷하게 사용해도 무방하다. 그러면 어떤 부분이 연결되어 있고, 어떤 부분에서 다른 걸까?

먼저, 기대에 대해 모자라다는 의미에서는 서운함과 섭섭함이 비슷하게 사용된다. 서운함도, 섭섭함도 먼저 기대를 하고 그다음 반응이나 결과가 기대와 다른 상황에서 사용한다. 이렇게 기대한 게 좌절된다는 의미에서는 비슷하다.

그러나 섭섭함은 기대와 달리 없어지는 것이 아깝다는 의미다. 그래서 전학 등의 이유로 친구가 옆에 있다가 없어진다거나 퇴사하는 등의 '사라짐'에 대한 느낌이다. 혹은 사람이 사라지는 것은 아니더라도 사람이 해 줘야 할 혹은 해 주길 바라는 무언가가 내 손에 들어오지 않을 때 사용한다. 그래서 직장에서 일을 하다가 떠날 때 '시원섭섭하다'고 하거나, 친구가 선물을 다른 친구들에게만 주고 나에게 안 줬을 때 내 손에 들어오지 않았기 때문에 '섭섭하다'고 표현한다. 그러나 서운함은 상대방이 눈앞에서 사라지거나 물건이 들어오지 않는 등의 상황 자체보다도 사람의 의도와 관계의 정도가 더 중요하다. 친구가 전학을 간다고 해서 서운하다고 표현하지 않는다. 이럴 때는 섭섭함이 더 적절하다. 왜냐하면 친구가 전학을 가서 없어지는 것은 의도와 마음의 정도의 문제가 아니라 불가피한 것이기 때문이다. 만약에 친구가 전학을 '선택'한 상황이라면 서운하다고 표현할 수 있다. '나와 더 있을 수 있는데도 불구하고 나와 함께할 수 있는 것을 포기하고 전학을 가는 것'이기 때문이다.

섭섭함과 서운함이 구분되는 지점이 명료하다고 해도 혼용해서 사용하기도 한다. 친구가 떠나갈 때 섭섭하다고 표현하지만, 사실은 서운한 마음일 수도 있다. 친구는 불가피한 상황으로 인해 떠난다고 표현했기 때문에 섭섭하다고 했지만, 마음속으로는 '남을 수도 있는 거 아냐?'라고 생각하면서 서운한 마음을 가질 수도 있는 것이다. 그리고 서로의 해석이 달라서 이 두 감정이 혼용되기도 한다. 남자 친구는 불가피하게 유학을 가는 것인데, 여자 친구 입장에서는 선택 가능한 상황인데도 유학을 가는 것이라고 해석한다. 남자 친구는 여자 친구가 섭섭해한다고 생각할 수 있고, 여자 친구는 서운하다고 느낄 수 있다. 이런 경우에 여자 친구는 이 느낌의 정체가 서운함인지, 섭섭함인지 명료화할 필요가 있고, 남자 친구는 여자 친구의 서운함을 풀어 줄 필요가 있다. 물론 이 두 단어는 자주 혼용되기 때문에 문자적 의미를 잘 이해하지 못하고 사용할 가능성이 높아서 "너 섭섭한 거야? 서운한 거야?"라고 물어본다면 여자 친구는 뭐라고 답해야 할지 모를 것이다. 이럴 때는 섭섭한 것인지, 서운한 것인지를 물어보기보다는 불가피하게 유학을 가지만 얼마나 사랑하는지, 다시 돌아왔을 때 얼마나 더 아름다운 관계가 이어질 것인지, 유학을 가서 어떻게 소통하고 사랑을 확인할 것인지를 서로 정리하고 정의하는 것이 더 유익하다.

아쉬움

아쉬움도 섭섭함과 더불어 서운함의 사전적 의미를 다룰 때 서운함과 연결고리를 갖는 느낌으로 정의된다. 아쉬움은 섭섭함보다 서운함과의 차이가 분명하고, 섭섭함과의 차이도 분명하다. 섭섭함이 떠나거나 소유하지 못해서 갖게 되는 느낌이라면, 아쉬움은 부족해서 발생하는 느낌이다. 그리고 사람과의 관계에 대한 것보다는 상황이나 사물의 부족함에서 나오는 느낌이다. 아이스크림을 먹었는데, 양이 부족해서 충분하게 먹었다는 느낌이 들지 않는다면 섭섭하다거나 서운하다고 하지 않고 아쉽다고 말한다.

관계의 측면에서 말한다면 "남자 친구가 매일 전화해 주지 않는 게 아쉬워."라는 말은 '대체로 만족하는데 이게 있으면 더 좋겠어.'의 의미이지 불만족의 의미는 아니다. 그러나 "남자 친구가 매일 전화해 주지 않는 게 서운해."라는 말은 불만족의 의미다. 그래서 같은 상황이라고 해도 아쉽다는 표현과 서운하다는 표현은 화자의 감정 상태뿐 아니라 상대방의 반응 정도도 달라질 수밖에 없다.

아쉬움이 있는 관계는 서운함이 있는 관계에 비해 풀어 가기가 쉽고, 서운해서 헤어지는 경우는 많아도 아쉬워서 헤어지는 경우는 드물다. 아쉬움은 완전히 해소되기도 어렵고, 어떤 상황에서도 일정 부분의 아쉬움은 생기기 마련이다. 일체의 만족은 물건에서는 나와도 사람에서는 나오기 어렵다. 다만, 불안과 강박이 높은 경우에는 작은 아쉬움도 견디기 어렵고, 아쉬움은 곧 서운함으로 전환되기도 한다. 일체의 동일시를 원해서 아쉬움을 남기지 않으려고 완벽하거나, 헤어지거나 둘 중의 하나를 해야 하는 경우다. 이런 경우에는 완전한 동일시를 원하는 사람의 불안과 강박을 다룰 필요가 있다.

서러움

고려가요 〈가시리〉를 보면 "잡서와 두어리마라난 션하면 아니올셰라"라는 문장이 나온다. 여기서 '션하면'은 '서운하면'의 옛말이다. 현대어로 번역하자면 '붙잡아 두고 싶지만 서운해하면 안 올 테니까.'의 의미다. 그리고 이어지는 말이 "셜온님 보내옵노니"다. 현대어로 번역하자면 '(내가) 서러워서 님 보내 줄 테니까'의 의미다. 상대방의 서운함이 나의 서러움으로 변한 상황을 노래하고 있다. 서운함은 밖으로 역동하는 느낌이고, 서러움은 혼자 삼키며 버티는 감정이다. 서운함이 불만족에서 나오는 느낌이라면, 서러움은 억압 혹은 무관심, 오해 등으로 인해 생긴 억울함에서 나오는 감정이다. 서운함은 해석이 개입하는 느낌이지만, 서러움은 심장을 메우는 감정이다.

욕구불만이 서운함의 선재한 심리 반응이라면, 서러움은 서운함과 함께 혹은 뒤에 오는 심리 반응이다. 그래서 연장선에 있는 것 같고, 같은 감정으로 치부되기도 한다. 서운함을 느낌이 아니라 감정으로 여기는 것은 서러움 때문이기도 하다. 서운함이 반복되거나 상대방이 서운해하는 역서운함이 공격적으로 나에게 표현되면 서러움이 발생한다. 서운함은 대상을 향하는 느낌이지만, 서러움은 혼자 삭이는 감정이다. 그래서 서운함을 해결하지 못하면 서러움이 되기도 한다. 내가 서운해하든, 상대방의 서운함이 나를 공격하든 서러움이 되고 나면 풀어내기가 쉽지 않다. 그래서 서운함의 단계일 때 해결하는 것이 관계를 악화시키지 않는 길이다.

서러움은 순서상 서운함의 다음에 오는 심리 반응인데, '서운함을 둘러싼 다른 심리 반응'에서 다루지 않고 '서운함으로 오해되는 심리 반응'에서 다루는 이유는 서운함과 서러움이 자주 혼동되기 때문이다. 내담자들이 서럽다고 표현해서 가만히 들어 보면 서운함인 경우들이 많다. 어차피 내담자의 마음에서 발생하는 것이기 때문에 '서운함이든, 서러움이든 무슨 상관이겠나' 생각할 수 있지만, 서럽다고 인식하는 순간에 일정 수준의 억압이 있었다고 판단할 수 있기 때문에 명확하게 구분하는 것이 좋다.

억울함

억울함은 잘못된 대우를 받았을 때 발생하는 분함이나 답답함이다. 주로 누명을 썼을 때 발생한다. 억울함이 서운함과 혼동되는 경우는 많지는 않지만, 마땅히 받아야 할 대우에 대한 규정이 다르면 두 사람 사이에 발생하는 서운함을 억울함으로 느낄 수 있다. 거짓말을 하지 않았는데, 거짓말을 했다고 가정하고 혼을 낸다면 서운하다고 하지 않고 억울하다고 한다. 그러나 이 상황에서 억울함만 있는 것은 아니다. 거짓말을 했다고 가정한 사람이 나와 애착과 신뢰가 깊은 사이였다면, 억울함뿐 아니라 서운함도 발생한다. 예를 들어, 아버지가 돈을 잃어버렸다. 그런데 방 안에 딸밖에 없었다. 그래서 딸에게 "네가 가져갔지?"라고 말한다면 당연히 억울함이 생긴다. 동시에 '내가 그동안 아버지에게 보여 준 모습이 있고 서로 쌓아 온 신뢰가 있는데, 어떻게 나를 의심하지?'라고 생각하며 서운함도 같이 발생할 수 있다.

느낌과 감정이란 한 상황에서 하나만 생기는 것은 아니다. 여러 감정과 느낌이 복합적으로 나타날 수 있다. 억울함과 서운함은 그렇게 동시에 나타날 수 있는 느낌이다. 특히 연인 관계에서는 억울함과 서운함이 자주 같이 올라온다. 남자 친구는 독서실에 있다가 여자 친구를 만나러 왔는데, 여자 친구가 남자 친구에게 "내 친구가 너 술집에서 딴 여자하고 단둘이 있는 거 봤어."라고 한다면 남자 친구는 억울함과 동시에 서운함이 밀려온다. 하지 않은 일을 했다고 믿고 있기 때문에 억울한 감정이 올라오고, 동시에 여자 친구가 자기를 믿어 주지 않고 친구 말만 믿으니 서운함이 올라온다. 이때 남자 친구는 억울함과 서운함을 분별하지 못하고 하나의 감정으로 인식한다. 그래서 억울함만 계속 호소한다. 여자 친구는 남자 친구의 억울함을 이해하고 용서를 빈 후 친구에게 연락해서 "네가 잘못 봤다."라며 친구의 정보를 수정한다. 그러나 남자 친구의 마음은 풀리지 않는다. 남자 친구는 '억울함이 해소되었는데 왜 아직도 잔여 감정이 남아 있지?' 하면서 자기 자신에 대해서 이해하지 못하고, 여자 친구는 '억울함을 풀었는데도 아직도 삐져 있네. 이렇게 속이 좁았나?' 하면서 남자 친구가 풀리지 않는 걸 힘들어한다. 그런데 서로가 남자 친구의 서운함의 감정의 정체를 알고 있다면 어떻게 처리할까? 여자 친구는 "내가 잘못 알았어. 친구가 너랑 너무 닮은 사람이어서 너라고 생각했나 봐."라고 억울함을 풀어 준 후에 "내가 네 말을 안 믿고 친구 말을 믿어서 서운했겠다. 처음에는 친구가 하도 강하게 말해서 휩쓸렸는데, 네 말을 들어 보니 내가 정신이 잠깐 나갔었나 보다 생각했어. 그동안 내가 너를 늘 믿었던 거 알지? 정말 잘못했어."라며 상대방의 서운함까지 풀어 주었다면 남자 친구의 마음이 더 쉽게 풀어졌을 것이다. 이렇듯 서운함은 억울함의 뒤에 숨어 있을 때가 많다. 서운함을 적절히 발견하고 풀어 주어야 억울함이 완전히 해소된다.

속상함

속상함은 말 그대로 속이 상한 감정이다. 속상함은 느낌이 아니라 감정이고, 서운함이 생길 때 동시에 발생한다. 그렇다 보니 서운함과 속상함을 동일하게 느낀다. 흥미로운 것은 서운함으로 인해 속상함이 생길 때는 서운함의 느낌보다 속상함의 감정이 더 깊게 다가와서 서운함은 사라지고 속상함을 처리하려고 한다.

속상하면 가슴이 찌릿하거나 싸하게 되고 배가 아프기도 하다. 속상함은 물건을 잃어버렸을 때, 상사가 윽박질러서 스트레스를 받을 때 등 힘든 대부분의 상황에서 발생한다. 영어로 번역할 때에도 속이 뒤집힌다는 의미의 'upset', 상처를 입었다는 의미의 'hurt', 스트레스를 받았다는 의미의 'distressed', 짜증 난다는 의미의 'annoyed' 등 다양하게 번역한다. 속상함은 대부분 부정적인 느낌 뒤에 오기 때문에 부정적인 느낌으로 오해된다. 표현할 때에도 마찬가지다. 서운할 때에도 속상하다고 표현하고, 억울할 때에도, 섭섭할 때에도, 거절당할 때에도, 실망스러울 때에도 속상하다고 표현한다.

문제는 억울함에서 다룬 것처럼, 속상함만 해결하고 서운함을 해결하지 않는 일이 종종 발생한다. 속상함은 몸으로 오는 반응이기 때문에 위장약을 먹거나, 노래방에서 실컷 좋아하는 노래를 부르면서 스트레스를 풀면 사라지기도 한다. 그런데 속상함이 사라져도 찝찝한 느낌이 사라지지 않는다. 그 이유는 서운함이 남아 있기 때문이다.

속상함 같은 감정은 승화가 잘 작동한다. 감정은 신체 반응이기 때문에 우회하여 해소하는 승화가 적절히 작동할 수 있다. 그러나 감정을 해소한다고 느낌도 해소되지는 않아서 힘든 마음이 유지된다. 다른 곳에서 불안으로 오랫동안 상담했던 한 내담자가 와서 "저는 상담을 하면서 카타르시스를 많이 느끼거든요. 서럽게 울기도 하고, 소리를 지르기도 하고, 감정 소산을 정말 많이 했어요. 그런데 왜 아직도 마음이 이렇게 힘들까요?"라고 말했다. 감정은 사라져도 느낌은 여전히 남아 있기 때문이다. 느낌은 해석 작용이기 때문에 생각과 자아상이 아직 변하지 않은 상황에서 감정만 소산했다고 마음이 괜찮아질 수는 없다. 느낌을 바꿔야 한다.

서운함이 생기면 속상함은 자연히 따라온다. 그래서 속상함을 해소하기 위해 격렬한 운동을 하기도 하고, 신나게 노래를 부르기도 한다. 그러나 그렇게 속상함이 해소되어도 여전히 찝찝하다. 서운하기 때문이다. 서운함은 그렇게 승화를 통해 해소되지 않는다. 서운함은 생각의 작용에 영향을 주어야 한다. 직접 대상을 찾아가서 서운함에 대해 토로하면서 오해를 풀거나, 일기 등을 통해 자기 생각을 정리하면서 서운하게 만든 해석에 변화를 주어야 한다. 속상함을 푸는 방법과 서운함을 푸는 방법은 다르다. 그렇기 때문에 서운함과 속상함을 구분하고 처리하는 방법을 달리할 필요가 있다.

서운함 이후에 오는 심리 반응

서운함으로 오해되는 심리 반응들은 상담을 진행하면서 내담자들이 서운함과 혼동하는 감정들을 정리했다면, 서운함 이후에 오는 심리 반응들은 상담 일지를 클러스터링(clustering)이라는 방법을 사용해서 범주화 · 군집화하여 산출한 것들이다. 서운함 이후에 오는 심리 반응들은 대체로 정동이다. 정동은 감정이나 느낌으로부터 영향을 받아 행동이나 인지에 변화가 오는 현상이다. 속상해서 목소리와 얼굴 표정이 변하거나, 슬퍼서 자극을 추구하거나 혹은 자극으로부터 멀어지거나, 서러워서 엉엉 울거나, 섭섭해서 미워하게 되거나, 실망이 커서 관계를 끊거나 하는 등의 변화를 갖고 온다. 감정과 느낌은 드러나지 않고 신체와 생각 속에서 발생하기 때문에 객관적 측정이 어렵고 주관적 평가만 가능하지만, 정동은 변화가 드러나기 때문에 객관적 측정과 주관적 평가가 모두 가능하다. 그래서 정서 인지능력과 감정 표현 불능, 불안 민감도 등은 감정이나 느낌보다 정동 측정이 가장 큰 영향을 미친다. 자기기술식 검사라고 해도 감정이나 느낌은 주관적 판단일 가능성이 높아서 정동 측정이 타당도가 가장 높다.

불안의 경우에 정의에 따라 정동이 아닌 감정으로 보는 경우도 있다. 불안을 '내부적인 감정 상태'로 정의하는 경우, 감정으로 분류하고 분리불안이나 공황장애, 공포 반응 등을 불안으로 포함시키는 경우에 정동으로 분류한다.

서운함에 대한 반응으로 나오는 정동들은 어느 하나만 나타나기도 하지만 하나씩 순차적으로 나타나기도 하고, 한꺼번에 여러 개가 나타나기도 한다. 이를테면 서운함이 발생한 후에 미움과 더불어 상대방이 떠날 것에 대한 불안이 함께 나타날 수도 있고, 서운함 이후에 분노가 나타났다가 곧 피해의식이 생길 수도 있다. 이렇게 감정과 느낌 그리고 정동의 변화를 살피는 것은 그 사람의 심리 기제의 흐름을 분석하는 데 도움을 준다.

죄책감

죄책감은 종종 서운함보다 먼저 발생하여 서운함의 동력이 되기도 한다.

죄책감에서 서운함으로 이어진다면 죄책감을 느낀 사람이 이를 처리하지 못하고 방어적으로 상대방에게 서운함을 느끼는 경우다. 예를 들어, '나는 최선을 다했는데, 왜 넌 이해하지 못하지?'라는 심리가 작용한다. 죄책감을 직접적으로 다루지 못하는 사람은 자신의 내적 갈등을 외부로 투사하여 서운함이라는 형태로 표출한다. 이는 죄책감이 관계의 긴장으로 이어질 때 흔히 나타난다. 범죄자들의 경우에 자주 이런 심리 기제를 발생시키는데, 스스로가 지은 죄에 대해 죄책감을 발동시키기 어려워서 수치심이나 서운함으로 전환하곤 한다. 『이솝 우화』에 나오는 '어머니 귀를 물어뜯은 강도'가 이런 경우다. 강도짓을 수차례 하다가 잡혀서 사형을 당하게 된 사람이 마지막 소원으로 어머니를 만나고 싶다고 해서 어머니를 불러 주었더니 어머니의 귀를 물어뜯으면서 "왜 나를 이렇게 키우셨나요?" 하고 원망했다는 우화다. 이는 죄책감이 원망으로 전환된 이야기를 잘 보여 주는 우화인데, 이런 심리 기제와 마찬가지로 죄책감은 쉽게 서운함으로 전환되기도 한다.

방향성이 조금 다르지만, 상대방이 서운함을 표현하는 역서운함이 나에게 죄책감을 불러오기도 한다. 서운함은 흔히 누군가의 기대나 욕구가 충족되지 않았을 때 발생한다. 만약 상대방이 자신의 서운함을 표현하고, 그에 대해 책임감을 느끼도록 강요하거나 암묵적으로 기대한다면 나에게서 죄책감이 유발될 수 있다. 자신이 상대방의 서운함에 직접적인 영향을 끼쳤다고 느껴서 자신의 행동에 대한 책임을 지나치게 내재화하면서 죄책감을 느끼는 것이다. 이는 특히 양심적이거나 관계 중심적인 사람들에게서 흔히 나타난다. 이와 같은 두 가지 방향성의 서운함과 죄책감은 서로를 강화하면서 악순환을 일으킬 수 있다. 예를 들어, 한 사람이 서운함을 느끼고 이를 표현하면 다른 사람이 죄책감을 느껴서 위축되거나 방어적으로 반응할 수 있고, 이는 다시 서운함으로 이어질 수 있다.

관계에서 서운함과 죄책감은 종종 관계를 유지하고 복구하려는 무의식적 동기로 작용한다. 죄책감을 느끼는 사람은 관계를 회복하려고 노력하고, 서운함을 느끼는 사람은 이를 통해 자신의 중요성을 확인하려고 한다. 이렇듯 서운함과 죄책감은 부정적인 결과를 불러오기도 하지만 각자의 역할이 있다. 서운함과 죄책감은 모두 인간관계에서 자연스러운 감정이다. 중요한 것은 이를 억누르거나 회피하지 않고 건강하게 소통하는 것이다. 나의 서운함이나 상대방의 서운함 그리고 자신의 죄책감을 단순히 비난이나 책임으로 보지 않고 관계의 동력으로 활용할 수 있다면 이를 통해 갈등을 넘어 상호 이해와 연대를 강화할 수 있다.

분노

서운함은 상대방이 기대에 부응하지 못해서 발생하기 때문에 상대방에 대한 실망감과 더불어 분노가 발생할 수 있다. 분노는 자존심을 지키기 위한 안전장치로, 자기 보호적인 기능을 갖고 있기 때문에 무시당했다고 생각하면 드러난다. 서운함이 억울함과 같이 발생할 때 이어서 분노가 나타난다. 서운함과 억울함은 상대방으로부터 나에게 들어온 느낌이고, 분노는 상대방을 향한 정동이다. 서운함과 억울함이 극에 달하면서 상대방의 싫은 점, 잘못된 점에 집중하기 시작하면 분노가 드러난다. 서운함과 억울함의 원인을 제공한 상대방의 행동과 말에 집중하면서 분노하기 전에 본래적으로 자기가 갖고 있던 욕구와 상대방과 자기 사이의 관계성을 잃어버린다.

분노는 놀라울 정도로 갑작스럽고 신속하게 행동과 인식을 전환한다. 그래서 상대방이 깜짝 놀란다. 분노가 시작되면 아드레날린이 발생하면서 멈추기 어렵다. 분노는 아드레날린 반응을 보이기 때문에 중독성을 지니기도 해서 서운함 이후에 분노가 나온다는 습관을 만들 수 있다. 서운함에 이어서 분노가 자주 발생하면 서운함이 분노로 이어지는 속도가 점점 줄어든다. 그래서 나중에는 서운하면 바로 분노하는 연결고리가 당연하고 자연스럽게 된다. 이런 패턴이 습관화된 사람은 자기의 욕구를 찾지 못하고 느낌과 정동에 몰입한다. 감정이란 본래 욕구와 연결고리를 갖는다. 욕구가 충족되면 긍정 감정이 흐르고, 욕구가 좌절되면 부정 감정이 흐른다. 그러나 서운함과 이어지는 분노는 자기를 잃고 상대방에 집중하면서 드러나기 때문에 자기 욕구를 잃고 튀어나와서 욕구와 상관없이 서운함 이후에 자동적으로 발생한다.

분노가 발생하면 '내가 원래 원하는 게 뭐였지?'를 빠르게 떠올리면서 서운함의 원인을 찾아야 한다. 그리고 그 욕구를 채워 나가면 분노가 사그라들 수 있다. 물론 아드레날린에 깊게 지배당한 습관적인 분노는 욕구를 찾아도 흥분의 잔재가 남아서 쉽게 없어지지 않는다. 그러나 이 원리를 이해하고 자기를 돌아볼 수 있게 되면 점차적으로 좋아질 수 있다.

분노는 습관이다. 특히 서운함에 이어지는 분노는 습관이다. 이 습관을 끊어 내기 위해서는 서운함이 발생할 때 빠르게 알아차리고 분노로 이어지지 않도록 서운함을 다뤄야 한다. 서운함을 다루는 시기를 놓치면 바로 분노로 전환하여 관계를 악화시킨다. 자기를 보호한다는 의미에서 분노는 때에 따라 필요한 정동임에 분명하지만, 서운함과 연결된 분노는 이런 긍정적 요소를 찾기 어렵다. 서운함이 분노로 발전하지 않도록 서운함을 빠르게 알아차리고 서운함을 발생시킨 좌절된 욕구를 찾는 것이 필요하다.

공격성

서운함은 공격성을 만들기도 한다. 서운함의 대부분의 심리 기제에는 욕구불만이 있고, 욕구불만은 짜증을 불러온다. 이 짜증은 쉽게 공격성으로 드러난다. 서운함이 왜 생기는지 스스로도 몰라서 관찰 및 요구하는 과정을 못 갖는 경우, 서운함의 표현이 상대방에 의해 억압되거나 스스로 서운함의 표현이 부적절하다고 판단하여 서운함을 표현하지 못하는 경우에 공격성이 드러난다.

대체로 공격성은 항의 행동 혹은 수동적 공격으로 나타난다. 상대방과 하루 종일 연락이 안 되고 문자도 확인하지 않아서 서운함이 생겼다고 가정해 보자. 이때 '너도 한번 당해 봐라.'라며 전화와 메신저를 모두 꺼 놓고, 하루 종일 아무 응답을 하지 않는 등의 행동을 항의 행동이라고 한다. 이런 종류의 항의 행동에는 공격성이 담겨 있다.

이런 종류의 공격성은 문제를 해결하기보다는 더 악화시키거나 또 다른 문제를 발생시킨다. 차라리 분노는 서운함의 자리를 떠나지 않고 확대시키기 때문에 2차 상처를 입을 수는 있어도 해결이 가능하다. 하지만 공격성은 서운함의 자리와 상관없는 반응을 보이기 때문에 상대방이 문제의 원인을 파악하기 힘들고, 공격성으로 반응하는 사람들은 대체로 직면해서 말하지 않는다. 그러면 상황은 점점 꼬여서 관계만 악화되고, 원인은 서로 정리하지 못한 채 끝난다. 이런 일이 반복되면 결국 이별로 끝날 가능성이 높다.

공격성을 띠는 심리적 원리에는 '네가 알아서 원인을 찾아봐.'와 같은 마음이 들어가 있다. 공격성도 분노처럼, 하면 할수록 그 수위가 더 높아져서 상대방이 원인을 말해도 부정하기도 한다. 이미 너무 큰 반응을 보여서 원래의 원인과 연결하기 민망하기 때문이다. 하루 종일 연락이 안 된 상대방에게 공격성을 띠며 "우리 헤어져."라고 말했다면 상대방은 왜 헤어지자고 하는지 계속 고민할 수밖에 없다. 결국 원인을 발견하고, "그날 연락이 안 돼서 그래? 회사 업무 때문에 연락이 안 될 거라고 했잖아."라고 말한다면 헤어지자는 이유로 너무 부족하다는 생각이 든다. 그래서 "아냐. 넌 정말 아무것도 몰라. 그러니까 헤어지는 거야. 이유는 네가 찾아봐."라며 더 큰 원인이 있음을 암시하고 돌아선다. 결국 공격성은 상황을 점점 키워서 문제를 악화시키고 해결 불가능하게 만든다.

복수심

복수심은 공격성과 함께 나타날 때가 많다. 공격성의 예와 같이 상대방과 연락이 잘 안 돼서 '너도 당해 봐라.'라고 생각하며 한동안 연락을 끊었다면 이것은 복수심에서 나오는 공격성이다. 즉, 복수심과 공격성이 함께 담겨 있다.

그러나 복수심이 반드시 공격성을 띠면서 나타나는 것은 아니다. 공격성은 단순하고 외부로 즉시 표현되지만, 복수심은 훨씬 교묘하고 복잡하며 은밀하기도 해서 공격성을 제거하고 진행할 수 있다. 한 어른이 내 자녀를 때렸다고 가정할 때 공격성은 그 자리에서 즉시 자기 자녀를 때린 사람에게 반응하지만, 복수심은 증거를 수집하여 경찰에 넘겨서 가능한 한 강력한 처벌을 받도록 설계한다. 공격성은 복수심이 없이도 나타난다. 연인이 연락이 잘 안 되는 문제로 서운해서 또박또박 따지면서 공격할 때의 진짜 의도는 상대방도 똑같이 당했으면 좋겠다는 마음이 아니라, 상대방이 자기를 위로해 주고 더 좋은 관계가 되었으면 좋겠다는 마음이다. 복수심과 공격성은 이렇듯 같은 상황에서 나타날 수도 있지만, 전혀 상관없이 나타날 수도 있다.

이와 같은 차이점을 통해서 알 수 있듯이, 서운함이 복수심으로 나타날 때가 공격성으로 나타날 때보다 더 집요하고 무서울 수 있다. 복수심은 복수하는 과정에서는 정의감이 동반되기도 한다. 이런 경우, 타당성까지 제공되기 때문에 복수 행위에 더 힘을 받는다. 하지만 서운함을 해석에 의해 만든 느낌이다 보니 상대방이 정말 복수의 대상이 될 만한 일을 한 것인지 애매할 때가 있다. 서운함을 복수심으로 자주 전환시키는 사람들은 복수 후에 상대방이 정말 복수할 만한 사람이었는지에 대한 확신이 안 서서 오히려 복수할 만한 사람이었다고 계속 정당화한다. 복수심은 냉정하더라도 강렬한 에너지를 동반한다. 게다가 서운함은 해석에 의해서 만들기 때문에 소통이 부족하면 오류를 만들기 쉬운 느낌이다. 그래서 서운함에서 시작된 복수심은 복수를 실행하기 전에 혹은 복수를 실행하지 않는다고 하더라도, 복수심 자체가 어려운 마음이기 때문에 더 정확한 관찰이 필요하다. 서운함부터 시작해서 어떻게 복수심까지 나아가게 됐는지 상대방과의 관계를 복기할 필요가 있다.

불안

불안은 서운함 이후에 가장 많이 나타나는 정동 중 하나다. 서운함도 해석에 의해 발생하는 느낌이고, 불안도 해석에 의해 발생하는 정동이기 때문이다. 서운함은 누군가에게서 기대하거나 원하는 반응을 받지 못했다고 '해석'할 때 생기는데, 그 관계에서 기대한 것이 안정감과 연결될 때 서운함 이후에 불안이 발생한다. 불안은 미래에 닥칠지도 모르는 위협이나 불확실성에 대한 '해석'으로 나타난다. 이는 자기 보호 메커니즘으로 작용하며, 종종 '상실'이나 '관계의 위기'를 예감할 때 강화된다. 서운함이 발생했는데, 상대방이 그 서운함을 해결해 주지 않으면 관계의 안정성이 위협받고 있다고 느껴서 불안으로 이어진다. 특히 서운함도, 불안도 부정적인 해석을 하면서 강화되기 때문에 서운함의 해석이 불안의 해석을 강화시키거나 증폭시키는 역할을 한다. '왜 저 사람은 내 메시지에 바로 답하지 않을까?'라는 생각에서 서운함이 시작되어 '나를 싫어하나?'라는 생각으로 발전하면서 불안으로 이어진다.

상대방이 서운함에 반응을 보이고 해결해 주려고 노력했다고 하더라도 서운함이 반복적으로 발생하면 관계의 지속성을 위협하는 신호로 받아들여서 상대방과의 관계가 불안정하다고 느끼고, 결과적으로 불안으로 전이될 가능성이 높다. 예를 들어, '나를 소중히 여기지 않는 것 같아.'라는 서운함이 '이 관계가 끝나는 건 아닐까?'라는 불안으로 이어질 수 있다.

서운함을 자주 느끼는 사람과 불안을 자주 느끼는 사람의 공통점은 자존감이 낮다는 데 있다. 여기서의 자존감은 자기의 본래적 자존감이 아니라 상대방과 나를 비교했을 때의 자존감이다. 그래서 서운함은 종종 개인의 자기 가치와 연결된다. 서운함을 반복적으로 느끼면 '내가 충분히 중요한 존재가 되지 못하는 것일까?'라는 의문이 들면서 불안감으로 확대될 수 있다.

불안이 늘 안 좋은 것은 아니다. 불안이 없으면 위험을 감지하기 어렵고, 생존에 위협을 받기도 한다. 그러나 서운함 뒤에 불안이 따라오는 경우, 해석에 해석을 더해서 실제보다 더 증폭된 가정을 만들어 낼 위험이 있다. 서운함 뒤에 불안이 발생하려고 하면 자기 내면을 관찰하는 것을 통해 서운함과 불안을 구별하고, 각각의 원인을 탐구하는 것이 중요하다. 이는 자기 감정을 객관적으로 이해하도록 돕는다. 불안이 심할 경우, 전문가의 도움을 받으면 더 좋다. 서운함의 주요 원인이 기대의 좌절에서 비롯되므로 현실적인 기대를 설정하고, 이를 상대방과 소통하는 것이 필요하다. 소통을 불편해하면 서운함과 불안을 끝내기 어렵다. 서운함이 자주 발생하는 지점에서 상호 간의 규칙과 상호 소통 체계를 만들어 관계의 안정성을 강화하는 것이 좋다.

피해의식

서운함과 피해의식은 둘 다 특정 상황에서의 해석 방식이나 심리 구조에 따라 강화되거나 억제될 수 있다는 공통점을 갖고 있다. 두 느낌 모두 결핍이 있다는 공통점이 있다. 충분히 존중받거나 인정받지 못하고 있다는 느낌에서 시작되며, 타인의 행동을 자신의 정체성과 연결 짓고, 이를 과도하게 부정적으로 해석한다. 그리고 두 느낌 모두 상대방의 반응을 단순하게 있는 그대로 받아들이기보다는 과거의 상처나 부정적인 경험과 연결해서 더 심각하게 느낄 수 있다.

그러나 그 강도에 있어서 피해의식이 더 깊어져서 해결이 힘들게 된다. 타인에게 기대했던 행동이나 태도를 받지 못했을 때 서운함을 느낀다면, 피해의식은 자신이 부당한 대우를 받고 있다고 느끼는 상태다. 즉, 내가 상대방에게 기대했던 행동이나 태도를 받지 못했다고 해석해서 서운함을 느끼면 곧 그것이 부당한 대우라고 생각해서 피해의식이 생기는 과정을 갖는다. 이런 전환이 일어나는 이유는 자신을 보호하려는 방어 기제 작용 때문이다. 타인의 행동을 부정적으로 해석함으로써 상처를 미리 대비하려는 것이다. 서운함의 단계일 때 '내가 이렇게 신경을 썼는데, 상대방은 그만큼 답하지 않는 것 같아.'라고 생각하다가 이런 서운함이 반복되면 피해의식의 단계로 들어가서 '왜 나만 이런 대우를 받아야 하지?' 혹은 '그 사람은 작정하고 나를 무시했어.'라고 생각하게 된다. 즉, 상대방의 행동이 무심하다고 생각해서 서운함을 느끼다가 그 생각이 깊어지고 반복되면 상대방이 고의적으로 자신을 괴롭힌다고 느끼는 것이다. 서운함에서 피해의식으로 발전해서 나타난 차이를 정리해 보면 다음과 같다.

서운함	→	피해의식
타인의 행동을 단순한 무심함으로 느낌	→	타인의 행동을 의도적이라고 느낌
관계 회복의 가능성을 열어 둠	→	관계 단절이나 대립을 초래할 가능성
비교적 일시적임	→	계속 되뇌이고 깊은 상처로 남음
자기 성찰과 타인 이해로 완화 가능	→	자기 성찰 부족 시 부정적인 악순환 유발

서운함이 피해의식까지 발전했다면 상대방을 무능한 상태에서 의도적인 상태로 전환하여 생각한다. 그리고 과거의 상처나 부정적인 경험

과 연결해서 더 심각하게 느낀다. '이 사람도 나를 무시하는구나. 항상 이런 일이 반복돼.'라고 생각한다. 그리고 '나에게 무슨 문제가 있을까?'보다는 '왜 나만 이런 일을 겪어야 하지?'라는 생각이 반복된다. 낮은 자존감을 가진 사람일수록 서운함이 피해의식으로 발전할 가능성이 높다. 자신이 충분히 존중받지 못한다고 느끼는 경험이 반복될수록 강화된다.

피해의식을 다루려면 자신이 느끼는 감정이 서운함인지, 피해의식인지 명확히 인식하는 것이 중요하다. "그 사람이 일부러 그런 걸까, 아니면 단순히 상황적인 이유 때문일까?"라는 질문을 명확한 근거를 통해 분석해야 한다. 상대방의 행동에 대해 긍정적이거나 중립적인 해석을 시도해 봐야 한다. 상대방의 행동이 '고의적'이라고 단정 짓기 전에 다른 가능성을 먼저 고려하는 것이 좋다. '왜 내가 이렇게 느끼는 걸까?'를 탐구하면서 자신의 기대와 타인의 한계를 객관적으로 바라보려는 노력이 필요하다. 서운함을 느낀 시점에서 빠르게 상대방과 공감적 언어로 솔직하게 이야기하면 피해의식으로 발전하는 것을 막을 수 있다.

수치심

서운함과 수치심은 자기 가치와 타인의 인정에 대한 민감성과 관련이 깊다는 측면에서 공통점을 갖는다. 둘 다 결핍의 경험이 있다. 두 정동 모두 자신의 필요나 욕구를 채우지 못했다는 경험에서 비롯된다. 또한 두 정동 모두 관계 지향적이다. 서운함과 수치심 모두 타인과의 관계 속에서 발생하며, 타인의 반응에 민감하게 반응한다. 자기 가치와 연관된다는 부분에서도 공통점을 갖는다. 두 정동은 자신의 가치를 평가하는 과정에서 중요한 역할을 한다. 특히 타인의 행동이 자신의 가치에 대한 신호로 해석될 때 증폭된다.

두 정동은 이와 같이 비슷한 점이 있어서 헷갈릴 수 있지만, 분명하게 차이가 있으며 주로 서운함이 먼저 발생하고 수치심이 뒤에 따라온다. 서운함은 자신이 타인에게서 기대한 관심, 인정, 애정 등의 반응을 받지 못했을 때 느끼는 결여감이기 때문에 타인과의 관계에서 발생한다. 그래서 '그 사람은 나를 별로 소중히 여기지 않는 것 같아.'와 같은 생각으로 이끈다. 반면에 수치심은 자신의 행동이나 존재가 타인에게 부정적으로 평가되었다고 느껴서 자아에 대해 부정적으로 나타나는 감정으로, 이는 자기 가치와 깊은 관련이 있다. 그래서 '내가 충분하지 않아서 이런 대우를 받는 건가?'라는 생각으로 이끈다.

서운함을 느끼는 순간, '타인의 무관심이나 거절을 자신에 대한 평가로 받아들일 경우'에 자기 가치에 손상을 느끼면서 수치심으로 전환될 수 있다. 예를 들어, "그 사람이 나를 무시했어." → "내가 부족해서 무시하는 거야."로 전환되는 경우다. 서운함이 클수록 타인의 인정이 자기 정체성에 미치는 영향은 크며, 이로 인해 자신의 부족함을 느끼면서 수치심으로 발전할 가능성이 있다. 서운함은 "왜 나를 이렇게 대하지?"라는 타인 중심의 질문이라면, 수치심은 "나는 뭔가 잘못된 사람인가?"라는 자기 중심의 질문이다. 상대방의 무관심이나 부정적인 행동이 반복될 경우, 서운함이 누적되면서 자신의 가치가 손상되었다고 느끼고 수치심으로 전환된다. '그 사람은 왜 나를 이렇게 대할까?' → '내가 뭔가 부족하기 때문에 그 사람이 그렇게 행동한 거겠지.'라고 생각하게 만드는 경우다. 또한 이미 수치심을 가지고 있는 사람은 타인의 행동을 과도할 정도로 민감하게 받아들이고, 서운함을 더 자주 느낄 가능성이 높다. '나는 원래 중요한 사람이 아니니까 그 사람이 나를 무시하는 거야.'라고 생각한다. 이러한 변화는 자존감과 연결된다. 자존감이 낮을수록 서운함은 쉽게 수치심으로 전환된다. 타인의 행동을 자신의 결함으로 해석하는 경향이 강하기 때문이다. 서운함은 타인의 행동에 대한 반응이 외부로 표출되지만, 수치심은 그 감정을 내면화하면서 자기 비난으로 이어진다. 즉, 서운함은 '내가 타인에게 느끼는 감정'이고, 수치심은 '내가 나 자신에게 느끼는 감정'이다. 불안정한 애착 스타일은 서운함을 더 깊은 수치심으로 연결 짓는 데 기여한다.

이와 같이 서운함이 수치심으로 변화하는 내용을 정리하면 다음과 같다.

서운함	→	수치심
타인의 행동에 대한 반응	→	자신의 존재나 행동에 대한 자기 평가
타인에게서 느끼는 감정	→	자기 자신에게서 느끼는 감정
"그 사람이 나에게 잘못했어."	→	"나는 문제가 있는 사람이야."
외향적인 방향성을 갖는 느낌	→	자기 내부로 향하는 내향적 감정

두 정동을 구분하는 것만으로도 서운함을 수치심으로 전환하지 않는 데 도움을 주고, 타인의 행동이 자신의 가치와 연결되지 않도록 노력한다. 예를 들어, '저 사람이 바쁜 거지, 내가 덜 중요한 게 아니야.'라고 타인의 행동이나 결정이 나의 가치와 무관하다는 것을 인지하고 구분하는 생각을 갖는 게 중요하다. 이렇게 하기 위해서는 타인의 의도를 이해하고 서운함을 느꼈을 때 타인의 행동이 반드시 자신의 가치를 평가하는 것이 아니라는 점을 인식해야 한다. 그리고 혹시라도 수치심을 느낄 때 자기 자신을 있는 그대로 받아들이는 태도를 키워야 한다. '완벽하

지 않아도 괜찮아.'라는 생각이 중요하다. 더불어 서운함을 느낄 때 그 내용을 상대방과 솔직하게 소통하면 수치심으로 내면화되는 것을 막을 수 있다.

서운함과 수치심은 서로 구분되면서도 관계 맥락에서 연결될 수 있다. 특히 관계와 자아의 경계가 불명확할수록 두 감정이 악순환을 일으킬 가능성이 크기 때문에, 이를 명확히 인식하고 다루는 것이 심리적 건강과 관계의 질을 높이는 데 중요하다.

원망과 미움

서운함과 원망은 둘 다 다른 사람에 대한 기대나 욕구가 충족되지 않았을 때 발생한다는 공통점을 가지고 있다. 서운함과 매우 비슷한 포르투갈어 'Mágoa'는 실망감에 원망을 더한 느낌으로 해석하는데, 이를 통해 서운함 속에 어느 정도의 원망이 포함되어 있다는 것을 알 수 있다. 이는 내 마음에 생긴 서운함이라는 느낌의 원인이 '너 때문'이라는 해석이 들어가기 때문으로 보인다. 즉, 서운함이 먼저 생기고 그 뒤에 원망이 따라온다는 의미다. 원망을 멈출 수 있는 방법은 이 두 정동을 구분하는 것인데, 이 두 정동은 표현 방식, 강도 그리고 관계에서의 작용 방식에 차이가 있다.

앞에서 설명했듯이 서운함은 주로 기대나 욕구가 충분히 충족되지 않았다는 부드러운 실망감에서 비롯되며, 자신이 상대방에게서 받은 상처를 스스로 곱씹으며 발생한다. 흔히 "왜 나에게 이렇게 대할까?"라는 질문을 수반한다. 이 질문을 하면서 서운함이 발생하는 것은 아직 상대방에 대한 애정과 관계를 지속하려는 의지를 포함한다. 관계를 완전히 끊으려는 의도보다는 개선과 이해를 기대하는 감정에 가깝다.

원망은 서운함이 누적되고 강도가 심화되어 나타나는 감정 상태로, 분노나 적대감을 외부로 향하면서 '저 사람이 나에게 왜 이런 행동을 했을까?'에서 '저 사람이 잘못했다.'라는 판단으로 전환되면서 발생한다. 서운함도 원망도 모두 해석에 기반하지만, 원망은 상대방의 행동을 비난하는 성향을 동반한다. 그래서 원망은 서운함보다 더 관계를 위협할 가능성이 높다. 상대방에 대한 부정적인 감정이 커질수록 관계를 유지하려는 동기는 약화된다. 서운함과 원망은 종종 연속선상에서 나타난다. 서운함이 해결되지 않거나 반복적으로 발생할 경우, 점차 원망으로 발전할 가능성이 있다. 서운함이 표현되지 않거나, 상대방이 이를 무시하거나 방어적으로 반응하면 원망으로 심화될 수 있다. 상대방에게 품은 기대가 반복적으로 충족되지 않을 때, 사람은 상대방을 더 이상 신뢰하지 않게 되면서 서운함은 원망으로 바뀐다. 이는 사실 서운함을 느낀 사람이 이를 간접적이거나 소극적으로 표현한 이유도 크다. 그러나 서운함을 느낀 사람이 자신의 표현 부족에 대해서는 방어적 자세를 취하면서 이에 대한 상대방의 부정적 반응에만 집중하면 두 사람 간의 갈등이 심화되면서 원망으로 발전한다.

일단 서운함이 원망으로 발전하면, 비난과 적대감을 포함할 가능성이 높아서 대화를 단절시킬 위험에 처한다. 대화가 단절되면 원망은 다른 갈등 상황에서도 재발할 수 있는 '감정의 기억'으로 남아 관계를 악화시킨다. 결국 상대방도 억울함을 느끼거나 방어적인 태도를 취하면서 원망의 고리가 생김으로써 상호 서운함과 원망이 반복된다.

서운함이 원망으로 발전하지 않게 하기 위해서는 상대방의 행동이나 의도를 부정적으로 단정 짓기보다는 왜 그런 행동을 했는지 탐구하려는 태도가 필요하다. 이미 원망으로 발전된 경우, 비난보다는 자신의 감정을 솔직히 표현하면서 대화를 통해 화해를 모색하는 것이 중요하다. 서운함이 원망으로 번지지 않도록 자신의 기대를 적절히 조정하거나 상대방과의 관계에서 건강한 경계를 설정하는 것도 필요하다. 서운함은 관계를 유지하려는 감정적 신호로 작용하지만, 원망은 관계를 위협하는 신호로 작용할 가능성이 높다. 따라서 두 감정의 상호작용을 인지하고 적절히 대처하는 것이 관계의 지속성과 질을 유지하는 데 중요하다.

원망을 해결하지 못하고 관계가 지속되면, 결국 원망은 미움이 된다. 원망이 더 강렬하지만, 미움은 지속적이다. 미움은 상대방에 대한 적대감을 포함하며, '나에게 상처를 줬다.'라는 인식에서 기인한다. 이는 관계의 단절이나 회피로 이어질 가능성이 크다. 그리고 종종 '방어적 감정'으로 작용하며, 자신을 보호하기 위해 상대방과 감정적으로 거리를 두려는 방식으로 나타난다. 원망은 행위를 통해 해소되기도 하지만, 일단 미움이 되면 해소가 어렵다.

원망을 거치지 않고 서운함에서 바로 미움으로 전환하기도 한다. 서운함을 제대로 해소하지 않고 표현도 하지 못한 채 반복적으로 쌓일 경우, 상대방에 대한 신뢰와 애정이 줄어들고 결국 미움으로 변할 수 있다. 미움은 종종 서운함의 감정을 억압하거나 부정하면서 형성된다. 상대방을 미워하는 사람은 종종 '그가 나를 더 이해하고 배려해 줬으면 좋겠다.'라는 서운함을 감추고 있다.

서운함은 단기적이고 관계를 회복하려는 소망이 깔린 경우가 많다. 반면, 미움은 서운함이 해결되지 않아서 장기화되거나 관계를 단절하려는 경향으로 발전한 감정이다. 상대방에게 이를 비난이 아닌 방식으로 솔직히 표현하면 감정이 미움으로 발전하지 않도록 방지할 수 있다.

미움이 생겼을 때 그 감정의 뿌리를 살펴보는 것이 중요하다. 그 자리에는 불만된 욕구나 결핍이 있다. 종종 미움은 해결되지 않은 서운함에서 비롯된다. 이미 미움이 시작되었다면, 스스로에게 질문해 볼 필요가 있다.

내가 왜 이 사람을 미워하게 됐을까?

혹시 내가 원했던 것을 표현하지 못한 건 아닐까? 그렇다면 내가 진짜로 원했던 것은 뭘까?

서운함은 상대방에게 여전히 기대가 있다는 신호다. 이는 관계를 지속적으로 유지하고 싶다는 의지를 내포하므로, 원망이나 미움으로 발전하기 전에 이를 적절히 다루면 관계가 더 깊어질 수 있다. 미움이 발생했다면 이는 관계에 대한 재평가가 필요하다는 신호일 수 있다. 미움의 감정에 얽매이기보다는 스스로와 상대방을 위한 건강한 거리를 설정하고, 관계에서 어떤 변화를 원하는지 숙고하는 계기로 삼는 것이 중요하다.

서운함은 원망이나 미움의 시작점이 될 수 있지만, 동시에 관계를 깊게 하고 회복할 수 있는 기회를 제공한다. 반대로 원망과 미움은 서운함이 해결되지 않았을 때 발생하는 감정의 결과물로, 이를 다루는 데 더 많은 자기 성찰과 관계의 재조정이 필요하다. 이 둘의 관계를 이해하고 다룬다면 인간관계에서 갈등을 줄이고 더 건강하고 성숙한 관계를 형성할 수 있다.

우울

우울은 깊은 슬픔, 무기력, 자기 비하 또는 흥미 상실 등의 감정을 포함하는 복합적인 정서 상태다. 이는 개인의 전반적인 삶과 자아에 대한 전반적인 평가에서 비롯될 수 있다. 우울은 지속적이며, 단순한 감정 이상으로 심리적 · 신경학적 상태를 포함할 수 있다. 서운함처럼 구체적인 대상에 대한 실망에서 시작될 수 있지만, 점차 더 넓은 삶의 영역에 영향을 미친다.

서운함이 반복적으로 발생하고, 이를 해소할 기회가 주어지지 않을 때 이는 실망감과 좌절감으로 전환된다. 특히 가까운 관계에서 서운함이 지속되면 개인은 스스로 소외되었다고 느끼면서 우울로 발전할 수 있다. '왜 나만 이런 대우를 받는 걸까?' → '아무도 나를 진심으로 이해하지 못해.'와 같은 생각의 흐름으로 서운함이 우울로 발전한다.

서운함은 처음에는 외부 대상에 대한 감정이지만, 해결되지 않으면 점차 자신에 대한 평가로 전환될 수 있다. 이 과정에서 '내가 부족해서 그렇다.'와 같은 자기 비하적 사고가 우울을 강화한다. '아무도 나를 진심으로 이해하지 못해.'와 같은 소외 사고는 '내가 더 나은 사람이었다면 이런 일이 없었을 거야.'와 같은 자기 가치 상실의 사고로 발전하면서 우울이 깊어진다.

서운함이 관계나 특정 사건에 국한되지 않고 삶 전반에 대한 상실감으로 확장되면, 우울증의 특징인 만성적 슬픔과 무기력으로 이어진다. 우울증이 만성적으로 될 즈음의 생각은 '내가 원하는 관계나 삶은 어차피 불가능하구나.'와 같다. 서운함의 단계일 때는 그래도 회복의 가능성을 갖고 있었지만, 우울로 진입하면서 회복은 완전히 불가능하다고 생각하게 된다. 회복 불가능성은 심리적 고립을 만들고, 이 고립은 우울로 이어지는 중요한 경로가 된다. '누구와 얘기해도 소용없어.'와 같은 생각의 단계로 진입하면, 상담도 거부하는 단계이기 때문에 지인들의 적극적인 도움이 없이는 벗어나기 어렵다.

우울 상태에 있는 사람은 과거의 서운함과 상처를 잊는 게 아니라 오히려 내면화하고, 이를 삶 전반에 대한 부정적인 감정으로 확대한다. 서운함에서 우울로 발전한 경우, 우울의 핵심에는 해결되지 않은 서운함이 자리 잡고 있다.

서운함이 우울로 발전하지 않도록 초기 단계에서 이를 인식하고 상대방에게 표현하는 것이 중요하다. 감정을 억누르지 말고 대화와 공감을 통해 해결하려는 노력이 필요하다. 서운함이 누적되어 우울로 발전하지 않도록 자신의 감정이 어디에서 비롯되었는지 탐구해야 한다. 특히 "나의 기대가 너무 높았던 것은 아닌가?" 혹은 "상대방의 의도를 오해한 것은 아닌가?"와 같은 질문을 통해 감정의 근원을 파악할 필요가 있다.

서운함에서 시작된 감정을 우울로 발전시키지 않으려면 자신을 돌보고 위로하는 시간이 필요하다. 자신을 비난하는 대신에 감정을 수용하고 자기를 긍정하려는 노력이 중요하다. '내가 이런 감정을 느끼는 건 당연해. 하지만 이 감정이 나를 지배하도록 두지는 않을 거야.'와 같이 생각하는 자세가 필요하다. 서운함이 심화되어 우울로 발전했다고 느낄 때 혼자 해결하려고 하기보다는 전문가의 도움을 받는 것이 중요하다. 특히 지속적인 우울감과 무기력을 느낄 경우에는 상담이나 치료를 통해 이를 해소할 수 있다. 우울로 이어지지 않으려면, 서운함을 느낀 상황에서도 사회적 연결을 유지하려는 노력이 필요하다. 감정을 나누고 이해를 받는 과정은 우울을 예방하는 데 중요한 역할을 한다. 서운함은 종종 기대와 현실의 차이에서 발생한다. 자신의 기대를 재평가하고, 상황에 맞는 현실적 기대를 세우는 것이 중요하다. 서운할 때 자신의 감정을 명료화하고, 서운함의 대상 외에 자신을 지지하고 공감해 주는 긍정적인 관계를 형성하면 서운함에서 비롯된 고립감을 완화할 수 있다. 서운함이 우울로 발전하지 않도록 초기에 감정을 인정하고 표현하며, 자기 돌봄과 사회적 지원을 활용하는 것이 중요하다. 이를 통해 감정적 균형과 건강한 심리 상태를 유지할 수 있다.

서운함 이후에 나타나는 대부분의 정동은 타인을 향한다. 분노, 공격성, 복수심, 피해의식, 원망과 미움 모두 상대방을 향하는 정동이다. 그러나 수치심과 우울은 자기를 향한다. 그래서 수치심과 우울의 연결고리를 살펴볼 필요가 있다. 수치심과 우울은 서로 다른 감정적 경험이지만, 종종 함께 나타나거나 영향을 주고받으면서 복합적인 심리 상태를 형성한다.

수치심은 특정 상황, 행동 혹은 정체성과 관련된 사회적이고 관계 중심적인 감정이다. 이는 주로 타인의 시선과 내적 자기 평가에서 비롯된다. '내가 다른 사람들에게 어떻게 보이는가?'와 같은 생각에서 시작하여 창피함, 노출감, 자기 비난이 복합적으로 나타난다. 우울은 전반적이고 지속적인 심리적 상태로, 개인의 감정, 사고, 행동에 광범위한 영향을 미친다. 주로 내면적이고 자기 자신에 대한 전반적인 부정적 평가와 관련된다. '내 삶은 왜 이렇게 공허하고 무의미한가?'와 같은 생각이 주를 이루며, 슬픔, 무기력, 절망감을 동반한다. 수치심은 타인과의 관계에서 자신이 부족하다거나 결점이 있다고 느끼는 등 문제나 결점이 명료한 반면, 우울은 자기 평가와 관련되며, 스스로를 무가치하거나 희망이 없다고 느끼는 등 문제가 명료하지 않고 전반적이다. 수치심은 주로 특정한 상황에서 비롯되지만, 우울은 특정 사건보다는 전반적으로 부정적인 패턴이 반복되는 데에서 비롯된다. 수치심은 숨고 싶거나, 그 상황에서 벗어나고 싶어 하는 충동을 일으키는 등의 일시적이고 행동적인 반응을 보이지만, 우울은 일상 활동의 감소, 에너지 부족, 사회적 고립이 진행되는 등 지속적이고 상태적인 반응을 보인다. 수치심과 우울을 비교해 보면 다음과 같다.

〈표 6-1〉 수치심과 우울

구분	수치심	우울
본질	특정 상황에서 발생하는 사회적 · 관계적 감정	전반적이고 지속적인 심리 상태
초점	타인의 시선, 특정 행동과 정체성	자신에 대한 전반적인 부정적 평가
발생 원인	순간적이고 강렬하며 구체적인 사건	지속적이고 복합적인 원인
행동	회피적이고 방어적인 행동	무기력, 고립, 일상 활동의 감소
관계	관계 속에서 느끼며, 타인의 반응에 의존	자기 내부에서 느끼며, 관계 단절로 이어짐

07

서운함의 긍정적 요소

서운함이라는 감정은 일반적으로 부정적인 요소들이 많지만, 긍정적으로 작동하는 상황들도 있다.

자신의 감정 및 욕구의 인식과 성장

서운함은 미해결된 감정의 반복이기 때문에 2차적 감정으로 나타나며, 본래의 1차적 감정이 충분히 처리되지 않았다는 신호다. 그래서 서운함에 적절하게 직면할 경우에는 자기 자신의 감정 상태와 욕구를 인식하게 되며, 해결되지 않은 정서적 요구의 신호가 된다. 왜 서운한지 스스로를 돌아보면서 자신이 무엇을 중요하게 생각하는지, 어떤 기대를 가지고 있었는지를 파악할 수 있다. 이는 자기 이해를 심화시키고 정서적 성장을 촉진시킨다.

서운함의 발생 원인은 기대에 대한 좌절이 주를 이루고, 서운함이 발생하기 전 단계의 심리 기제를 보면 결핍감과 욕구불만 등 무엇인가의 부족함이다. 서운함이 없다면 자기에게 결핍된 것이 무엇인지, 불만된 욕구가 무엇인지 발견하기 어렵다. 서운함이 발생할 때 자기를 관찰하여 불만된 욕구와 결핍의 요소들을 발견한다면, 앞으로의 삶을 더 윤택하게 만들어 갈 수 있다. 그래서 서운함은 관계가 깨지는 요소가 아니라 오히려 관계를 성숙하게 만들어 가는 갈등 전환의 과정이 된다. 서운함을 적절히 표현하고 다룰 경우, 이는 관계에서 더 깊은 친밀감을 형성하는 기회가 될 수 있다. 서운함을 부정하거나 억압하기보다는 그것을 정서적으로 안전한 방식으로 표현하는 것이 좋다. 서운함을 어떻게 안전한 방식으로 표현할 수 있는지는 제3부에서 살펴볼 것이다.

관계 개선의 기회

이렇게 서운함의 직면을 통해 자기의 미충족된 욕구와 연결된 신호로 관계적 갈등이나 단절의 원인을 드러낸다. 자기 욕구와 결핍을 발견할 수 있다면 '나는 너에게 더 많은 애정과 관심을 기대하고 있었어.'라는 신호로서 서운함을 사용하여 대인관계에서 생기는 갈등을 해결하는 열쇠가 될 수 있다. 이를 솔직하게 표현하면 상대방과의 오해를 풀고 더 깊은 관계를 형성하는 계기가 될 수 있다. 서운함을 통해 서로의 기대나 의사소통 방식을 재조정하고 관계를 더 건강하게 만들 수 있다.

물론 관계를 개선할 정도로 서운함을 잘 다루기 위해서는 상대방의 감정과 욕구를 관찰하고 자기의 감정과 욕구도 관찰할 수 있는 심리적 관찰력을 연습해야 하며, 이것을 갈등 없이 표현해서 문제를 해결할 수 있는 실력도 갖춰야 한다.

감정의 다양성과 인간다움

서운함은 우리가 인간이라는 것을 증명하는 느낌이다. 관계에서 기대와 현실 사이의 간극을 경험하면서 더욱 깊이 있는 여러 감정을 느낄 수 있고, 이는 삶을 더욱 풍부하게 만든다. 또한 단조로운 관계보다는 복잡하고 다채로운 관계가 삶의 질을 높이는 데 기여할 수 있다. 앞서 서운함으로 오해되는 심리 반응들과 서운함을 둘러싼 다른 심리 반응들을 살펴보았다. 서운함은 이렇게 많은 심리 반응과 연관을 갖고 역동적으로 움직인다. 그만큼 다양한 감정을 역동적으로 만들어 삶을 윤택하게 한다. 부정 감정이라고 할지라도 각 감정들은 제 역할을 갖고 있다. 서운함은 관계의 폭을 줄이는 현대사회에서 여러 다른 감정을 불러와서 관계를 역동적이고 윤택하게 만든다.

경계 설정의 신호

서운함은 개인의 심리적 경계를 침범당했거나 자신의 욕구가 간과되었다고 느낄 때 발생할 수 있다. 이 감정을 통해 자신의 경계를 더 명확히 하고, 스스로를 보호하며, 자기주장을 강화할 수 있는 기회로 삼을 수 있다. 서운함이 없다면 가스라이팅 같은 나를 공격하거나 이용하는 관계들을 파악하기 어렵고, 자아 경계를 만들기도 어렵다. 서운함이 있기 때문에 사람들은 내게 무례하기 어렵고, 나에게 무례하게 반응할 때 내가 알아차리고 반응할 수 있다.

변화와 적응의 기회

서운함은 현재 상황에 대한 불만족에서 비롯되므로 더 나은 방향으로 변화하려는 동기가 될 수 있다. 예를 들어, 관계 속에서 더 건강한 대화나 행동 방식을 찾거나, 자신의 기대치를 조정하면서 성숙할 수 있는 계기가 될 수 있다.

서운함을 단순히 억누르거나 부정적으로만 받아들이기보다는 이를 삶과 관계에서 긍정적인 변화를 이끌어 낼 수 있는 감정으로 바라보는 관점이 중요하다. 이를 통해 더 성숙한 자기 자신과 관계를 구축할 수 있다.

물론 서운함이 갖고 있는 여러 부정적인 심리 반응을 잘 다룰 수 있어야 한다. 잘못하면 서운함에서 시작되어 파생하는 여러 심리 반응에 의해 내가 침몰할 수도 있다. 그러나 서운함을 잘 건너가서 다룰 수 있게 된다면, 그로 인해 발생하는 부정적인 정서들도 다룰 수 있게 된다는 의미다.

제 3 부

서운함은 어떻게 해결할까

서운함의 원인에 대하여 이론편에서 상호성의 원리, 심리학적인 원리, 경제학적인 원리, 뇌과학적인 원리로 장황하게 설명했지만, 한 문장으로 요약하자면 '기대와 현실의 차이로 인해 나를 불만족하게 만든 것이 너라고 규정해서 발생한 느낌'이다. 그럼 어떻게 해야 서운함의 문제를 해결할 수 있을까?

서운함의 문제는 각자의 해석에 의한 느낌에서 시작한 것이기 때문에 상호성과 소통의 부재나 부족에서 온 것들이다. 따라서 서운함의 문제 해결의 열쇠는 소통에 있다. 이후 하나하나 풀어 갈 서운함의 문제 해결 방법들은 모두 소통에 관한 내용이거나 소통을 위해 필요한 내용이다. 서로 다른 의식 틀과 해석 틀로 인해 생기는 느낌이기 때문에 정확한 소통이 오고 가면 의식 틀과 해석 틀의 격차를 줄일 수 있다. 그러나 여기서 중요한 것은 아무 소통이 아니라 정확한 소통이다. 소통이라고 해서 말을 많이 하는 것을 의미하지 않는다. 자기만의 의식 틀과 해석 틀을 더 견고히 하는 말을 많이 하면 격차가 줄어드는 게 아니라 점점 더 벌어진다. 그렇다고 자기 의식 틀과 해석 틀을 포기하고 상대방의 해석이 맞다고 하면서 따라가면, 서운함을 넘어 억울함까지 생기게 된다. 서운함을 없애기 위해서는 감정과 욕구를 정확하게 관찰하고 전달해야 한다. 서운함을 만드는 기대는 욕구와 감정의 복합적인 산물이기 때문이다. 따라서 감정과 욕구를 중심으로 정확한 소통이 이루어지면 해석의 격차를 줄이고 서운함의 문제를 해결해 나갈 수 있다.

이렇게 서운함의 문제를 해결하기 위해서는 급하게 단기적으로 해결하는 방법과 장기적으로 근본적인 문제를 제거하는 방법이 있다. 일단 서운함의 문제로 인해 갈등이 심화된 상황이라면, 단기적인 방법으로 문제를 해결할 수 있지만 단기적인 방법으로 끝내서는 안 된다. 서운함은 오랫동안 쌓여 온 심리 기제와 습관, 삶에 녹아 있는 관계 패턴, 애착 관계를 다루는 방식들과도 연결되어 있기 때문에 서운함으로 인한 당장의 갈등이 해소되었다고 해도 장기적으로 근본적인 문제까지 해결해야 한다.

이제 서운함을 어떻게 해결할지 자세히 살펴보자.

08

단기적인 해결 방법

서운함을 현명하게 말하는 방법

'서운함을 현명하게 말하는 방법'은 서운함이 생겨도 갈등으로 발전하지 않게 돕는다. 갈등으로 드러나기 전에 서운함을 해결하기 위해 먼저 생각해야 할 부분은 '서운한 사람이 누군가?'이다. 내가 서운할 때와 상대방이 서운할 때에 생각해야 하는 부분이 다르다.

내가 서운할 때

내가 서운할 때 나의 서운함을 해결하기 위해서 생각해 봐야 할 것은, '① 내가 왜 서운한지 스스로 알고 있는가? ② 내가 기대한 걸 상대방도 알고, 상대방이 원하는가? ③ 내가 기대한 게 현실적으로 해결 가능한가? ④ 내가 기대한 걸 해결할 수 있는 사람은 누구인가? 상대방인가? 나인가? 혹은 다른 사람인가?'이다.

먼저, 내가 서운한 경우에 자기 관찰을 통해 어떤 부분에서 서운했는지 파악해야 한다. 많은 경우에 자기 관찰이 안 돼서 스스로 왜 서운한지 모른 채 "나 서운해."라고 서운함의 감정만을 표현한다. 이런 표현도 아예 안 하다가 쌓여서 폭발하는 것보다 표현을 통해 직면하는 것이 좋지만, 자기 감정에 대해 알아차림도 없고 이유도 모른 채 서운한 감정을 표현한다고 해서 상대방이 그 감정을 어찌해 줄 수는 없다. 부부와 연인들의 갈등을 중재하면서 서운함의 문제가 이별의 위기까지 가게 된 과정을 탐색해 보면, 상대방에게 무작정 서운함을 표현하는 방식은 상대방이 듣기에 굉장히 위험한 표현이다. 나는 그저 나의 서운함을 표현했을 뿐이지만, 상대방의 입장에서는 "나는 네가 마음에 안 들어."라고 말하는 것과 같다. 결국 이유 없이 서운함을 표현하는 행동은 상대방으로 하여금 무능함을 느끼게 만들고 헤어지자는 신호를 전달하는 것과 같다. 상대방은 '내가 서운하게 하려고 한 게 아닌데 왜 이러지?'라고 생각하다가, 결국 자기 무능함에 지쳐서 사랑이 식는 지경에 이른다. 내가 내 감정의 서운함이 왜 생겼는지 알지 못하면 상대방도 그런 감정이 왜 생겼는지 알 리가 없다. 대체로 이유 없이 서운함을 호소하면 상대방은 이유도 없이 당하고 있다는 생각이 든다.

자기 관찰을 통해 내가 어떤 부분에서 서운했는지를 파악했다면, 그 다음에는 '지금까지 내가 서운한 감정을 상대방에게 어떻게 표현했는지' 돌이켜 본다. 그리고 반복된 패턴과 다르게 '상대방도 내가 기대한 것과 같은 것을 기대하고 있었는지' 확인해야 한다. 많은 경우, 사랑하는 사람과 내가 일치되길 바라는 마음에서 나와 상대방이 같은 것을 원하고 있다고 착각하거나 그러기를 바란다. 정신분석가인 라캉은 이런 마음에 기반한 사랑을 동일시의 사랑이라고 불렀다. 동일시의 사랑은 유아적인 사랑의 방식이고, 이별 시간을 타이머로 맞춰 놓은 것과 같은 불안한 사랑의 유형이다. 사람은 결코 모든 면에서 동일할 수 없고, 몇몇 부분에서 동일하다고 해도 어떤 지점에서든 동일하지 않다는 것을 발견하게 된다. 따라서 상대방과 소통 없이 혼자 같은 기대를 하고 있다고 생각해서는 안 되고, 소통을 통해 상대방도 같은 기대를 하고 있는지 확인해야 한다. "사랑한다면 당연히 알아야 하는 것 아닌가요?"라고 하면서 말도 하지 않고 상대방이 내 마음을 알아주기를 원하는 사람은 반대로 상대방의 마음을 모르고 있는 사람이다. 표현하고 소통해서 서로의 기대를 확인하지 않으면, 아무리 비슷한 사람 사이에서도 서운함은 무조건 발생한다. 그러므로 서운함을 만들었던 나의 기대와 상대방의 기대를 확인하는 작업이 반드시 필요하다.

그다음으로 확인할 것은 '내가 기대하고 있는 것이 현실적으로 해결 가능한지'에 대한 문제다. 이 문제로 부부 갈등 중재 상담을 진행했던 연구 동의를 받은 실제 사례가 있다.

결혼 1주년이 되는 날, 남편은 해외 출장 중이었다. 아내는 남편이 깜짝 선물로 해외 출장에서 돌아와서 자기를 놀래켜 주기를 바랐다. 남편은 결혼기념일 밤 12시에 화상통화를 했고, 다음날 집으로 선물을 배달시켰다. 결혼기념일 당일에는 매우 바쁜 하루를 보냈고, 밤이 되어서야 숙소로 돌아와서 아내에게 전화했다. 그러나 아내는 전화를 받지 않았다. 아내는 비록 전날 밤에 남편에게 선물을 받았지만, 결혼기념일에 하루 종일 혼자 있어야 했고, 결혼기념일인 것을 알고 있는 친구들에게서 무엇을 하고 있는지 연락을 받기도 했다. 결국 결혼기념일을 하루 종일 혼자 보낸 아내는 화가 나서 남편이 출장을 가 있는 내내 전화도 안 받고, 문자도 읽지 않았다. 심정적으로는 아내의 실망감과 서운함이 이해된다. 그러나 남편이 아내가 서운하지 않게 만들 수 있었는가를 묻는다면 가능한 일이 아니었다. 아내는 자기의 서운함이 생기지 않도록 할 수 있는 방법이 현실적으로 없다는 것을 알고, 서운한 마음을 극복하기 위해 며칠 동안 노력하고 나서야 겨우 상처 입은 마음을 회복했다. 이런 불가피한 상황들을 몇 번 이겨 내고 나서야 아내는 기대와 현실이 다르다는 것을 받아들일 수 있었다.

마지막으로 생각해 볼 것은 '서운함을 해결할 수 있는 사람이 누군가'이다. 대체로 서운함을 해결할 수 있는 열쇠는 서운한 사람에게 있다. 상대방은 왜 서운함이 생겼는지 아예 모르고 있을 가능성이 높고, 알아도 어떻게 해결할지 모를 가능성이 높다. 그래서 기대하고 바라는 것이 있는 사람이 자신의 기대를 상대방이 알 수 있도록 명확하게 전달하는 것이 서운함이 생기지 않도록 예방하는 방법이다. 그리고 상대방이 이 서운함을 해결할 수 있는 혹은 나의 기대나 부탁을 해결해 줄 수 있는 능력이나 여건이 되는지도 생각해 봐야 한다. 이와 관련한 또 하나의 실제 사례가 있다.

매우 외향적인 여자 친구가 지극히 내성적인 남자 친구에게 함께 댄스를 동반한 노래자랑에 나갈 것을 요청했다. 남자 친구는 극구 거절했지만, 여자 친구의 성화에 못 이겨서 함께 연습했다. 연습하는 동안은 제법 잘 해냈지만, 무대 위에 서자 남자 친구는 몸이 굳어 버렸다. 그러자 여자 친구는 남자 친구가 무성의하다며 잔소리를 퍼부었다. 이것은 누구의 잘못일까? 물론 누구의 잘못도 아닐 수도 있다. 남자 친구가 끝까지 거절했어야 했는지도 모른다. 그러나 여자 친구는 자기 성격을 기준으로 생각하다 보니 남자 친구가 무대에서 굳어 버릴 것이라고는 상상도 하지 못했다. 이렇듯 여건이 된다고 해도 능력이 안 되는 경우도 허다하다.

살펴봤듯이 나의 서운함의 문제는 대체로 내가 능동적으로 해결할 부분이지, 상대방에게 기대할 부분이 아니다. 내가 해결할 수 있는 열쇠를 갖고 있다. 앞의 네 가지를 점검했을 때 서운함이 분명하고, 왜 그 서운함이 생겼는지 명확하다면, 이제는 서운함을 말해야 한다. 마음에 꼭꼭 싸매고 있으면 병이 깊어진다. 다만 서운함을 말할 때는 세 가지 조건이 있다.

① 말하는 내가 감정에 휩싸여 있을 때 이야기하면 안 된다.
② 그 말을 할 때 듣는 상대방도 그 말을 듣고 감정적이 되게 하면 안 된다.
③ 서운함을 말한 내가 어떻게 해결해야 할지 상대방에게 구체적으로 제시해야 한다.

서운한 감정이 말하는 사람의 입장에서는 '나를 더 사랑해 줘.'라는 일종의 관심 표현이었을 테지만, 상대방의 입장에서는 '우린 안 맞아. 넌 나를 만족시키지 못했어. 넌 무능해.'라는 메시지로 들린다는 것을 이해해야 한다. 그래서 최대한 감정적인 상태에서 벗어난 후에 판단을 중지하고 문제 해결 중심으로 다가서야 한다. 즉, 나의 서운함을 말할 때는 "이런 점이 너랑 나랑 안 맞아. 너는 나를 만족시키지 못했어."라는 메시지보다는 "나는 이 부분에서 이런 느낌이 드니까 함께 이렇게 하면 좋을 것 같아."라고 구체적으로 나의 느낌과 부탁을 전달하는 것이 좋다. 혹은 상대방에게 부탁해서 될 일이 아니고 함께 해결책을 찾아가야 하는 상황이라면 "나는 이 부분에서 이런 느낌이 드는데, 같이 의논해서 함께 풀어 나가 보는 게 어때?"라고 상대방의 의견을 묻는 과정을 갖는 것이 좋다.

상대방이 서운해할 때

상대방이 서운해하는 경우에는 내가 서운한 경우의 반대로 생각하면 된다. 상대방이 원하는 것을 내가 충분하게 채워 주지 못했거나 혹은 내 모습이 상대방이 기대한 것과 같지 않았기 때문에 상대방에게 서운함이 발생했을 것이다. 그렇기 때문에 상대방이 서운해한다면 우리는 상대방이 원했던 기대만큼 내가 충족시켜 줄 수 있는지, 나아가 그것을 충족시켜 주기 위해서 내가 어떻게 해야 할지를 고민해 봐야 한다. 이렇게 상대방이 나에게 갖고 있는 기대와 욕구를 소구점이라고 한다. 소구점이란 가장 핵심이 되는 욕구를 의미한다. 상대방이 서운하다고 느꼈던 핵심욕구를 찾을 수 있다면 서운함의 문제를 해결할 수 있다. 즉, 소구점은 가장 바라고 희망하는 것이라고 보면 된다. 상대방은 내가 알고 있는 서운함을 해결하는 과정을 모르기 때문에 감정만을 드러냈을 것이고, 스스로의 소구점을 잘 모를 수도 있다. 이때 상대방의 소구점이 무엇인지를 관찰 및 질문을 통하여 알아 갈 수 있다면 상대방의 서운함도 해결할 수 있다. 이 과정은 마치 내가 서운할 때 감정을 내려놓고 나의 욕구가 무엇인지를 파악하여 상대방에게 부탁하는 것과 같은 과정이다.

명심할 것은 상대방이 서운해한다고 해서 상대방이 나를 무시하거나, 무능하게 여기거나, 헤어지자고 말하는 것이 아니라는 것을 이해할 필요가 있다. 내가 서운하다고 말할 때에도 '사랑해 달라.'라는 메시지이지 '너는 무능해.'라는 메시지가 아닌 것처럼, 상대방이 내게 서운해할 때에도 '사랑해 달라.'라는 의미이지 '너는 무능해.'라는 의미가 아니다.

만약 내 애인이 평소 데이트를 할 때마다 내 손을 잡아 주었다고 가정해 보자. 그런데 어느 날부터인가 그런 행동을 하지 않기 시작했다. 그러면 나는 조금씩 불안한 마음이 생긴다. 이럴 때 제일 적절한 반응은 무엇일까? 우선 내가 먼저 손을 잡을 수 있다. 혹시 상대방이 피한다면 "나는 네가 내 손을 잡아 주는 게 좋아. 요즘에 잘 안 잡아 주는 것 같아서 서운하네. 오늘은 예전처럼 손을 꼭 잡고 걷자."라고 말할 수도 있다. 이렇게 명료하게 나의 욕구를 표현하면 상대방은 손을 잡아 주거나 혹은 "나는 내가 손을 안 잡는지도 몰랐네. 오늘은 손을 꼭 잡고 걷자." 라고 반응해 주거나, 손을 잡을 수 없는 이유가 있다면 "여름이 되면 내 손에 땀이 많이 나서 좀 민망해."라고 말하는 등 이유를 밝혀서 서로에 대한 오해를 풀 수 있을 것이다. 그런데 이런 욕구를 명료하게 말하는 것이 민망해서 서운한 감정만 드러낸다면, 상대방은 역으로 "요즘 나를 대하는 태도가 달라졌네." 하고 반대로 서운해할 것이다.

상대방이 서운해할 때 이런 심리 상태를 반대로 적용해 보면, 해결점이 나온다. 상대방이 "내 손 좀 잡아 줘."라고 말한다면 '요즘 가지고 있던 불만의 원인이 손을 안 잡아서였구나.' 하고 생각하고 문제를 해결해 줄 수 있다. 그런데 만약 상대방이 이유를 말하지 않고 불만 가득한 반응만 보인다면 어떻게 할 수 있을까? 그러면 상대방이 자기의 소구점을 표현할 수 있도록 돕거나 내가 관찰을 통해 상대방의 소구점을 발견해 줘야 한다.

그렇다면 어떻게 상대방의 소구점을 찾아 줄 수 있을까? 이 부분은 화법에서 자세히 다루도록 하자.

서운함을 해결하는 화법

서운함은 내용의 영역에서의 문제보다 표현의 영역에서의 문제가 더 크다. 서운함은 해석에 의해서 발생하기 때문에 해석의 격차를 최대한 좁혀야 한다. 해석의 문제이니까 내용의 영역이라고 생각할 수 있는데, 해석의 격차를 좁히는 방법은 표현의 영역에 있다. 먼저 상대방의 입장에서 상대방의 마음과 생각을 이해하고, 현재 상황에서 해결 방안까지 제시하면서 상황을 잘 풀어 나갈 수 있으면 서운함의 문제는 대체로 해결된다. 그러나 상대방의 입장에서 생각하는 습관이 되지 않으면 서운함은 사라지지 않는다. 상대방의 입장을 알기 위해서는 관찰하고 물어봐야 하는데, 이 부분이 표현의 영역이다. 상대방의 마음만 생각하다 보면 현재 내가 겪고 있는 불편함과 나의 욕구의 표출이 어렵게 되어 결과적으로 또 다른 스트레스를 불러온다. 그래서 상대방의 입장에서 생각하면서도 나의 욕구를 표출할 수 있어야 하는데, 이 부분도 표현의 영역이다. 상대방의 마음을 알기 위해서든, 내 마음을 전달하기 위해서든 표현의 영역에서 해결할 문제다. 이렇게 상대방의 마음을 확인하기 위해 물어보고 나의 마음을 전달하고 표현하는 것을 화법이라고 한다.

서운함은 주로 관계의 문제로 나타나기 때문에 관계의 문제와 심리역동을 집중적으로 연구한 교류분석 이론으로 서운함의 문제를 설명하면 이해가 쉽다. 교류분석(Transactional Analysis: TA)을 만든 에릭 번(Eric Berne)은 사람의 소통 방식을 이면교류, 교차교류, 상보교류로 구분했다.

교차교류는 의사소통에서 서로 다른 자아 상태가 활성화되어 기대했던 반응 대신에 엉뚱하거나 충돌적인 반응이 돌아오는 경우다. 예를 들어, "지금 몇 시야?"라고 물었는데 "넌 눈이 없냐?"라고 반응하는 것처럼, 질문의 의도와 상관없이 해석을 거쳐서 다른 대답을 하는 방식이다. A가 "요즘 너무 바빠서 힘들어."라고 말했는데, B가 "바쁘다고 해서 나한테 신경 못 쓰는 건 아니지?"라면서 A가 말한 목적과 상관없이 B가 해석한 내용을 중심으로 대답하는 것이다. 이런 경우에는 해석을 거쳐서 대답이 나오기 때문에 그 대답을 다시 받으려면, 먼저 말을 꺼낸 A도 해석을 해야 한다. 결국 해석에 기반한 대화가 오가면서 서운함이 발생할 수밖에 없다. 이렇듯 교차교류는 서로의 의도를 정확히 이해하지 못하게 하며, 서운함을 키우는 주요 원인이 된다.

이면교류는 겉으로 드러나는 메시지와 숨겨 둔 메시지가 동시에 작동하는 교류 형태다. 예를 들어, "넌 똑똑해 보이는데 의외로 모르더라."와 같이 겉으로는 칭찬하는 것처럼 보이지만, 내면적으로는 비판하거나 거리감을 느끼게 하는 메시지를 보낼 때 발생한다. 혹은 "왜 그렇게 무리하면서 일하니? 걱정되게……."라면서 걱정하는 것처럼 말하지만, 시간을 못 내는 것에 대해 비난하며 다른 의도를 담고 있는 경우도 이면교류에 해당한다. 이면교류는 겉으로 드러나는 메시지와 내면적으로 숨겨 둔 메시지가 상충되거나 모순될 때 나타나기 때문에 상대방은 혼란스러움을 느끼고, 결국 감정적으로 상처를 받거나 서운함을 느낀다. 이면교류가 반복되면 상대방은 말 그대로 받아들이지 않고 방어적이거나 불신하는 태도를 취하게 된다. 하지만 겉으로는 긍정적이기 때문에 뭐라고 딱 꼬집어서 불만을 제기하기도 어렵다. 그래서 상대방은 관계 속에서 인정을 받지 못하고 상처를 받는 경험을 반복하면서 의도를 명확히 파악하지 못하고 감정적으로 혼란스럽게 되어서 이유도 모른 채 서운함이 쌓인다.

교차교류나 이면교류와 같은 화법들을 상보교류로 바꿔야 서운함을 해결할 수 있다. 상보교류는 한 사람이 보낸 자극(메시지)이 상대방의 예상 반응과 일치하는 경우의 교류다. 상보교류를 사용하면 의사소통이 원활하게 이어지며 갈등 없이 진행된다. 메시지를 서로 예측 가능한 방식으로 주고받고, 대화가 자연스럽게 이어지기 때문에 긍정적인 관계를 유지할 가능성이 높다. 예를 들어, A가 "지금 몇 시야?"라고 물었다면 B가 "3시야." 혹은 "나 시계가 없어."라고 대답하는 것이다. 만약 A가 직접 시계를 보지 않고 B에게 묻는 것이 불만이라면 "지금 3시야. 다음에는 네가 직접 시계를 찾아서 봤으면 좋겠어."라며 대화를 분리하고, 상대방을 비꼬기보다는 나의 욕구를 전달할 것이다. 이렇게 상보교류를 통해 대화하면 해석의 여지를 최대한 줄여서 서운함을 예방하거나 해결할 수 있다.

화법이라고 하면 말하는 기술이라고 이해하는 경향이 있다. 실제로 기술적인 부분이 있다. 내가 상대방의 입장을 이해하고, 상대방의 입장에서 말할 능력이 없다고 해도 화법을 잘 배워서 상대방을 이해하는 것처럼 보이는 화법을 구사할 수도 있다. 제일 쉽게 활용할 수 있는 것이 상대방의 말을 받아 주면서 "네가 ~했구나."라고 말해 주는 공감 화법이다. 남발하면 오히려 형식적으로 들려서 역효과가 나타나기도 하지만, 적절하게 사용하면 상대방을 정확하게 이해하지 못해도 공감을 받는다는 생각을 들게 한다. 그러나 화법을 너무 기술적인 측면으로만 바라본다고 나의 해석이 바뀌는 것은 아니기 때문에 한계가 있다. 기술보다는 상대방의 입장에서 생각해 보려고 지속적으로 시도하는 타자 지향적인 태도를 가지는 것이 훨씬 더 중요하다. 그렇다고 항상 타자 지향적인 태도를 과도하게 유지하면 나의 자아가 억압되어서 욕구불만으로 인해 서운함이 발생한다. 따라서 자존감과 타자 지향적인 태도를 함께 유지할 수 있으면 화법을 굳이 배우지 않아도 자연스럽게 안정된 상보 교류를 만들어 낸다. 그러나 대부분의 경우에 이 둘 중 하나는 기울어지기 마련이고, 어느 쪽이 기울어졌느냐에 따라서 기울어진 교류 형태를 갖고 이면교류나 교차교류가 나온다. 이런 경우에는 자존감과 타자 지향적인 태도 양쪽을 맞춰 주는 화법을 배울 필요가 있다.

해결 중심 대화와 공감 중심 대화

1992년 존 그레이(John Gray)의 『화성에서 온 남자, 금성에서 온 여자(Men Are from Mars, Women Are from Venus)』가 전 세계적인 베스트셀러가 되면서 남녀 대화 심리에 대한 관심이 거세게 몰아쳤다. 남자는 해결 중심 대화를 사용하고, 여자는 공감 중심 대화를 사용하기 때문에 서로 다른 나라의 언어를 하는 것처럼 소통이 안 된다는 내용이었다. 지금은 세월이 흘러서 공감 대화의 중요성이 확대되었고, 여자들도 직업 전선에서 리더로서의 역할을 하는 경우들이 많아지면서 공감 중심 대화를 하는 남자도 늘어나고 해결 중심 대화를 하는 여자도 많이 늘었다. 그러나 부부 및 연애 갈등 중재를 진행해 보면, 여전히 대부분의 남자는 해결 중심 대화를 하고, 대부분의 여자는 공감 중심 대화를 한다.

남녀 대화 심리를 연구하고 발표한 것은 그레이만이 아니었다. 그레이가 대중화가 되었을 뿐, 그레이 전후에 더 깊게 남녀 대화 심리를 연구한 학자들이 있었다. 사회학자 데보라 태넌(Deborah Tannen)은 『그래도 당신을 이해하고 싶다(You Just Don't Understand: Women and Men in Conversation)』(1990)라는 책을 통해 남자와 여자의 대화 방식을 사회언어학적 관점에서 연구하였으며, 이를 '젠더렉트(genderlect)'라고 불렀다. 태넌에 의하면, 남자의 대화는 주로 '보고(report talk)'의 목적을 갖고 있으며 정보 전달과 문제 해결을 중심으로 이루어지고 위계 구조를 중요하게 여기며 경쟁적인 요소가 포함된다. 여자의 대화는 '유대(troubles talk)'를 목적으로 하며 친밀감 형성과 감정 공유를 중심으로 하고 평등한 관계 유지가 중요하며 관계를 강화하는 경향이 있다. 또한 남자는 직접적이고 단답형으로 말하는 반면, 여자는 상대방이 기분 나쁘지 않도록 부드럽게 표현하는 경향이 있다. 미국 대통령들의 연설문을 분석하는 전문가로 유명한 언어심리학자 제임스 페니베이커(James Pennebaker)는 10만 명의 남녀 대화를 5년 동안 추적한 결과, 남자는 대명사를 적게 사용하고 명사와 동사를 많이 쓰기 때문에 정보 중심의 대화를 많이 하고, 여자는 '나' '우리' 같은 대명사를 많이 사용하고 감정 표현을 많이 써서 관계 중심적이라는 것을 밝혔다. 즉, 여자는 사람 중심적인 대화를 하고, 남자는 사물이나 개념 중심적인 대화를 하는 경향이 강하다.

이런 학자들의 연구 결과와 럽디(주)에서 10만 명의 내담자의 대화를 분석한 결과는 거의 비슷하다. 여자들은 주로 자기 얘기를 먼저 하고, 상대방이 공감해 주면 나도 상대방의 이야기를 공감해 주는 방식으로 대화가 이어진다. 주제나 소재는 변화무쌍하며, 모든 대화에서 흐르는 하나의 맥은 '공감'이다. 공감만 얻어 낼 수 있다면 주제나 소재는 중요하지 않다. 문제가 해결되거나 풀리지 않아도 된다. 목적이 공감이기 때문이다. 그런데 남자들은 무언가에 결론을 내려고 한다. 해결책을 도출해 내려고 끊임없이 해결책을 제시한다. 하나의 문제가 등장하고 그 문제를 해결하지 않았는데, 다음 소재나 주제로 넘어가는 것은 견디기 어려운 일이다. 상담사는 몇 개의 이론을 갖고 내담자들의 상황을 들은 후, 이론에 따라 갈등을 분석하고 중재의 방향을 잡기 위해 질문을 한다. 상담사가 애착 이론에 따른 질문을 했다가 투쟁-도피 이론에 따른 질문을 하기도 하고, 대상관계 이론에 따른 질문을 했다가 교류분석 이론에 따른 질문을 하기도 하면서 다각도로 상황을 분석한다. 여자들은 대체로 질문에 자유연상하듯이 답변을 한다. 그런데 남자들은 대체로 앞서 질문한 것에 대한 해결을 얻지 못하면, 다음 질문을 받아들이지 못하고 앞선 질문에 매달린다.

남녀 대화 심리는 뇌과학 분야에서도 연구 보고된 내용들이 있다. 아무리 남녀의 역할 차이가 좁아지고, 남녀 대화의 환경이 변해도 남녀 대화 심리가 급격히 변하지 않는 이유는 남녀의 뇌 사용이 다르기 때문이다. 좌뇌는 주로 논리적이고 해결 중심적인 사고를 하는 데 활용이 되고, 우뇌는 감정 센터가 활발하게 작용해서 타인의 감정을 읽고 공감하는 데 활용된다. 여자는 좌뇌와 우뇌의 연결이 강하기 때문에 논리뿐만 아니라 감정을 함께 고려하는 경향이 있다. 대화를 문제 해결의 수단보다는 감정 공유와 관계 형성을 위한 도구로 활용한다. 그래서 여자의 대화에서는 상대방의 말을 듣고 해결책을 제시하기보다는 "나도 너와 같은 감정을 느끼고 있어."라는 반응을 보이는 것이 중요하다. 그러나 남자들은 좌뇌와 우뇌의 연결이 약해서 우뇌의 일을 좌뇌가 대신 처리하는 것이 어렵고, 좌뇌의 활성도가 높아 논리적이고 분석적인 대화 방식을 선호한다. 대화를 문제 해결의 도구로 사용하며, 감정보다는 '어떻게 해결할 것인가?'에 초점을 맞춘다. 감정을 이야기하는 것보다 팩트, 데이터, 논리적 근거를 더 중시하는 경향이 있다. 감정보다는 해결책을 제공하려고 한다. 그러니 여자 입장에서는 말을 안 하는 남자가 힘들고, 남자의 입장에서는 자꾸 공감적 대답을 재촉하는 여자가 힘들다. 서로의 성별 차이를 이해하지 못하고, 결국 서로 힘든 사람이 된다. 이런 상황이 반복되면 여자 친구는 자신의 남자 친구가 자신을 부당하게 대하고, 이해해 주지 않는다고 생각해서 전처럼 좋아하는 마음을 유지하기가 힘들게 된다.

서운함이라는 정서가 해석에 의해서 발생한다는 전제를 기억해 보면 남녀 대화 심리가 어떻게 서운함을 발생시키는지 이해할 수 있다. 서로 다른 사고의 과정을 갖고 있는 해결 중심 대화와 공감 중심 대화가 만나면 서로 자기가 갖고 있는 인식 틀로 상대방이 말하는 정보를 받아들인다. 여자가 "오늘 너무 힘들었어. 팀장님이 나를 싫어하는 것 같아."라고 말했을 때, 여자가 기대하는 대답은 "너무 속상했겠다……. 정말 힘들었겠어."였을 텐데, 남자가 "그럼, 어떻게 해야 팀장님과 잘 지낼 수 있을까?"라고 친절하게 묻는다면 여자는 자기 마음을 알아주지 않는 것 때문에 서운함이 밀려온다. 반대로 남자가 열심히 해결책을 제시했는데, 여자가 남자의 수고를 알아주지 못하고 "아니, 그게 아니라 그냥 들어 주면 안 돼?"라고 말한다면 남자는 "나는 도와주려고 한 건데, 나한테 화를 내네……."라고 말하며 자신의 의도와 헌신으로 인해 오히려 나쁜 사람이 된 느낌이 들어서 서운함이 밀려온다. 이 외에도 여자가 힘들어할 때 남자가 여자에게 특별한 말을 하지 않고, 커피를 사다 주었더니 여자가 "넌 내 마음을 몰라. 내가 얼마나 힘든데 위로 한마디도 안 해?"라고 말하는 경우처럼 행동으로 마음을 보여 준 경우에도 남자에게 서운함이 발생할 수 있다. 남자 입장에서는 사랑을 말로 표현하는 대신에 행동으로 한 것인데, 그걸 알아주지 않는 것이 서운한 지점이다.

그렇다면 이런 남녀 대화 심리의 문제로 발생한 서운함은 어떻게 해결할까? 이론 편에서 밝혔듯이, 서운함은 대체로 자기 중심적인 해석의 문제이고, 해석의 차이를 좁힐 수 있는 방법은 나와 상대방의 감정과 욕구를 정확하게 관찰하고 표현하고 중재하는 것이다. 처음 대화에서 여자가 "오늘 너무 힘들었어. 팀장님이 나를 싫어하는 것 같아. 속상해. 위로해 줘."라고 했다면, 남자는 해결책을 제안하지 않고 위로해 줬을 것이다. 여자가 남자에게 요청한 것이 '위로해 줘.'였기 때문에 남자의 좌뇌에는 해결할 문제로 '여자를 위로해 주는 것'이 등록된다. 그러면 남자는 여자를 공감해 주는 것을 해결할 과제로 받아들이고 공감적 위로를 해 준다. 물론 여자가 굳이 '위로해 줘.'라는 표현을 쓰지 않았다고 해도 남자가 공감에 익숙하다면 '속상했겠다.'로 시작하는 공감적 표현을 사용해서 서운함이 발생하지 않게 할 수 있다. 이런 남녀 대화 심리의 문제를 누군가의 잘못으로 몰고 간다면 상호 간에 계속 잘못된 일만 발생한다. 서로의 부족함을 인정하고 자기의 언어가 해결 중심이면 공감 중심을, 자기의 언어가 공감 중심이면 해결 중심을 연습하고 사랑을 위해 발전시켜 나간다면 서운함을 잘 다루는 연인 혹은 부부가 될 수 있다. 공감 중심 언어와 해결 중심 언어를 모두 활용하여 사용하는 화법에 대해서는 다음의 '깨진 관계에서 서운함을 다루는 화법: 나어너어' 부분에서 더 자세히 다루도록 한다.

깨지지 않은 관계에서 서운함을 다루는 화법

아직 갈등이 심화되지 않았거나 이별하지 않은 경우에는 나 전달법과 비폭력대화가 서운함을 다루기에 유용하다. 나 전달법은 나의 서운함을 해석하지 않고 전달하거나 서운함이 생기지 않게 공격적인 표현 대신에 나의 감정을 중심으로 전달하는 데 유용하다. 비폭력대화는 나의 느낌과 욕구, 상대방의 느낌과 욕구를 함께 관찰하고 표현하는 화법으로, 완전히 깨지지 않은 관계의 갈등을 중재하는 데 유용하다.

나 전달법

나 전달법은 '나'를 주어로 이야기하는 대화법으로, '내가 어떻게 느끼는가'를 중심으로 말하는 대화법이다. 너 전달법은 "네가 잘못했어." 등의 듣는 사람이 비난받거나 강요받는다고 느낄 수 있게 말하는 방법이기 때문에 갈등을 유발하는 반면, 나 전달법은 나 자신이 주어가 되어 나의 생각과 감정, 나의 욕구를 표현하기 때문에 상대방과 나의 영역을 구분해서 갈등을 유발하지 않는다.

나 전달법을 개발한 토머스 고든(Thomas Gordon)은 부모와 자녀 간의 갈등을 해결하기 위해 '갈등을 만들지 않는 의사소통'을 연구했고, 그렇게 탄생한 나 전달법은 부모–자녀 간의 대화뿐 아니라 학교, 직장에서 좋은 관계를 유지하거나 관계를 향상시키는 기술로 활용됐다. 그래서 나 전달법 교육은 부모 효율성 교육(Parent Effectiveness Training: PET)으로도 불리고, 리더 효율성 교육(Leader Effectiveness Training: LET)으로도 불린다. 나 전달법은 나의 생각을 전달하기 위한 표현법이어서 단호하나 차분한 어조로 이루어진다. 그렇기 때문에 몹시 화가 났을 때는 사용하지 않는 것이 좋다. 화가 난 상태에서 나 전달법을 사용하는 경우, 오히려 상대방의 반항심을 자극할 수 있다.

나 전달법의 시작은 적극적 경청이다. 적극적 경청은 상대방의 이야기를 비판이나 판단 없이 그대로 수용하고, 상대방의 감정을 진심으로 이해하고자 노력하는 태도다. 경청을 적극적으로 해야 자신이 이해한 바를 다시 상대방에게 전달해서 적극적이고 진지하게 의사소통에 참여할 수 있다.

나 전달법을 사용할 때는 상대방을 비난하거나 평가하지 않고, 상대방의 행동에 대한 나의 느낌을 말한다. 나의 감정을 일으킨 상대방의 행동을 객관적으로 말하고, 그 행동으로 인해 경험하는 나의 감정과 그 행동이 나에게 미치는 구체적인 영향을 '나'의 입장에서 상대방에 대한 비난 없이 말하기 때문에 서로의 솔직한 감정을 전달한다. 이때 반드시 고려해야 할 부분은 상대방의 성격에 초점을 두지 않고 상대방의 행동에 근거해서 내가 원하는 행동이 무엇인지 분명한 정보를 제공한다. 예를 들어, "넌 원래 그래." "넌 늘 그러더라." "네가 게을러서 그래."와 같은 표현보다는 "내가 30분이나 기다렸더니 마음이 불편해. 좀 쉬어야겠어."와 같이 말한다. 나 전달법은 위협적이지 않은 방식으로 말함으로써 상대방이 내 말을 경청하게 하는 것을 목적으로 한다.

이때 상대방의 자존감을 상하지 않게 하려면 행동과 행동한 사람을 구별해야 한다. 사람이 나쁜 것이 아니고, 상대방의 행동에 문제가 있을 뿐이라는 것을 알 수 있도록 말한다. 행동에 초점을 맞추어 이야기하면 상대방의 자존감을 상하게 하는 것을 피할 수 있다. 감정 표현을 강하게 하는 것보다 조금 더 약하게, 그러면서 더 세분화시켜서 하는 것이 좋다. 예를 들어, "화가 난다."라는 말보다 "속상하고 걱정된다."라고 표현하면 덜 부담스럽다. 나의 감정을 표현하는 것이 목적이 아니라 상대방에게 부담을 주는 것이 목적이 된다면 이미 나 전달법에서 벗어난 것이다.

나의 욕구와 감정이라고 해서 아무 근거 없이 마구 던질 수 있는 것은 아니다. 정당한 이유를 대면서 요구할 때 상대방도 요구를 들어주고 양보를 할 수도 있다. 나 전달법은 갈등을 예방하기 위해 만든 화법으로, 나 전달법의 핵심은 갈등은 불가피한 것임을 인정하고 갈등을 건설적으로 해결할 수 있다고 보는 것이다. 일단 갈등이 일어나면, 누군가 이기고 지는 승부가 아니라 양쪽이 모두 수용할 수 있는 해결책을 찾아서 서로의 욕구를 만족시키는 것을 목적으로 한다. 갈등 해결 방법의 과정은 '갈등 확인하기–해결책의 가능성 타진과 검토하기–가능성 있는 해결책 평가하기–최상의 해결책을 결정하기–결정된 해결책을 시행하기–후속 평가하기'의 6단계다.

각 단계에서는 적극적인 경청을 해야 하고, 나 전달법으로 자신의 의사를 전달해야 하며, 항상 갈등 해결의 6단계를 거칠 필요는 없고 한 번에 서로 받아들일 수 있는 좋은 해결 방법이 나왔을 때는 바로 결정할 수 있다. 함께 해결 방안을 제시하는 과정에서 대화를 촉진시키고, 수용적인 관계로 발전시킨다. 그리고 상호작용에서 나타나는 감정, 느낌, 생각, 태도 등의 메시지를 전달하며, 상호 간의 공통적 이해를 도모한다. 이러한 의사소통 과정에서 발생하는 상호작용의 방식에 따라 기능적 의사소통과 역기능적 의사소통으로 구분될 수 있다. 기능적 의사소통은 상호작용에 있어서 어느 한쪽이 억압받지 않고 자유롭게 사실 또는 감정을 표현하고, 역기능적 의사소통은 의사 교환을 주저하고, 주제 선택에 조심하며, 애정적 표현보다는 비난적 표현을 더 많이 경험하여 의사소통이 원활하게 이루어지지 않는다. 이런 경우에는 상호 간의 신뢰도가 낮고, 의사소통을 회피하거나 선택적으로 하여 관계 만족의 정도가 낮다.

나 전달법은 '관찰–인식–표현–요청'의 순서로 사용한다. 타자의 행동이나 말 등의 외부 자극을 접한 상황에서 잘못된 신념으로 만든 습관적인 정서 반응으로 표현하지 않고 자기의 감정과 욕구(바람)를 명료하게 인식하고 표현하고 요청하는 방식이다. ① 관찰은 외부 자극을 있는 그대로의 사실만을 근거로 한다. 이때 자기가 갖고 있는 가치관이나 편견으로 비교하거나, 판단하거나, 해석하거나, 평가해서는 안 된다. 그리고 ② 인식은 그렇게 관찰한 외부 자극으로 인해 나에게 어떤 감정이 생겼고, 어떤 욕구가 나타났는지를 확인하는 과정이다. 정확하게 자신의 욕구와 감정을 인식하기 위해 즉각적인 반응을 멈추고, 자신의 욕구와 감정을 생각하고 선택하는 과정을 갖는다. ③ 그렇게 인식한 자신의 감정과 욕구를 진솔하게 표현한다. ④ 자신의 욕구와 감정을 표현하고 나면 나의 욕구 중에서 상대방이 받아들일 수 있는 수준의 행위나 말 등을 하도록 요청한다. 이 과정에서 상대방의 표현과 마음은 관찰 대상이지, 내가 알아주거나 읽어 줘야 할 대상은 아니다. 최근에는 이 4단계를 상황–감정–바람(욕구, 요청)으로 줄여서 사용하기도 한다.

이렇듯 나 전달법은 자기주장 행동의 기본적 요소로서 권리에 중점을 두고 상대방이 아닌 나를 주어로 자신의 욕구, 의견, 생각, 느낌 등의 자신이 나타내고자 하는 것을 솔직하게 전달하는 데 목적이 있다. 따라서 나 전달법은 상대방을 직접 판단하고 평가하며 공격하는 것이 아니라 상대방이 계산하지 않고 편안하게 대화에 임할 수 있도록 자신의 감정과 생각을 솔직하게 전달할 수 있게 만들어 준다. 나 전달법을 통하여 자신이 마음속으로 생각하거나 느끼는 것을 있는 그대로 상대방이 알 수 있게 표현하면 자기 자신도 스스로를 올바르게 이해할 수 있을 뿐 아니라 상대방도 신뢰가 높아져서 서로에 대한 이해와 신뢰를 바탕으로 원만한 인간관계를 형성할 수 있다. 나 전달법의 의사소통 기술은 대인관계로 인한 스트레스 상황을 적극적으로 대처해 낼 수 있도록 하며, 의

사소통에서 자기효능감을 획득할 수 있도록 돕는다.

서운함은 해석을 통해 발생하기 때문에 소통이 원활하지 않거나 우회되면 해석의 여지가 많아지면서 서운함이 커질 기회도 많다. 나 전달법은 이러한 기회를 차단하거나 줄이고 소통을 명료하게 함으로써 서운함이 생기는 기초 단계에서 더 확장되지 않도록 돕는다.

비폭력대화

비폭력대화는 미국의 임상심리학 박사인 로젠버그가 만든 의사소통 방법으로, 마음 안에 있는 폭력을 가라앉히고 연민을 향상시키는 대화 방법이다. 대화의 목적이 연민을 향상시키는 것이다 보니 서로 다른 감정과 해석으로 인해 생기는 서운함을 다루기에도 좋은 화법이다.

인간은 스스로는 전혀 폭력적이지 않다고 말하지만, 막상 표현된 말은 자기 자신이나 다른 사람에게 상처를 입히고 마음을 아프게 하기도 한다. 비폭력대화는 인간은 날 때부터 연민이 우러나는 방식으로 다른 사람과 유대 관계를 맺고 산다고 보는 긍정적 인간상을 갖고 있다. 그렇기 때문에 견디기 어려운 상황에서도 인간성을 유지할 수 있는 잠재성이 누구에게나 있고, 비폭력대화는 그 잠재적 연민의 능력을 키워 주는 대화 방법이어서 자기 자신을 더 깊이 이해하고, 다른 사람과 연민의 유대 관계를 맺을 수 있도록 도와준다. 비폭력대화는 상대방의 삶을 풍요롭게 하는 데 기여하는 즐거움을 느끼고, 자원을 나누며, 갈등을 예방하고 평화롭게 해결하는 능력을 길러 주는 기술을 실제 삶에 적용할 수 있도록 한다.

사람이 대화하면서 기분 나쁘게 느끼는 이유는 무엇일까? 비폭력대화에서는 자기 기준적 판단이 그 이유라고 보고, 판단하지 않고 대화 상대방을 있는 그대로 관찰하고, 자신의 욕구를 잘 표현하고, 대화 상대의 욕구를 잘 들여다봄으로써 긍정적으로 소통하는 평화로운 대화를 만들 수 있다고 본다. 자기 기준적 판단이라는 표현은 비폭력대화의 용어이지만, 서운함을 이해하기 위해서도 아주 적절한 용어다. 서운함은 결국 자기 기준적 판단이 상이해서 발생하는 느낌이 아닌가! 비폭력대화에서는 대화에서 상대방을 기분 나쁘게 하는 것이 자의적 판단이라고 보기 때문에 판단을 중지하고 있는 그대로 관찰하는 작업이 가장 중요하다. '판단'은 상대방이 나에게 전한 말의 책임을 나 자신에게 돌려서 자기 비하를 하는 자기 공격과 상대방의 말을 강하게 지적하면서 공격적인 언어 표현을 하는 상대 공격의 결과 모두를 의미한다. '관찰'은 상대방의 말에 대한 나의 마음을 관찰한 후에 자기 공감을 통해 상대방에게 자신의 생각과 느낌을 솔직하게 전달하고, 상대방의 말 속에 담긴 생각과 감정을 헤아려 본 후에 상대방의 마음을 공감하는 태도를 말한다.

비폭력대화에서는 연민이라는 감정이 인간 누구에게나 있다고 가정한다. 연민은 나도 언제나 타자와 동일한 상황에 처할 수 있다는 감정으로, 연결감의 핵심이 되는 감정이다. 연민이 연결감을 갖게 하기 때문에 대화에서 연민을 통한 연결감을 경험하는 것이 중요하다. 연결감을 막는 장애물이 10개 있는데, '① 공감 없는 조언, ② 자의적인 진단, ③ 부정적으로 바로잡기, ④ 비하하며 위로하기, ⑤ 무시하기, ⑥ 감정의 흐름 중지하기, ⑦ 동정하기, ⑧ 심문하기, ⑨ 평가하기, ⑩ 말 자르기'가 그것이다. ① 공감 없는 조언은 어려운 일을 당한 사람에게 충고하듯이 하는 조언으로, "네가 적응해서 살아야지."처럼 모든 책임을 상대방에게 전가하는 방식의 대화다. ② 자의적인 진단은 "너는 인내심이 부족해."처럼 앞뒤 상황에 대한 이해 없이 단정 짓는 표현이다. ③ 부정적으로 바로잡기는 다른 사람이 자신의 말을 끊어서 무시당했다고 생각하며 힘들어하는 상대방에게 "네가 말을 너무 길게 하니까 그렇지."처럼 원인을 상대방의 책임으로 돌리는 표현이다. ④ 비하하며 위로하기는 일이 힘들다고 호소하는 상대방에게 "그렇게 힘들어서 얼마나 버틸 수 있겠냐?"라며 비관적으로 위로하는 표현이다. ⑤ 무시하기는 "그건 아무것도 아니야."처럼 상대방의 어려움을 아무것도 아니라고 무시하는 표현이다. ⑥ 감정의 흐름 중지하기는 힘들어하는 상대방의 감정을 "그렇게 생각할 필요 없어."라며 부정하는 표현이다. ⑦ 동정하기는 연민과 헷갈리기도 하고 나쁘지 않은 표현이라고 오해되기도 하지만 연결감의 주요한 장애다. "어떡하냐?"와 같이 자기 마음과 상대방의 마음을 분리하여 동정의 대상으로 바라보는 것은 연민에서 나오는 표현이 아니라 연결감을 단절하는 동정일 뿐이다. ⑧ 심문하기는 "네가 먼저 이런 식으로 말을 했어?"처럼 감정의 원인을 어려움을 호소하는 상대방에게 돌리기 위해 질문하는 표현이다. ⑨ 평가하기는 "너는 너무 민감해서 탈이야."처럼 상대방의 문제를 드러내는 표현이다. ⑩ 말 자르기는 "그만하고 기운 내."처럼 응원하는 듯 보이지만, 어려움을 호소하는 말을 자르는 표현이다. 이런 표현들은 애매하게 공감처럼 들리지만 사실은 연결감을 단절시킨다.

비폭력대화는 연결감을 통해 연민을 확장하는 대화 방법으로, '관찰－느낌－욕구－부탁'의 순서로 말하도록 한다. 이 순서는 '관찰－인식－표현－요청'의 순서로 말하는 나 전달법과 유사한 부분이 있다. 이 순서는 나 전달법처럼 자신의 욕구를 표현하는 것에서 끝나지 않고 상대방의 욕구도 알아차리고 물어보는 과정까지 이어진다. 나의 감정과 욕구를 표현하는 과정을 '솔직하게 말하기'로, 상대방의 감정과 욕구를 읽어 주는 과정을 '공감으로 듣기'로 구분한다.

솔직하게 말하기와 공감으로 듣기의 구분은 다음과 같다.

〈표 8-1〉 비폭력대화

솔직하게 말하기	요소	공감으로 듣기
나는 네가 _____라고 한 말을 듣고……	관찰	너는 _____를 봐서……
나는 _______한 느낌이 들어.	느낌	너는 _____라고 느꼈구나.
왜냐하면 나는 _____가 중요하기 때문에 (혹은) 나는 _____를 하고 싶어서……	욕구, 가치관	왜냐하면 너는 _______가 중요하니까 (혹은) 너는 _______를 하고 싶으니까……
_______를 해 줄 수 있어?	부탁	너는 나에게 ______를 원하는 거니?

비폭력대화의 4단계 중 첫 번째 단계는 관찰이다. 비폭력대화에서의 관찰은 대화 상대의 구체적인 말과 행동을 관찰하되 판단하지 않고 있는 그대로 수용한다. 상대방의 행동이나 말을 내가 좋아하냐 싫어하냐를 기준으로 판단하거나 평가하는 습관을 버리는 것이 쉬운 일은 아니지만 훈련을 통해 가능하다.

두 번째 단계는 관찰한 것에 대한 나의 느낌을 알아차리고 표현한다. 느낌 단계는 상대방의 말과 행동을 보았을 때 내가 어떻게 느꼈는지 표현하는 단계로, '가슴이 아팠다.' 등의 느낌을 표현한다. 비폭력대화에서는 감정이라는 표현보다는 느낌이라는 표현을 선호하는데, 감정을 지각의 영역으로 끌고 오려는 의도가 있다. 이때 느낌을 표현하는 데 있어서 판단이 들어간 느낌을 토대로 상대방을 자극할 만한 공격적 표현을 하면 공격이 될 수 있다. 이를테면 '역겹다.'거나 '짜증 난다.' 등의 표현은 나의 고유의 느낌이 아니라, 상대방에 대한 판단을 토대로 상대방을 공격하고자 하는 의도가 들어간 표현이다.

세 번째 단계는 두 번째 단계에서 표현한 느낌을 일으키는 나의 욕구, 가치관, 원하는 것을 찾아낸다. 감정과 느낌은 욕구가 좌절되거나 만족되었을 때의 반응이다. 나의 욕구에 따라서 감정과 느낌이 달라진다. 자신의 욕구를 직면하고 알아차리는 것도 훈련이 되지 않으면 어려운 경우가 있는데, 감정과 느낌을 통해 욕구를 찾아가면 욕구를 더 쉽게 발견할 수 있다. 욕구를 알아차렸으면 자신이 알아차린 느낌이 내면의 어떤 욕구와 연결되는지를 말한다.

네 번째 단계는 부탁 단계로, 나의 느낌과 감정에 따라 발견한 나의 욕구를 토대로 상대방이 해 주기를 바라는 것을 구체적으로 부탁한다. 부탁이라고 표현하는 이유는 말하는 방식 때문이다. 상대방을 비난하거나 비판하지 않으면서 자신의 마음속 움직임을 관찰, 느낌, 욕구, 부탁을 바탕으로 솔직하게 표현한다. 자신이 원하는 것과 상대방이 원하는 것을 동등하게 존중하면서 나와 상대방의 욕구가 함께 충족될 수 있는 방법을 찾을 때까지 대화를 계속한다.

여기까지가 비폭력대화의 '솔직하게 말하기' 부분이다. 그리고 상대방의 마음을 공감하기 위해 구성한 '공감으로 듣기'도 솔직하게 말하기와 같은 순서로 상대방의 느낌과 욕구를 읽고 말해 준다.

먼저, 공감으로 듣기의 첫 번째 단계인 관찰에서는 상대방의 말과 행동을 나의 입장에서 관찰하는 것이 아니라 상대방의 입장에서 관찰한 내용을 판단하지 않고 수용한다. 두 번째 느낌 단계에서는 상대방의 감정과 느낌을 읽어 준다. 세 번째 욕구 혹은 가치관 단계에서는 그 감정이나 느낌을 일으킨 욕구나 가치관을 내가 이해한 대로 말해 준다. 네 번째 부탁 단계에서는 상대방이 원하는 나의 행동 변화에 대해서 물어본다. 솔직하게 말하기보다는 공감하면서 듣기가 더 어려운데, 그 이유는 상대방에 대해서 선입견이 작동하기 쉽기 때문이다. 그래서 비폭력대화 훈련에서 가장 중요한 것이 자신의 생각, 선입견, 기대, 가정을 내려놓고 조언을 하거나 가르치려는 충동을 중지하는 것이다. 상대방이 충분히 이해를 받았다고 느낄 때까지 상대의 이야기를 들어주고, 공감대가 형성된 후에 해결 방법을 찾는다.

이렇듯 욕구와 느낌을 나와 상대방 모두가 감추거나 숨기지 않고 드러내기 때문에 서운함이 발생할 여지를 줄인다. 심지어 이미 서운함이 발생하여 갈등이 시작되었다고 해도 비폭력대화를 통해 중재할 수 있다. 비폭력대화 전문가 과정에는 중재자 훈련이 따로 있을 정도로 두 사람 사이에 깊어진 갈등을 해결하는 데 초점을 맞추고 있는 화법이다.

비폭력대화의 두 가지 방향 중 솔직하게 말하기는 나 전달법처럼 서운함을 해석하지 않고 전달할 수 있는데, 공감으로 듣기는 왜 서운함을 해결하는 방법이 될까? 공감으로 듣기도 해석의 간격을 줄이기 때문에 서운함의 문제를 해결하기에 좋다. 서운함은 내가 원하는 것을 생각만 하고 정확하게 표현하지 않는 문제와 상대방이 원하는 것을 생각하지 못하고 해석하기만 하는 문제 때문에 발생한다. 내가 원하는 것을 표현하기 위해 솔직하게 말하기를 사용한다면, 상대방이 원하는 것을 확인하기 위해 공감으로 듣기를 사용한다.

깨진 관계에서 서운함을 다루는 화법: 나어너어

나 전달법은 서운함이 발생하지 않도록 예방하는 차원에서, 비폭력대화는 서운함이 발생했을 때 해소하거나 중재하는 차원에서 유용한 화법들이다. 그러나 서운함이 쌓이고 쌓여서 갈등이 심화되었을 때 둘 중의 한 명이 대화 의지가 없어지거나 감정적으로 심화됐을 때는 나 전달법과 비폭력대화로는 한계가 있다. 부모와 자녀 200명, 친구 관계 100명, 연인 관계 200명, 부부 관계 200명, 총 700명의 연구 참여자를 대상으로 갈등 상황에서 나 전달법과 비폭력대화를 12시간에 걸쳐서 교육하고 갈등의 변화 과정을 탐색한 결과, 나 전달법은 갈등이 심화되지 않은 상황에서 건강한 관계를 유지하는 경우와 부모와 자녀의 갈등 관계를 해결하는 데 유용했으나 연인과 부부, 친구 사이의 갈등 관계를 해결하는 데에는 유의미한 결과를 내지 못했다. 비폭력대화는 갈등 문제 해결의 의지가 양쪽 모두에 있는 부모와 자녀 관계, 친구 관계, 연인 관계, 부부 관계 모두에 유용했으나, 갈등 문제 해결의 의지가 어느 한 쪽에만 있는 갈등 관계는 유의미한 결과를 내지 못했다.

서운함은 갈등을 만드는 수준을 벗어나 관계를 아예 끝내기도 하는 결정적 정서다. 럽디(주)에는 1년에 4,000명가량의 이혼 및 이별한 커플과 부부가 상담을 하기 위해 방문한다. 갈등은 있으나 아직 상호 간에 해결의 의지가 있어서 두 사람이 함께 상담을 받기 위해 찾아오는 경우는 매우 쉬운 경우이고, 대부분의 경우는 완전히 헤어지고 나서 혹은 이혼 서류를 접수하고 숙려 기간 중에 둘 중 한 명만 상담을 위해 방문한다. 이혼하거나 이별한 커플과 부부의 대부분은 돈 문제나 시부모 문제로 헤어졌지만, 상담을 진행하면 그 이면에는 대체로 서운함이 있었다. 그래서 서운함이 만든 깨진 관계를 다시 연결하기 위한 화법이 필요했다. 이런 내담자들의 문제를 해결하기 위해 럽디(주)의 김나라 대표의 연구 결과로 서운함을 해결하기 위한 '나어너어'라는 화법을 만들었고,

30여 명의 상담사와 연구원이 수만 명의 연구 참여자 및 내담자와 함께 임상 자료를 쌓아 가면서 수정 및 보완하여 나어너어를 발전시켰다. 다른 개입 없이 나어너어 화법을 연습한 결과로 갈등을 중재하거나 접수한 이혼 서류를 철회하거나 재회하는 경우도 적지 않게 있었고, 다른 상담적 개입과 더불어 나어너어를 활용하여 재회하거나 갈등을 중재한 경우는 70%를 넘었다.

대부분의 화법은 4단계로 구성된다. 나 전달법도 4단계, 비폭력대화도 4단계이고, 나어너어도 4단계다.

1단계와 2단계는 공감하는 부분으로 이루어져 있고, 3단계와 4단계는 내가 어떻게 하고 싶은지, 해결책에 대해서 이야기하는 부분으로 되어 있다. 즉, 1단계와 2단계는 공감 중심 언어로, 3단계와 4단계는 해결 중심 언어로 구성된다. 1단계와 2단계의 공감 중심 언어는 상대방의 감정을 읽어 주는 과정이기 때문에 '너어'라고 하고, 3단계와 4단계의 해결 중심 언어는 나를 주어로 말하기 때문에 '나어'라고 한다. 나어너어는 이렇듯 남녀 대화 심리의 문제로 대두된 해결 중심 언어와 공감 중심 언어를 모두 담고 있다. 중재를 위한 목적은 해결 중심 언어이지만, 전체 화법에 흐르는 가치관은 공감 중심 언어다. 그래서 흐름상 1단계와 2단계가 결국 3단계와 4단계를 준비하는 과정이지만, 1단계와 2단계의 공감적 가치관이 3단계와 4단계에도 지속적으로 흘러야 서로의 욕구를 조율하고 갈등을 중재할 수 있다.

1단계는 '간단한 공감'으로 시작한다. 감정이 닫히면 나머지 말들도 자동으로 닫힌다. 따라서 상대방의 감정을 이해하고 있다고 상대방의 입장에서 감정을 알아주는 과정이 필요하다. 테오도어 립스(Theodor Lipps)라는 심리학자는 '타자의 마음의 문제'를 해결하기 위해 '감정적 투사'를 해야 한다고 하면서 '공감' 개념을 제시했다. 나어너어 1단계는 립스의 말처럼, "내 마음이 상대방의 마음을 모방하여 타자에게로 들어가서 느끼고 경험하는 과정"이다. 애초에 나어너어는 상대방을 배려하는 언어이고, 상대방이 들었을 때 듣고 싶게 만들고 궁금증을 유발시켜야 한다. 아무리 다음의 내용이 좋더라도 듣지 않고 읽지 않으면 소용이 없다. 따라서 상대방이 듣고 싶어 할 만한 핵심적인 짧은 문장으로 시작해야 한다. 그게 바로 감정 읽어 주기다. 상대방이 속상할 때 "진짜 속상하겠다."라고 상대방의 감정을 알아주는 것이다. 공감 이외에 구구절절 다른 말을 붙이는 것보다 간단히 감정만 확인하는 것이다. "고생 많았어." 정도의 일반적으로 어려움을 표현하는 감정 단어가 좋다. 감정을 발견하고 읽어 주는 게 어려우면 "넌 참 고마운 사람이었어." 정도의 칭찬하는 말도 좋다. 첫인사에 습관적으로 안부를 묻는 건 갈등이 없는 상황에서 그저 안부만이 궁금한 사람들이 소통하는 방식이다. 깊은 갈등이 있는데 안부를 물으면 거기에 응답하고 싶지도 않고 그 갈등을 뒤로하고 안부를 묻는 게 가식적으로 보일 수도 있다. 상대방의 감정을 바로 읽어 주면 '어, 내 감정을 아네?'라고 생각하며 귀 기울이게 된다. 그리고 장황한 설명 없이 감정만 간단히 읽어 주면 오히려 말이 다 끝난 게 아닌 것 같기 때문에 뭔가 뒷이야기가 있을 것 같아서 귀 기울이게 된다.

이 궁금증을 해결하기 위해 감정을 이야기와 연결시키는데, 이 부분이 2단계 본격적인 공감이다. 1단계에서 상대방에게 궁금증을 만들어 줬기 때문에 이 궁금증을 채워 주면서 감동을 같이 주는 구간이다. 1단계에서 간단히 공감한 감정이 왜 발생했는지 이야기를 통해 들려줌으로써 그냥 감정만 알아주는 게 아니라 상황까지 정리해 준다. 이때 이야기를 연결시키는 순서는 '너의 상황 + 나의 행동 + 너의 감정'이다. 상대방의 상황과 나의 행동을 말하되, 나의 입장이 아니라 상대방의 입장에서 말해 준다. 사람은 나의 입장을 말하고 싶은 욕구가 자연스럽지만, 먼저 상대방의 입장을 알아주면 나의 입장을 말할 때 나의 입장도 더 자연스럽게 받아들인다. 예를 들어, 아내와의 데이트 약속에 남편이 일을 하다가 늦었다면 "미안해. 회의가 늦게 끝나서 늦었어."라고 말하는 것보다 "일찍 챙겨서 나오느라 고생했을 텐데, 늦어서 미안해. 속상하지?"와 같이 상대방의 수고와 마음을 먼저 읽어 주고 "회의가 늦게 끝났어. 정말 미안해."라고 말하는 것이 상대방의 마음을 풀기에 더 좋다. 이렇게 상대방이 말하고 싶지만, 쉽게 하지 못하는 말을 정리해서 말해 주면 여기서 이미 갈등을 유발할 만한 감정이 감소한다. 혹시 '상대방의 감정과 상황을 잘못 말할 수도 있지 않을까?' 하는 생각이 들 수도 있다. 물론 가능한 일이다. 그러나 설사 잘못 말하더라도 말하지 않는 것보다 말하는 것이 좋다. 틀렸더라도 말을 해야 상대방이 '아니'라고 수정해 줄 수 있고, 그 기회를 통해 상대방의 진짜 마음과 상황을 알 수 있다.

1~2단계를 통해서 잘 공감해 주고 상대방의 부정적인 감정을 어느 정도 풀어 줬다고 해도 갈등을 만든 근본적인 문제를 해결한 것은 아니다. 그래서 문제 해결을 위해 변화를 만들어 내는 것이 3단계다. 3단계에서 제일 중요한 것이 대화 상대의 욕구에 반응하는 것인데, '내가 들어줄 수 있는 상대방의 욕구를 파악하고, 그것을 내가 실현한 것을 보여주는 것'이 3단계다. 상황에 따라서는 상대방의 욕구가 나의 목적과 반대된다고 할지라도 그 욕구에 귀를 기울이고, 인정하면서 시작해야 하는 경우도 있다. 모든 상황이 그렇지는 않지만, 큰 그림에서 보면 상대방의 욕구를 수용해 주는 것이 오히려 나의 욕구를 수용하게 만드는 과정이 되기도 한다. 만약에 상대방이 이별을 제안한 상황이고, 나는 이별

을 수용할 수 없다면 이별할 수 없는 이유를 제시하는 게 일반적인 반응일 것이다. 그러나 상대방이 이별을 제시할 때 내가 이별하지 않기 위해서 버틸수록 상대방은 이별하기 위한 발언을 계속 이어 갈 것이다. 그리고 그 이별에 대한 마음을 강화할 것이다. 이별을 원하는 입장에서는 상대방이 이별을 받아들이고 있지 못한 상황 자체가 스트레스가 된다. 이 과정이 반복되면 상대방의 입장에서 나는 대화가 불가능한 사람이다. 이런 상황이 되기 전에 오히려 이별을 인정해 준다면 대립 구도였던 대화가 순구도로 바뀐다. 그리하여 상대방은 나를 대화 가능한 사람으로 인식한다. 이것만으로도 대안과 변화를 보여 주는 3단계의 효과가 성립된다. 실제 이혼 중재 과정에서 한쪽만 이혼을 원하고, 다른 쪽은 이혼을 원하지 않을 때 두 사람을 대화 테이블로 부르는 게 쉽지 않다. 이혼을 원하지 않는 사람이 같은 말만 반복한다고 생각하기 때문이다. 이때 이혼하리라는 것을 인정하기만 해도 대부분의 단호함이 풀린다. 이혼이든, 재회든 서로 정반대 상황에서 입씨름할 상황이 아니면 상대방도 단호할 필요가 없다. 내가 이혼을 받아들이겠다고 하면, 그때부터는 이혼 자체에 대해서 반박하기 어렵다. 이때부터는 대화가 주장하고자 하는 '무엇'에서 '어떻게'로 전환된다. 일단 '어떻게'로 전환하면 같은 목적을 갖고 이야기를 진행할 수밖에 없다.

3단계에서 상대방이 원하는 사람으로 나를 변화시킬 수도 있지만, 상대방이 갖고 있는 나에 대한 표상을 바꿀 수도 있다. 표상이란 '무엇에 대한 인식 혹은 이미지'다. 만약에 상대방에게 내가 자기를 사랑하지 않는 사람이라는 표상을 갖고 있어서 헤어지자고 했다고 가정하자. 그러면 상대방이 생각하는 사랑이 무엇인지를 확인하고 그것을 잘하는 사람으로 바뀌는 방법도 있지만, 내가 상대방을 얼마나 사랑했는지를 과거의 사례로 보여 줌으로써 상대방이 나에 대해 갖고 있는 표상을 바꿔 주는 것도 훌륭한 3단계다. 실제 상담 사례에서 이별을 선언한 남자가 이별의 이유로 “넌 나와 손도 안 잡으려고 하고, 눈길도 안 주잖아. 날 싫어하는 것 같은데, 우리가 더 이상 만나서 뭐 해?”라고 하자 여자가 답장으로 “내가 오빠 손을 안 잡고, 오빠를 못 쳐다본 건 싫어서가 아니라 떨려서였어.”라고 답을 하며 재회했다. 상대방의 욕구를 확인했으므로 그 욕구를 들어주기 위해 나의 무엇을 변화시킨 것이 아니라 상대방이 나에 대해 갖고 있는 표상만을 바꿔서 갈등을 해결한 것이다. 이것도 훌륭한 3단계라고 할 수 있다.

3단계는 이렇듯 행동을 변화시키든지, 표상을 변화시키든지 갈등을 만들었던 원인을 0(zero)으로 만드는 것이다. 원인이 제거되면 감정만 남는데, 상대방의 마음을 공감해 주면서 감정도 어느 정도 풀어진 상황이다. 그러면 이제 4단계에서 감정을 완전히 해소하고 어떻게 다시 문제가 발생하지 않도록 할지 대책을 제시한다.

이렇게 갈등 구조 상황을 반전시켜 4단계에서는 ‘상대방이 들어줄 수 있는 나의 요구 사항’을 이야기한다. 3단계가 내가 하고 싶은 말을 상대방이 듣고 싶어 하는 방식으로 대안이나 변화를 전달하는 것이라면, 4단계는 나의 요구를 담은 대책을 제안하는 것이다. 1, 2, 3단계는 4단계를 위한 빌드업이라고 볼 수 있다. 4단계에서 중요한 것은 2~3단계에서 얘기했던 내용 때문에 4단계를 해야 한다거나 혹은 할 수 있다는 논리를 구성하는 것이다. 즉, ‘네가 원하는 것을 위해 나의 주장대로 하자’는 논리가 들어가도록 만든다. 나의 주장을 담은 대책을 정확하게 모두 표현하기도 하고, 상황에 따라서는 상대방이 행복하고 승낙할 만한 가볍고 소소한 제안을 먼저 하기도 한다. 이렇게 가볍고 소소한 제안을 할 때는 '쿡 찔러 본다'는 의미로 넛지라고 표현한다. 집 전체를 청소하는 것이 어렵다면 방 정리, 방 전체를 정리하는 것이 어렵다면 책장 정리 정도를 제안하는 것이다. 이혼 숙려 기간 동안에 재결합하고자 한다면 처음부터 "재결합하자."라고 제안하는 것이 아니라, "숙려 기간 동안에 신혼 때처럼 일주일에 한 번 정도 산책만 해 볼까?" 혹은 "저녁 식사 정도는 함께하는 건 어떨까?"에서 시작하는 것이다. 치약 메이커 덴티스테의 광고 〈30일의 약속〉은 이혼을 30일 앞둔 부부에 관한 이야기다. 남편이 이혼하자고 제안하자 아내가 이혼 제안을 들어주는 대신에 매일 한 번씩 안아 달라고 제안한다. 남편은 이혼을 위해 아내의 제안을 들어준다. 그러다가 깊게 사랑하던 때를 떠올리고 다시 재결합하는 이야기다. 이런 사례는 이혼 중재 과정에서 실제로 많이 일어난다. 이 광고의 과정이 나어너어 3~4단계의 요약판이다. 상대방이 제안한 이혼을 수용하는 것이 3단계다. 그리고 매일 안아 달라고 제안하는 것이 4단계의 넛지다. 아내의 최종 대책은 재결합이었으나, 최종 대책을 만들어 가기 위해 처음으로 제안한 것은 전체 대책 중의 첫걸음, 안아 주기였다. 이것이 '넛지'다. 사람에 따라서 상대방이 기꺼이 나한테 해 줄 수 있는 목록도 다를 것이다. 그래서 4단계 같은 경우는 사람마다, 상황마다 다르기 때문에 두 사람의 분석이 필요하다. 처음부터 최종 대책을 제안하는 것이 좋은지, 넛지를 쓴다면 어느 정도 수준에서 어떤 욕구에 맞춰서 사용할 것인지를 고민해야 한다.

지금까지 살펴본 나어너어 4단계를 요약하면 다음과 같다.

- 1단계, 읽게 하는 공감: 상대방의 감정부터 간단한 문장으로 읽어 주기
- 2단계, 본격적인 공감: 상대방의 감정이 어떤 상황에서 비롯된 것인

지 상대방의 입장에서 상대방의 언어로 자세히 풀어 이야기로 말해 주기(너의 상황 + 나의 행동 + 너의 감정)

- 3단계, 대안 혹은 변화: 내가 할 말을 상대방이 듣고 싶어 할 만한 말로 바꿔서 전달하기. 상대방이 원하는 것 중 내가 들어주거나 변화시킬 수 있는 것은 무엇인가? 서로 다른 '무엇'의 대립을 함께 '어떻게' 해결할지로 전환하기
- 4단계, 대책 혹은 넛지: 현 상황에서 흔들린 감정을 토대로 서로에게 좋은 결과를 만들기 위해 상대방이 승낙할 만한 가벼운 제안하기. 내가 원하는 재회 혹은 갈등 중재를 위해 지금 이 시점에서 상대방이 해 줄 수 있는 것은 무엇일까?

덴티스테 광고의 경우, 상황은 등장하지 않고 아내가 남편에게 대면해서 말을 하는 것에서 시작하지만, 이것에 상황을 가상으로 부여하고 가상으로 나어너어 예시를 만들어 보았다. 사례마다 갈등의 이유와 서로의 서사를 분석하고 상황에 맞게 나어너어를 사용해야 하며, 여기서 제시하는 예시가 모델이 되어서는 안 된다. 모든 나어너어는 반드시 상황과 사례에 따라 감정과 욕구에 대한 반응으로 나와야 한다.

덴티스테 광고에 가상으로 부여한 상황과 그에 따른 나어너어 예시는 다음과 같다.

<갈등 내용>

남편은 직장 생활로 지쳐 있고, 인정욕구가 강하다. 아내는 남편이 집을 돌보지 않고 사랑을 표현해 주지 않아서 남편에게 서운했지만, 남편은 아내가 서운해할수록 점점 더 무뚝뚝해졌고 아내는 지쳐 갔다. 아내가 서운함을 자주 표현하

고, 자신을 인정해 주는 말을 잘 하지 않아서 남편도 지쳤다. 이런 상황에서 다툼이 반복되다가 어느 날 남편이 "우린 더 이상 사랑하지 않으니까, 그만 이혼하자."라고 말했다. 아내는 조금만 더 생각해 보자고 하며 상담을 신청했다.

<상담 내용>

아내는 남편의 이혼 제안이 너무 갑작스럽다. 우선, 남편이 왜 이혼하자고 제안했는지부터 의아하다. 아내는 변한 게 없고, 남편이 변했다. 아내는 결혼 전후에도 한결같이 늘 애교 많고, 행복한 가정을 만들어 가고 싶었다. 그런데 남편은 결혼 후에 변했다. 무뚝뚝해졌고, 대답이 없었다. 차라리 부정적인 반응이 더 나았다. 무반응은 견디기 어려웠다. 그래서 피하고 반응이 없는 남편에게 지속적으로 서운함을 표현했다. 그러면 그럴수록 남편은 점점 더 말이 없어졌고, 집에 들어오는 횟수는 줄었다.

상담사는 내담한 아내에게 이혼할 만한 큰 사건이 없어도 헤어지는 사례가 많다고 설명했다. 아내는 성격 차이냐고 물었지만, 상담사는 "이걸 성격 차이라고 이해하면 안 된다. 성격 차이가 많이 나도 행복하게 사는 부부가 많다. 문제는 공감과 상호 이해, 그리고 가장 중요한 것은 화법의 문제다."라고 말해 주었다. 그리고 아내에게 남편의 입장에서 갈등을 어떻게 바라볼 수 있는지 역할 교대 일기를 쓰도록 과제를 내 주었다. 아내는 남편의 입장에서 싸운 날들에 대한 일기를 써 보았다. 아내의 입장에서 생각하면 남편이 서운하게 행동한 것이 많지만, 남편의 입장에서 생각해 보니 남편이 서운한 것이 많았다. 아내가 요구한 것들을 해 주지는 못했지만, 남편은 나름대로 자신의 방법대로 가정을 잘 만들어 가고 싶었던 부분들이 보였다. 아내가 남편의 입장을 이해하고 나서 나어너어를 배웠다. 남편이 제안한 것이 이혼이었기 때문에 이혼을 일단 수용하자고 하자 아내는 반대했다. 그러나 이혼을 하지 않기 위해 버틸수록 남편은 또 벽에 부딪히는 느낌이 들 것이기 때문에 남편의 요구를 들어주되, 이혼을 바꿀 수 있는 제안을 하는 것이 좋다는 상담사의 말을 신뢰하기로 했다. 남편이 서운해서 질러 보는 의미로 이혼을 말하는 사람은 아니었다. 남편이 이혼을 말할 때는 그만큼 진지하고 진중하게 고민한 결과였을 것이다. 이혼을 안 하겠다고 우기고 버티기보다는 '대화가 가능한 사람'으로 남편 앞에 서서 '좋았던 기억'들을 돌이키고, '관계를 바꿀 수 있다'는 것을 보여 주는 것이 더 좋겠다는 상담사의 말을 수용했다. 그리고 다음과 같이 나어너어를 토대로 남편의 마음을 공감해 주면서 이혼을 수용하고 소소한 제안을 했다.

〈표 8-2〉 나어너어 예시

나어너어 예시	
1단계: 간단한 공감	"오빠가 속상했겠네."
2단계: 본격적인 공감	"회사 일도 바빠서 집에 오면 녹초가 됐을 텐데…… 내가 그걸 알아주지도 않고 서운해하니까 속상했겠어."
3단계: 변화와 대안	"오빠 입장에서 생각해 보니까 힘을 얻을 데가 없었을 것 같아. 이혼까지 생각을 하고 있었으니 지금까지 얼마나 마음 고생을 했을까……. 오빠도 단란하고 행복한 가정을 원했을 텐데…… 한동안 우리 사이에 그런 표현이 없었던 것 같아. 이혼을 고민할 만했어. 내가 반대한다고 오빠가 결정한 걸 돌이킬 것 같지도 않고, 오빠 마음도 이해되고, 힘들긴 하지만 오빠 제안을 받아들일게."
4단계: 대책과 넛지	"그 대신 30일 동안 내가 원하던 모습대로 행복한 가정처럼 해 보자. 나는 오빠에게 수고했다고 말해 주고, 고마워하고, 격려해 주고, 회사 갈 때 배웅해 주고, 오빠는 회사에서 다녀와서 나를 안아 주고, 자기 전에 뽀뽀해 주고……. 어때?"

1단계와 2단계에서는 어떤 부분을 공감해 줄지 잘 관찰하고 적절한 정서와 상황에 대해 공감해 주었다. 그리고 3단계에서는 남편의 욕구, 남편이 원했던 것을 들어준다. 여기서 내담자들이 가장 많이 의아해한다. 이혼을 제안했는데 그것을 거절해야 하는 것이 아닌가? 정말로 이혼으로 가면 어쩌나? 이런 생각이 자연스러운 흐름 같지만, 실제 중재 사례들을 보면 남편이 이혼을 제안했는데, 그 제안을 받아들이지 않겠다고 하면 또 의견 대립을 만들게 된다. 그러면 본질적인 문제는 온데간데없어지고 의견 대립 상황 자체로 두 번째 대립을 또 만들게 된다. 일단 상대방의 의견을 수용하고, 그 안에서 대안과 대책을 만들어 가는 것이 더 효과적이다. 물론 오히려 잡아 달라고 이혼이라는 '수'를 던지는 심리 게임을 하는 사람들이 있다. 이런 경우는 상대방의 심리를 다루는 장에서 더 자세히 정리할 것이다. 해당 상황에 등장한 남편은 이혼하고 싶지 않으면서 이혼하자고 '수'를 던지는 심리 게임을 하는 사람이 아니다. 그런 사람은 이렇게 진중하게 "이혼하자, 우리 행복하지 않잖아."라고 하지 않고 감정을 드러내어 아내가 자신을 다독여 줄 수 있도록 고통을 표현한다.

매일 안아 주자는 등의 이런 미시적이고 소소한 제안이 효과가 있을까 싶겠지만, 이러한 가벼운 넛지를 사용해서 실제로 이혼하지 않고 재결합하는 사례들도 많이 있다. 심지어 완전히 이별 혹은 이혼한 지 수일, 수개월이 흘렀어도 이런 가벼운 넛지로 갈등을 중재하고 재회하는 사례들도 많다. 이별한지 오래된 경우에는 3단계에서 상대방을 이해하는 공감적 변화 정도가 아니라 삶 자체가 변화된 모습을 보여 주는 것이 관건이 된다. 직업이 없어서 헤어진 경우에는 직업을 얻고, 청소가 안 되어서 헤어진 경우에는 청소를 잘하는 사람이 된 모습을 3단계에서 보여 준다.

서운함은 대부분 공감과 욕구 충족이 서로 엇나가면서 발생하는 정서이기 때문에 나어너어를 통해 상대방을 공감해 주고, 상대방의 욕구와 나의 욕구를 교환하면서 대체로 해결된다. 앞의 덴티스테 광고를 통해 만든 가상 사례도 결국 서운함의 문제였으며, 서운함이라는 정서를 직접적으로 다루지 않아도 감정과 욕구를 다루는 방식으로 서운함의 문제를 해결했다.

비교우위

비교우위(comparative advantage)는 경제학자 데이비드 리카도(David Ricardo)가 만들어 낸 이론으로, 국제무역에서 한 나라의 어떤 재화가 비록 상대국의 것에 비해 절대우위에서 뒤처지더라도 생산의 기회비용을 고려하였을 때 상대적인 우위를 지닐 수 있다는 개념이다. 리카도가 비교우위 개념을 만들 때만 해도 자연스럽게 존재하는 생산비 차이에 의해 국가가 특정 산업에서 유리한 입지를 가지는 것이라고 정의했다. 예를 들어, 브라질이 기후 조건 때문에 커피 생산에서 비교우위를 가지는 것처럼, 자연적인 요소나 노동 생산성의 차이가 비교우위를 결정한다고 본 것이다.

그러나 현대 경제학에서는 동태적 비교우위(dynamic comparative advantage)라는 개념이 등장하면서 자연스럽게 형성된 생산비 차이가 아니라, 한 나라의 정책이나 기업들의 전략적 선택으로 후천적 경쟁우위를 확보하는 것까지를 포함한다. 예를 들어, 한국의 인터넷 강국으로의 발전이나 K-문화의 확장 등도 현대 경제학에서는 비교우위라고 볼 수 있다. 이런 비교우위 때문에 경제적 혹은 군사적으로 더 약한 국가가 문화나 정치적 이유로 강대국들과 서로 존중하며 공존할 수 있는 것이다.

비교우위는 경제적 개념뿐 아니라 인간관계에도 적용된다. 나한테는 별것 아닌데 저 사람에게는 매우 좋은 것을 내가 해 줌으로써 관계를 윤택하게 만드는 방식을 인간관계에서의 비교우위 전략이라고 볼 수 있다. 예를 들면, 내가 돈이 많고 상대방은 돈이 없는 경우에 돈이 더 많은 내가 데이트 비용을 조금 더 내는 것은 어렵지 않지만, 상대방에게는 매우 큰 가치가 된다. 반면에 나는 인터넷 사용에 약한데, 상대방은 인터넷 사용을 잘해서 인터넷을 통한 여행 계획 및 예약을 상대방이 해 준다면, 상대방에게는 어렵지 않은 일이지만 나에게는 매우 큰 가치가 된다. 이렇듯 비교우위는 서로 간에 가치가 다르다고 생각하는 지점에서 가치를 긍정적으로 교환하는 방식이다.

이 원리를 이해하고 상대방의 가치를 충분히 인정하면서 나의 가치를 통해 비교우위로서 활용하지 않고 반대로 연애에서 나의 가치만 의미 있다고 여긴다면 어김없이 서운함이 발생한다. 만약에 돈 많은 사람이 "너는 왜 데이트 비용을 안 내?"라고 하거나, 인터넷을 잘하는 사람이 "왜 예약은 항상 나만 해야 돼? 너도 인터넷을 배워서 하면 안 돼?"라고 한다면, 오히려 본인들이 갖고 있는 비교우위를 포기하고 관계를 단절하는 결과를 초래한다. 서운함을 발생시키지 않기 위해서는 이처럼 자신의 가치를 비교우위로 차지하고 상대방의 가치를 인정해 주는 관계를 유지하는 것이 중요하다. 연애 관계에서 두 사람 모두가 같은 방식으로 상대방을 돌보거나 같은 영역에서만 기여하려고 한다면 부작용이 나타난다.

이혼이나 이별 때문에 찾아오는 부부나 연인들을 보면, 나의 가치와 상대방의 가치를 비교우위 개념에 입각해서 생각하기보다는 내가 잘하는 것을 상대방이 하지 않아서 서운해하는 경우들이 많다. 결혼 전이든, 후든 연애를 잘하는 사람들은 연애 혹은 인간관계에서도 비교우위를 통한 교류가 있다는 것을 잘 알고 이를 활용한다. 군사적으로 약한 나라도 정치적 혹은 문화적으로 우위를 점해서 군사적으로 강한 나라와 공존할 수 있는 것처럼, 연애에 있어서도 상대방의 가치를 인정하면서 나의 가치를 드러낼 수 있어야 상호적인 연애가 가능하다.

하지만 비교우위의 논리를 감정적인 관계에 적용하는 데에는 한 가지 주의할 점이 있다. 경제학에서는 비교우위에 따라 역할을 분업하는 것이 지속적으로 이익이 되지만, 감정적인 관계에서는 특정 역할만 반복적으로 맡게 되면 피로감이 쌓인다는 것을 아예 부정할 수는 없다. 그래서 연애 초기에는 비교우위 개념으로 상대방과 나의 가치를 인정하고 관계를 유지하되, 장기적으로는 상대방이 소중하게 여기는 영역에서도 상대방이 갖고 있는 수준만큼은 아니더라도 함께하고 있다는 생각이 들 정도는 성장해야 한다. 예를 들어, 갈등이 발생했을 때 한 사람은 감정적인 공감을 잘하는 편이고, 다른 사람은 문제를 해결하는 실질적인 조언을 잘할 경우에 이론적으로는 두 사람이 각자의 강점을 살려 역할을 나누면 관계가 더욱 조화로울 가능성이 크지만, 실제 관계에 있어서는 항상 위로하는 역할을 맡는 사람은 감정적 소진(emotional burnout)을 겪을 가능성이 높다. 따라서 비교우위를 기반으로 관계를 조율하되, 상호 보완적인 관계를 유지하면서 서로의 역할을 유동적으로 조정하는 것이 중요하다. 즉, 감정적인 관계에서도 비교우위의 개념을 적용할 수 있지만, 경제적 효율성을 극대화하는 방식이 아니라 서로의 감정적 부담을 줄이고 관계의 지속성을 높이는 방향으로 활용하는 것이 더 적절하다.

이러한 조율이 잘 되지 않으면 서운함이 발생할 수 있다. 연애는 감정적 · 심리적 역할의 분업이 아니고 관계의 목적이기 때문에 한 사람이 특정한 감정적 노동(emotional labor)을 더 잘해서 더 자주 담당하고, 다른 사람이 문제 해결을 담당한다고 해도 감정적 불균형이 곧 관계적 불균형이 되고, 이로 인해 서운함이 발생한다. 비교우위는 원래 효율성을 극대화하는 개념이지만, 연애에서는 이것이 비대칭적인 감정 역할의 분배로 이어질 수 있다. 즉, 한쪽이 특정 역할을 더 잘하기 때문에 계속 그 역할을 맡게 되고, 결과적으로 불균형이 형성되면서 서운함이 발생할 수 있다. 한 사람이 갈등을 해결하는 능력이 뛰어나다면 주로 그 사람이 먼저 사과하거나 화해를 주도하게 되고, 화해에 수동적인 사람은 자연스럽게 갈등 해결에 소극적이 되고, 갈등 해결 능력이 뛰어난 사람은 점점 부담을 느낀다. 한 사람이 감정을 표현하는 능력이 뛰어난 경우, 항상 표현 능력이 뛰어난 사람아 먼저 속마음을 털어놓고 관계를 개선하려고 노력한다. 그러면 표현 능력이 약한 사람은 감정 표현을 덜 하게 되고, 표현 능력이 뛰어난 사람은 '왜 나만 이렇게 신경 써야 하지?'라는 서운함을 느낀다. 결국 한 사람이 감정적 노동을 더 많이 하게 되는 불균형을 만들고, 특정 역할을 반복하면서 상대방은 무의식적으로 그 역할을 떠넘기게 된다. 시간이 지나면 "왜 나만 계속 화해하려고 노력하지? 네가 먼저 다가와 주면 안 돼?"라는 서운함이 생기기 마련이다.

그래서 연애 관계에서의 비교우위는 단지 거래적으로만 나타나는 것이 아니라 배려 및 헌신 차원에서도 고려해야 한다. 내가 갖고 있는 가치만을 높게 평가하고 상대방이 갖고 있는 가치를 낮게 평가하거나, 상대방의 가치를 공유하면서도 상호 간에 욕구를 채워 주지 않으면 그 관계는 오래 유지되기 어렵다. 종종 내게 비교우위를 점할 수 있는 타고난 자원이 없어도 상대방을 위해 선택적 개발을 통해 그 자원을 확보하는 동태적 비교우위 방식의 노력이 필요하기도 하다. 특히 강점이나 장점 분야가 아니라 욕구 분야는 비교우위로 계산하기보다는 서로 채워줘야 할 영역으로 여기고, 나에게 상대방의 욕구가 없더라도 채워 줄 수 있는 헌신이 필요하다.

게리 채프먼(Gary Chapman)이라는 심리학자는 부부간의 사랑의 표현 방법을 인정하는 말, 함께하는 시간, 선물, 봉사, 스킨십의 다섯 가지로 분류했다. 이것을 사랑의 언어라고 한다. 사람마다 더 선호하는 사랑의 자극이 있다는 개념이다. 아내는 사랑의 언어가 봉사이고, 남편은 스킨십이라고 할 때 남편이 아내를 위해 봉사는 안 해 주고 스킨십만 요구한다면 동태적 비교우위를 포기함으로써 상대방으로부터 내가 받을 수 있는 스킨십과 봉사를 모두 포기하는 결과를 초래한다. 반대로 아내가 스킨십은 안 해 주고 봉사만 요구한다면, 마찬가지로 동태적 비교우위를 포기함으로써 상대방으로부터 받을 수 있는 봉사와 스킨십을 모두 포기하는 것이다. 나에게 가치가 없어도 상대방을 위해, 그리고 나에게 더 가치 있는 것을 얻기 위해 해야 하는 경우가 있다. 때문에 서운함이 생기는 것을 막기 위해서는 상황에 따라 가치나 욕구를 조정할 필요가 있다. 공감이 뛰어난 사람만 항상 위로하는 역할을 하는 것이 아니라, 상대방이 공감 능력이 없다고 해도 공감하는 연습을 하도록 유도할 필요가 있다.

또한 갈등 해결을 잘하는 사람이 항상 먼저 사과하는 것이 아니라, 상대방도 화해를 주도하는 경험을 하게끔 조정해야 한다. 연애 관계에서는 이렇듯 비교우위가 있다고 해도 상호작용을 통해 개선하고 발전하는 과정이 필요하다. 연애에서도 비교우위 개념이 기본적으로 작동하지만 효율성보다는 균형과 상호적인 감정 조율이 더 중요하며, 욕구 영역일 경우에는 의도적으로 상호 간에 상대방에게 맞춰 조정하는 것이 관계를 건강하게 유지하는 핵심 전략이 될 수 있다.

호르몬 다루기

도파민 다루기 – 힐링 연애

화법이나 비교우위, 갈등 중재 등을 통해 서운함을 다루는 방법을 알고 있어도 이 방법들을 쓰기 싫어지기도 하고, 쓸 수 없는 상태가 되기도 한다. 한 내담자의 경우, 비폭력대화와 나어너어 화법을 이용해서 서운함의 문제를 잘 조율하다가 어느 날 갑자기 폭발했다. 그래서 "그동안 잘해 오셔서 갈등이 많이 완화되었는데, 왜 갑자기 폭발하셨어요? 어떻게 해야 할지 알고 계셨을 것 같은데……."라고 했더니 "어떻게 해야 나의 서운함도 풀고, 상대방도 기분이 좋을지 알고는 있는데, 그렇게 해 주고 싶지 않았어요."라고 대답했다. 사실 감정은 가상적인 것이라고 여기지만, 몸 안에 호르몬으로 작용하는 실제다. 그래서 이유 없이 서운함이 발생할 때는 호르몬의 상태를 점검할 필요가 있다. 호르몬에 대해 알고 대응하면 오히려 다루기 쉽다. 그러나 호르몬의 작동 원리를 모르거나 알아도 어떻게 호르몬을 다뤄야 할지 모르면, 원인을 엉뚱한 데에서 찾고 평소 서운함의 문제를 일으키던 대처가 나온다.

서운함의 원인으로 자주 언급되는 것은 애정 표현이나 상호 반응이 이전 같지 않다는 것이다. 여기서 '이전 같지 않다'는 느낌에 가장 많은 영향을 미치는 호르몬이 도파민(dopamine)이다. 연애 초기에는 상호 간에 도파민이 가득하기 때문에 충분히 사랑 표현을 하고 충분히 사랑받는다고 생각한다. 그러나 초기 연애가 지나가면서 도파민이 줄어들고 애정이 편안해서 세로토닌과 옥시토신 중심으로 전환될 때 나의 느낌도 달라지고 상대방의 반응도 달라졌다고 느낀다. 이는 느낌만이 아니라 실제로 달라진 부분이 분명히 생기지만, 애정이 식었다기보다는 성숙해진 것임에도 식었다고 생각한다.

그러나 감정이 호르몬의 반응이라고 해서 대처할 수 없는 것이 아니다. 호르몬 때문에 심리적 문제가 발생한다기보다는 우리의 행동이나 습관 등의 외부 요인이 호르몬을 생성해서 감정을 만드는 것이기 때문에 행동이나 습관 등의 외부 요인을 바꾸면 호르몬에 변화를 줄 수 있다. 이는 결과적으로, 심리적 조절과 신체적 관리 기법을 통해 서운함과 관련된 호르몬의 반응을 효과적으로 완화할 수 있다는 것이다. 도파민은 연애 초기에만 있다가 사라져서 되살리기가 불가능한 것이 아니라 활동과 환경 배치에 의해서 생성할 수도 있다. 도파민은 '보상과 동기의 호르몬'으로, 보상과 즐거움을 경험하게 하고, 기대를 충족했을 때 활성화된다. 그래서 내가 응원하던 팀이 이기면 승리에 대한 기대의 충족으로 도파민이 활성화되며, 응원에 대한 보상으로 즐거움을 경험한다. 반대로, 우리가 기대했던 행동이나 상황이 충족되지 않을 때 도파민 시스템이 비활성화된다. 이는 실망감과 연결되며, 서운함을 느끼게 만드는 신경적 기초가 된다.

그렇다면 어떻게 도파민의 수치를 유지하거나 도파민을 지속적으로 생성할 수 있을까?

도파민은 스트레스 상황에서 노르에피네프린으로 전환된다. 하이드록실기는 도파민을 노르에피네프린으로 전환하는 효소로, 흥분·위험 상황에서 그 활동이 증가한다. 인간은 흥분·위험 상황에서 생존 확률을 높이기 위해 고각성 상태를 유도하는 메커니즘을 발전시켰는데, 이는 도파민에서 노르에피네프린으로의 전환이 빠르게 일어나게 만든 주요 이유다. 부모님의 반대, 실직, 친구들의 저평가, 원하지 않는 데이트의 반복, 욕구의 충돌 등의 외부의 자극은 신경계의 각성 수준을 높이며, 이는 도파민이 노르에피네프린으로 전환되는 것을 촉진한다. 이렇게 도파민이 노르에피네프린으로 전환되면 행복도가 저하되고 짜증과 불안이 늘어난다. 그러면 어떻게 해야 도파민이 노르에피네프린으로 전환하지 않게 할 수 있을까? 비타민 C는 하이드록실기의 도파민 합성으로 인한 노르에피네프린의 전환을 지연하고, 바나나, 아보카도에는 도파민 전구체인 L-도파(L-DOPA)가 풍부해 이를 섭취하여 뇌에서 도파민의 합성을 촉진할 수 있다. 반복되는 데이트보다는 새롭고 창의적인 활동이 도파민의 농도를 높이고 유지할 수 있으며, 명상, 심호흡, 요가 등 이완 기술을 사용하면 도파민이 각성 물질로 변환되는 속도를 늦출 수 있다. 또한 데이트 과정에서 최대한 부정성을 낮추고 서로에게서 긍정성을 발견하도록 노력하거나, 부모님의 반대, 욕구의 충돌 등으로 흥분이나 각성 상태를 경험했다면, 그만큼 도파민은 저하되었기 때문에 화해와 갈등 해결을 빠르게 하고 도파민을 생성하기 위한 활동으로 전환하는 것이 좋다.

도파민을 잘 다루는 사람들은 힐링 연애를 한다. 힐링 연애는 다른 데에서 얻어 온 스트레스를 풀어 주고, 새로운 정서적 기쁨을 얻을 수 있는 연애다.

연애의 기능은 뭘까? 연애를 통해 얻고 싶은 것은 사람마다 다를 수 있다고 말하지만, 결국 정서적 기쁨이다. 우리는 이것을 힐링이라고 부른다. “얻는 것이 아무것도 없어도 사랑해요.”라는 말은 거짓이다. 도파민에 기반한 정서적 기쁨이 없다면, 그 연애는 결코 오래 유지되지 못한다. 이 정서적 기쁨을 얻으려면 투자가 필요하다. 비용, 시간, 정성이 있어야 연애가 유지된다. 존재 자체로 사랑한다는 것은 아무 노력도 하지 않고 기쁨만 얻겠다는 것이다.

사랑은 생각보다 훨씬 더 화학적이다. 호르몬을 발생시키지 못하면 사랑은 금방 식는다. 반대로, 호르몬을 지속적으로 발생시킬 수 있다면 사랑은 유지된다. 그런데 오히려 정서적 기쁨이 아니라 서운함과 스트레스만 있다면? 연애를 유지할 이유가 없다. 반대로, 내가 정서적 기쁨을 가장 잘 주는 사람이라면 헤어지거나 다른 사람을 선택할 이유가 없다. 이것이 힐링 연애다. 힐링 연애를 잘하기 위해서는 다음의 세 가지가 필요하다.

① 대화가 잘 통한다. 내 마음을 잘 이해해 주고 공감해 준다.
② 스킨십이 즐겁다.
③ 적당한 긴장감을 유지한다.

이 세 가지가 도파민을 분비시키는 조건이다. 도파민은 자연적으로 나오는 것이 아니라 이런 활동들이 있어야 나온다. 반대로, 이런 활동들이 없다면 도파민은 나오지 않는다.

코르티솔 다루기

코르티솔(cortisol)은 '스트레스 호르몬'이라고 불릴 정도로 스트레스에 대한 반응으로 분비되며, 위협이나 긴장감을 처리하는 데 도움을 준다. 서운함은 종종 스트레스성 반응을 유발하며, 이로 인해 코르티솔의 분비가 증가한다. 특히 욕구의 배제나 기대 불충족 상황에서 느끼는 스트레스는 서운함을 심화시킬 수 있다. 무엇보다도 스트레스 상황이 사람을 흥분시키고 위험 상황으로 인식하게 만들어서 도파민을 노르에피네프린으로 전환하도록 하기 때문에 도파민을 생성하는 것보다 스트레스를 줄이는 것이 더 우선한다.

코르티솔이 분비되고 스트레스를 받을 때 사람에 따라 혼자 잠을 자는 것이 스트레스를 푸는 데 더 좋을 수도 있고, 사회적 관계를 통해 지지를 얻는 것이 더 좋을 수도 있다. 둘 다 가능하다면 둘 다 하는 것이 좋다. 혼자 잠을 자면서 휴식을 취하는 것과 사회적 관계를 통한 지지 중 어떤 것이 더 도움이 되는지는 개인의 상황, 성향 그리고 스트레스의 유형에 따라 달라질 수 있다.

휴식과 수면은 코르티솔의 수치를 자연스럽게 낮추는 데 중요한 역할을 한다. 수면 중에는 신체가 스트레스 반응을 완화하고 회복 과정을 지원하기 때문이다. 스트레스가 신체적 피로와 연관이 있다면 충분한 수면은 스트레스 완화에 매우 효과적일 수 있다. 혼자서 스트레스를 풀어야 하는 경우는 스트레스의 주된 원인이 신체적 피로나 과도한 자극인 경우, 사회적 상호작용을 부담스럽게 느낄 경우, 잠을 못 자거나 피로가 누적되어 스트레스가 악화된 경우다. 단기 스트레스는 주로 혼자 잠을 자면서 휴식을 취하는 것이 효과적일 수 있다. 이는 신체적 피로와 코르티솔의 급격한 상승을 빠르게 완화할 수 있기 때문이다.

사회적 관계를 통해 스트레스를 푸는 경우는 혼자서 푸는 것에 비해서 여러 장점을 갖는다. 먼저 사회적 관계를 통해 지지를 얻을 경우, 옥시토신의 분비를 촉진해서 코르티솔의 수치를 낮추고 정서적 안정감을 제공한다. 친밀한 관계를 통해 스트레스 상황을 공유하면 '혼자가 아니다.'라는 느낌이 생기면서 정서적으로 안정을 찾을 수 있다. 다른 사람과 대화를 나누면 스트레스를 해결할 새로운 관점이나 아이디어를 얻을 수 있다. 스트레스가 주로 정서적 원인에서 비롯된 경우에는 주변에 신뢰할 수 있는 사람으로부터 지지와 위로를 받을 수 있는 경우에 적합하다. 장기적 · 정서적 스트레스의 경우, 사회적 관계를 통한 지지가 더 유용할 수 있다. 이는 지속적인 옥시토신의 분비를 통해 스트레스 완화를 도우며, 스트레스 상황에서 긍정적인 대처 전략을 모색할 수 있기 때문이다.

물론 최선의 방법은 상황에 따라 두 접근법을 균형 있게 사용하는 것이다. 예를 들어, 먼저 충분한 수면과 휴식을 취한 후 스트레스를 나눌 수 있는 사람과 대화를 통해 정서적 지지를 받는 것이 이상적일 수 있다.

세로토닌과 옥시토신 다루기 – 안전 기지

세로토닌(serotonin)은 '기분 조절 호르몬'이라고 불리고, 옥시토신(oxytocin)은 '사회성 호르몬'이라고 불린다. 이 두 호르몬은 서로 상관성을 가질 뿐 아니라 도파민이나 코르티솔과도 상관성을 갖는다. 세로토닌은 정서를 안정시키고 긍정적인 기분을 유지하도록 돕고, 옥시토신은 사회적 관계를 통해 긍정적인 기분을 유지하는데, 사회적 관계에서 자신이 충분히 인정받지 못하거나 소외감을 느끼면 세로토닌의 수치와 도파민의 수치가 감소하고 코르티솔이 상승한다. 이로 인해 기분이 하락하고 서운함을 지속적으로 느낄 수 있다. 서운함을 유발하는 생리적 메커니즘은 기대 불충족과 보상 시스템의 비활성화이기 때문에 칭찬, 관심, 사랑 등의 기대했던 행동을 받지 못했을 때 도파민의 분비가 줄어들면서 보상 체계가 비활성화된다. 이는 '실망'과 '소외감'으로 이어져서 서운함을 경험하게 만든다. 이렇듯 옥시토신의 불균형은 사회적 배제와 스트레스 반응을 일으켜서 코르티솔을 활성화하고, 도파민과 세로토닌을 비활성화해서 정서적 불편함과 서운함을 증폭시킨다. 즉, 도파민의 감소, 옥시토신의 감소, 세로토닌의 감소와 코르티솔의 활성화는 서로 연결되어 있다. 그래서 옥시토신과 세로토닌을 같이 활성화하면 도파민을 활성화할 수 있는 토대를 만들고, 코르티솔을 줄여서 서운함의 문제를 해소할 수 있다.

옥시토신을 촉진하기 위해서는 친밀한 대화, 신체 접촉, 따뜻한 환대가 가능한 관계가 필요하다. 세로토닌을 촉진하기 위해서는 충분한 햇빛 노출, 건강한 식단 그리고 규칙적인 수면이 필요하다. 심호흡과 이완 기술도 직접적인 영향을 주는데, 교감신경계를 억제하고 부교감신경계를 활성화하여 카테콜아민(catecholamines)의 분비를 줄이는 효과가 있다. 또한 신체 활동은 과도한 카테콜아민을 소모시키고 도파민의 분비를 촉진해서 기분을 개선하기 때문에 신체 활동을 아예 안 하면 호르몬의 균형을 맞출 수가 없으므로 서운함이 지속적으로 발생한다. 명상 및 마음챙김도 카테콜아민의 반응을 진정시키고 감정을 균형 있게 관리할 수 있도록 돕는다.

세로토닌과 옥시토신이 강화된 사람들을 안전 기지라고 부른다. 안전 기지는 심리학자 존 볼비(John Bowlby)가 애착 이론을 정리하면서 만든 개념으로, 믿고 의지할 수 있는 대상이다. 일반적으로는 '부모–친구-연인-배우자' 순으로 발전해 가지만, 모든 사람이 이 순서로 안전 기지를 구축하는 것은 아니다. 죽을 때까지 부모로 유지하는 경우도 있고, 결혼을 했는데도 불구하고 친구가 안전 기지인 경우도 있다. 그러나 대체로 '부모-친구-연인-배우자'의 순으로 형성된다. 갈등 상황에서는 안전 기지가 파괴됐다고 생각하기 쉽기 때문에 서운함이 발생한다. 안전 기지로서의 역할을 해야 할 연인이나 배우자가 안전 기지가 아니라고 판단이 되면 돌아갈 곳이 없어진다. 이때 '내가 너의 안전 기지야.'라는 신뢰를 심어 주고 갈등 상황과 내가 안전 기지라는 것을 분리시켜서 갈등 상황을 따로 다룰 필요가 있다. 서운함으로 가득한 사람에게 '갈등을 풀자는 거야. 너는 안전해.'라는 메시지가 중요하다.

안전 기지로 느끼게 하기 위해서는 상대방이 자신의 감정을 털어놓고 나와 많은 것을 교류할 수 있는 상대방이 되어 주는 것, 즉 상대방을 폭넓게 수용하면서 감정적으로 대하지 않고, 자기표현을 정확히 말할 수 있는 사람이 되는 것이다. 여기서 안전 기지로서의 역할에 감정적으로 대하지 않고 자기표현을 정확히 하는 것이 중요하다. 감정적으로 대하지 않다는 것이 참는 것을 의미하지 않는다. 갈등을 만들지 않기 위해서 자기표현을 잘 하지 않으면, 결국 자기표현을 하지 않는 사람도 서운함이 생기고, 상대방의 입장에서도 기대와 추측을 해석에 따라 하기 때문에 서운함이 생긴다.

그래서 세로토닌과 옥시토신을 안정적으로 잘 다뤄서 안전 기지로 느끼게 하는 사람들의 행동을 살펴봤더니 다음의 네 가지의 특징을 갖는다.

① 힘들 때 든든하게 기댈 수 있는 사람
② 마사지, 요리해 주기와 같이 힐링 데이트를 할 줄 아는 사람

③ 불안해하거나 찡찡대지 않고 감정적으로 안정감 있는 사람
④ 실질적으로 필요한 도움을 주는 사람

이런 안전 기지 역할을 하는 사람들의 특징을 다음의 내용들과 헷갈리면 안 된다. 다음의 세 가지는 호구의 연애를 하는 사람들이다.

① 상대방이 상처를 받을까 봐 전전긍긍한다.
② 솔직하게 나의 속마음을 이야기하지 못한다.
③ 무조건 상대방의 편을 들어 준다.

안전 기지로서 힘들 때 든든하게 기댈 수 있다는 것은 그 사람이 신뢰할 만한 사람이라는 의미이고, 그 사람은 명확한 자기 의지와 자기 의견이 있는 사람이라는 의미이기도 하다. 그러나 호구의 연애를 하는 사람들은 자기 의지나 자기 의견 없이 무조건 상대방의 편을 들어 준다. 이런 경우에는 사랑을 느낄 수는 있으나, 결국 기댈 만한 사람은 아니어서 선(line)이 없어진다. 이런 류의 사람들은 자기 기준으로 해석해서 서운함이 자주 발생한다. 그렇기 때문에 호구의 연애와 분명히 구분되는 안전 기지의 역할을 할 수 있어야 세로토닌과 옥시토신이 지속적으로 관리되는 관계를 유지한다. 호구의 연애를 하는 사람들은 "네가 하고 싶은 대로 해."라고 말한다면, 안전 기지 연애를 하는 사람들은 닥친 문제에 대해 같이 고민해 주고, 힘든 부분을 정확하게 공감해 주고, 해결책을 같이 찾아 주고, 상대방이 판단하고 행동할 수 있는 근거를 주지만, 결정의 선택권은 상대방에게 주는 사람이다.

09

장기적인 해결 방법

장기적인 해결 방법은 서운함의 문제가 발생한 후에 근본적으로 차단하기 위해 장기적인 계획으로 적용하기도 하지만, 연애 초기부터 서운함이 발생하지 않게 하기 위해 예방 차원에서 건강한 연애를 위한 방법으로 설정할 수도 있다. 즉, 모든 연애에 기본적으로 적용해야 하는 방법이다.

단기적인 해결 방법은 서운함을 직접적으로 다루고 서운함을 즉시 해결하는 방식을 취하지만, 장기적인 해결 방법은 서운함을 잘 다루는 사람이 되거나 서운함을 발생시키지 않는 관계를 만드는 방법이기 때문에 서운함 외의 것을 같이 다뤄야 한다. 그러나 결과적으로 서운함의 문제를 해결하기 때문에 단기적인 해결 방법에 머무르지 말고 장기적인 해결 방법을 연습하는 것이 좋다.

상호적 관계 만들기

서운함의 발생 원인은 '자신의 기대로 타자를 해석'하기 때문이므로 서운함이 발생하지 않도록 하거나 서운함의 문제를 근본적으로 해결하기 위해서는 자신의 기대로 인한 판단을 중지하고 상호적 관계를 만들어야 한다. 이것이 서운함 없이 안 쌓이고, 안 싸우는 연애를 할 수 있는 모든 사랑의 제1원칙이다.

연인 혹은 부부, 즉 사랑하는 사이는 스승과 제자의 관계도 아니고, 왕과 신하의 관계도 아니며, 서로 다른 역사를 갖고 있는 타자다. 연애를 처음 시작하는 연인들은 잘 보이고 싶은 마음에 자기 방어하기에 바쁘고 원래 갖고 있던 온갖 종류의 방어 기제를 드러낸다. 그러다가 시간이 흐르면 자책과 비난의 마음이 왔다 갔다 한다. 이때 둘 중 어떤 한 사람이 먼저 환대해 주는 타자성을 발휘하면 둘 사이는 지속 가능한 관계로 들어간다. 나만을 생각한다면 지속 가능한 관계는 만들기 어렵다. 내가 상대방을 생각해 주고 있고, 배려해 주고 있다고 여겨야 지속 가능한 관계가 가능하다. 이렇게 '자아가 판단을 중지하고 타자를 이해하기 위해 감정이입을 하는 것'을 타자성이라고 한다. 그리고 이 타자성은 상호적 관계를 초래한다.

현상학자 에드문트 후설(Edmund Husserl)에 의하면, 타자성은 타자와의 교류 경험을 통해 타자를 자기와 같다고 '가정함'으로써 자기처럼 대하기 위해 의식화하는 속성이다. 즉, 타자를 자기처럼 소중하게 여기는 속성이다. 물론 '만약에 내가 저 사람이라면'이라는 가정된 상황 속에서만 타자성이 형성될 뿐 실제로 타자를 경험할 수 있는 가능성은 없다. 그렇기 때문에 내가 배우자나 연인을 의도적으로 판단을 중지하고 상대방의 입장에서 바라보려고 노력하지 않으면 상대방은 있는 그대로가 아니라 자기가 생각한 대로 해석된 또 다른 사람이 될 수 있다. 즉, 내 마음대로 판단하고, 내 마음대로 결정한 사람으로 상대방을 간주할 수 있다. 이는 건강한 소통을 방해하는 요소가 된다.

라캉은 '타자성의 명료함은 주체성의 명료함'이라고 했다. 즉, 타자를 아는 만큼 내가 타자를 향해 나를 표현할 수 있다는 의미다. 정체성, 주체성, 존재감은 사실상 타자성과 연결되어 있다. 정체성은 타자로부터 발생하고, 주체성은 타자성을 향하며, 존재감은 타자와의 교류를 통해 확보된다. 타자와의 동일시와 차이를 확보하면서 '나'의 정체성이 형성된다. 한국인이라는 정체성은 외국인이 있기 때문에 가능하다. 외국인이라는 개념이 있어야 한국인이라는 정체성을 만들 수 있다. 나의 존재는 타자가 있어야 확보된다. 아무도 없으면 나의 존재감도 없다. 주체성은 나를 표현하는 속성이기 때문에 표현을 받아 줄 대상이 필요하다. '나'는 타자를 통해 형성되고, 타자를 통해 드러난다. 타자를 모르고 나를 표현하는 것은 일방적인 외침이다. 이런 것을 주체성이라고 하지 않는다. 주체적이라는 것은 타자를 잘 알 때 더 잘 드러난다. 그래서 라캉이 '타자성의 명료함은 주체성의 명료함'이라고 한 것이다. 사랑이란 이렇게 타자를 있는 그대로 알아가는 것이다.

사랑하는 과정에 나에 대한 이야기만 담으면 상대방은 없고 그저 나만 존재한다. 반대로 상대방에 대한 이야기만 들으면 상대방만 있고 나는 없어진다. 사랑이란 상호 관계에 기반한다. 사랑을 잘하는 사람들은 상대방의 감정과 욕구를 찾는 데 능숙하다. 그리고 거기서 끝나지 않고 자신의 감정과 욕구를 발견하는 데에도 능숙하다. 어느 한쪽의 감정과 욕구만 계속 드러난다면 지속 가능한 사랑이 되기 어렵다. 사랑은 상호 간의 역동일 수밖에 없고, 서로의 감정과 욕구를 함께 발견할 수 있어야 서로의 감정과 욕구가 만족되는 지점을 찾을 수 있다. 서로의 다름을 극복하고 지속 가능한 사랑을 하기 위해서는 사랑의 과정에서 나타나는 타자 지향적 언어와 행동이 가져다주는 '나를 확장시키는 선물'이 필요하다.

인간은 사회적 동물이라는 말에서도 나타나 있는 것처럼, 인간의 기본 속성은 상호성에 있다. 인간은 부부라는 상호적 관계 속에서 태어나 어머니와 자녀의 상호적 관계 속에서 자란다. 인간에게 상호성은 선택사항이 아니라 필수사항이다. 인간은 말과 행동을 통해 주체성을 형성하는데 말과 행동에는 대상이 필요하며, 자연히 주체성과 타자성은 서로 떨어질 수 없는 상호성을 지닌다. 자신이 주체성을 형성하기 위해 상대방을 주체성이 없는 노예처럼 만든다면, 상대방은 일방적으로 내가 원하는 반응만을 하게 된다. 이때 나는 상대방이 진심으로 자신의 감정과 말과 행동에 공감하고 동의하는지를 확인할 방법이 없다. 이렇듯 존재감은 결국 자기를 드러내고, 자기 의사표현을 하는 주체성을 가진 타자를 통해서만 확보될 수 있기 때문에 자기 주체성은 상호 주체성을 전제로 한다. 억압적 권위를 내세운 결과로 집에서 아내와 자녀들로부터 진심 어린 공감과 지지를 얻지 못하는 남자는 자기 주체성을 확보하기 위해 회사에서 상호 주체성을 갖고 있는 직장 동료들로부터 공감과 지지를 얻기 위해 노력하게 되고, 남편의 권위에 눌려 집에서 어떤 지지와 공감도 얻지 못하는 아내는 밖으로 나가서 상호 주체성을 가진 친구들로부터 공감과 지지를 얻으려고 한다. 상호 주체성은 감정과 생각에 대한 표현과 요구로 말미암아 형성된다. 상호 주체적이라는 것은 상호 표현적이라는 의미이며, 상호 요구적이라는 의미다. 상호 표현 및 상호 요구를 할 수 없는 관계라면 상호적인 관계가 아니다.

종종 상대방의 요구와 필요는 전혀 무시하고 모든 규칙을 '내가' 정해야 하는 사람들이 있다. 사람 대 사람의 사랑이 아니라 내 말을 전적으로 무조건 들어주는 노예를 필요로 한 결과다. 서로 다른 사람들이 살아가는 세상에서 차이는 기본값이다. 그것은 연인이나 부부도 마찬가지다. 상대방이 더 사랑한다는 이유로 내가 상대방에게 규칙을 정해 줄 수는 없다. 이런 현상들은 사랑의 역량이 부족하기 때문에 나타난다. 나와 차이가 있는 상대방의 감정과 의도를 받아들이거나 읽어 낼 수 있는 능력이 정서적 리터러시다. 리터러시는 '의사소통할 수 있는 능력', 즉 '타자의 의사를 이해하고 자신의 의사를 전달할 수 있는 능력'이다. 심리적 · 정서적인 문제는 리터러시와 무관하지 않다. 타자의 의사를 분별하지 못하거나 자신의 의사를 전달하지 못하면 정체성과 주체성을 형성하기가 어렵고, 정체성과 주체성의 형성이 어려우면 존재감을 느끼기 어렵다. 존재감을 느끼기 어려우면 감정과 생각과 행동이 과도하게 된다. 감정과 생각과 행동이 과도하게 되면 상호성이 형성되기 어렵고, 이는 자기 주체성에 손상을 입히는 악순환이 발생한다.

사랑은 일방향적일 수 없다.

상호성은 타자를 이해함으로써 형성된다. 타자를 이해한다는 것은 다르게 생각하고, 다르게 느끼고, 다르게 행동하는 사람을 인정하는 정신적이고 정서적인 태도를 말한다. 이러한 타자에 대한 이해는 타자에 대해 갖고 있는 선입관에 영향을 받는다. 서로가 살아온 역사를 이해하지 못하고 상호 간에 온전히 이해하기란 거의 불가능하다. 따라서 나의 선입견을 갖고 상대방을 예단하지 말고 서로의 관점으로부터 배우는 자세를 취해야 한다.

상호성이란 나와 상대방의 존재를 동격으로 놓고 '나의 마음'이 아니라 '우리의 마음', '나의 세계'가 아니라 '우리의 세계'를 추구하는 것이다. 이렇게 그 둘이 공유할 수 있는 유사한 점을 만들어 낸다. 원래 있는 유사점을 발견하기보다는 오히려 새롭게 만들어 내는 것이다. 이렇게 만들어 낸 서로에 대한 이해는 둘 사이에 공동마음(common mind)을 만든다.

성취적 기준

성취적 기준이란 일종의 '기대' 혹은 '기대의 기준'을 의미한다. 서운함이란 기대에 미치지 못해서 생기는 느낌이기 때문에 기대를 조정하는 것은 장기적으로 서운함을 다루기 위한 시작이라고 볼 수 있다. 경제학자 피터 드러커(Peter Drucker)는 인간은 누구나 목표가 있으며, 그 목표에 대한 성취적 기준을 통해 목표를 관리하지 않으면 목표에 도달할 수 없다고 했다. 드러커는 경제학자이고, 조직의 관리를 위해 성취적 기준 이론을 제안했지만. 목표와 성취적 기준의 관계성은 인간의 본성에 대한 연구에 기반한다. 모든 인간은 아무리 작은 일을 해도 목표를 갖게 마련이다. 여행, 학업, 심지어 멍때리기에도 목표가 존재한다. 그것을 인식하지 못하더라도 어떤 형태의 목표가 존재한다. "저는 아무 목표 없이 그냥 쉬는 건데요?"라고 말했다면, 그는 '쉬는 목표'를 갖고 있는 것이다. 그 목표는 성취적 기준을 만들지 않으면 달성하기 어렵고, 심지어 달성했어도 달성했는지 모른 채 지나간다. '목표를 정하지 않은 자유여행'을 추구하는 한 여행가가 자기는 목표를 정하지 않고 여행하는 과정에서 우연히 만나는 기가 막힌 자연을 봤을 때 혹은 우연히 만나는 사람들에 대해서 알아 갈 때 만족감을 느낀다고 했다. 그러나 그는 이미 우연히 만나는 기쁨을 추구하는 목표를 정하고 있다. 이렇듯 모든 인간은 의식하든, 의식하지 못하든, 무엇을 하든 목표가 있다.

연애에도 이 목표가 존재한다. 스스로 그 목표가 뭔지 모를 수 있다. 그러나 그가 상대방에게 무엇을 바라는지, 무엇을 요구하는지를 보면 목표가 무엇인지 알 수 있다. 한 여자 내담자는 남편이 출근해서도 자기를 그리워하길 원했다. 이것이 여자 내담자의 '목표'다. 그런데 이 목표는 자기가 실현할 수 있는 것이 아니라 남편이 실현해 주어야 하는 것이다. 그렇다면 이 목표를 실현하기 위해 남편에게 요구해야 하는데, 요구하기 위해서는 조금 더 구체화되어야 한다. 즉, 어떻게 해야 남편이 출근해서도 아내를 그리워한다는 것을 확인할 수 있을까? 아마도 출근 후에도 연락하는 것이 가장 쉬운 방법일 것이다. 그렇다면 하루에 몇 번 정도 연락해 주어야 남편이 떨어져 있어도 자기를 그리워한다는 것을 확인할 수 있을까? 이렇게 측정 가능해야 할 것이다. 만약에 여기서 아내가 원하는 것이 하루 3번이었다고 가정해 보자. 그런데 남편은 굴뚝 청소하는 일을 하기 때문에 휴대 전화를 두고 일을 해서 점심시간 1번 이외에는 연락할 수 있는 환경이 안 된다. 그래서 달성 가능한 수준이 어느 정도까지인지 알 필요가 있다. 그리고 그 수준이 지속 가능하고 현실적인지도 확인해야 한다. 마지막으로, 언제까지 연락해야 하는지, 예외를 만들 수는 없는지, 불가피하게 연락을 못할 때는 어떻게 처리해야 하는지를 알아야 한다.

드러커는 목표를 달성하기 위해 SMART 원칙, 즉 구체적인(Specific), 측정 가능한(Measurable), 성취 가능한(Achievable), 현실적인(Realistic), 기한이 있는(Time-bound) 다섯 가지의 성취적 기준을 만들어야 한다고 했다. 연인 사이에는 서로에 대한 목표를 정해야 한다는 개념을 갖기도 어렵고, 설사 목표를 가졌다고 해도 SMART 원칙에 따른 성취적 기준을 만들기도 어렵다. 사랑은 알아서 맞춰야 한다는 생각을 하기도 하고, 우연히 서로 맞는 것을 즐기는 경향도 있다. 그러나 그렇게 서로에 대한 목표가 구체화되지 않아서 수많은 문제가 발생한다. 서로가 원하는 목표를 소구점이라고 부른다. 서로의 소구점을 잘못 맞춰서 헤어지거나 서운함을 폭발하는 연인들이 상담 현장에 쏟아진다.

럽디(주) 상담사들은 내담자들에게 서로의 소구점을 정확하게 분석하고, 그 소구점에 도달하기 위한 성취적 기준을 만들어 주기 시작했다. 그 결과는 상당히 놀라웠다. 성취적 기준을 맞춰 가면서 서로에 대한 애정은 점점 커졌고, 성취적 기준을 함께 높여 갈 수 있는 기회가 되기도 했다. 대부분의 내담자가 둘이 같이 갈등 중재 과정에 들어오기보다는 헤어지거나 헤어질 위기에서 혼자 들어오기 때문에 이런 경우에는 상대방의 소구점을 분석하고 그 소구점을 채우기 위한 성취적 기준을 분석했다. 그리고 반대로 내담자가 상대방에게 기대했던 소구점을 확인하고 그 소구점을 채우기 위해 상대방에게 요구했던 성취적 기준을 분석했다. 내담자들 중에는 아예 상대방의 핵심 욕구, 즉 소구점 자체를 생각해 본 적이 없는 경우도 있었고, 상대방의 소구점을 알아도 성취적 기준을 생각해 본 적이 없는 경우가 대부분이었다. 그럴 때면 연애 혹은 결혼 생활 중에 서로 요구했던 이야기, 싸웠다가 화해했던 이야기를 들으면서 상담사들이 소구점과 성취적 기준을 분석해 주었다. 헤어지는 커플들의 대부분은 성취적 기준이 왔다 갔다 하거나, 성취적 기준이 현실성이 없거나, 상대방의 입장에서는 너무 높아서 도달하기 어려운 것들이었다.

이렇게 소구점과 성취적 기준이 엇나가거나, 관찰이 잘못되거나, 서로 맞추지 못한 경우에는 서운함이 필연적으로 발생했다. 상대방에게 너무 높은 성취적 기준을 제시하면, 상대방은 그 기준을 만족시키기 어렵다. 상대방이 그 기준을 만족시키지 못하면, 사랑의 부족이라고 생각하고 서운함을 표현한다. 서운함을 표현해도 여전히 상대방은 그 기준을 만족시키기 어렵고, 서운함의 표현은 반복되어 결국 힘들고 지쳐 떠나게 된다. 이때 성취적 기준을 낮추고 살아가는 모습을 보여 주고, 성취적 기준이 높은 것으로 인해 상대방이 얼마나 힘들었는지를 알아주고 위로해 주면 관계가 상당히 많이 진전되었다. 반대로, 상대방의 소구점을 잘 몰라서 맞춰 주지 못하거나, 상대방의 성취적 기준을 오해하거나 몰라서 상대방이 서운해하며 떠난 경우에는 그동안의 연애와 결혼의 여정을 돌아보면서 상대방의 소구점과 성취적 기준을 분석했다. 상대방의 성취적 기준이 명료했음에도 불구하고 맞춰 주지 못한 경우에는 내가 이제는 상대방의 성취적 기준을 맞출 수 있음을 보여 주었고, 상대방의 성취적 기준이 너무 높아서 내가 맞춰 줄 여력이나 역량이 안 되는 경우에는 가능한 수준까지 들어줄 수 있는 자세를 보여 주거나 중요한 소구점일 경우에는 시간이 오래 걸리더라도 그 역량을 갖추기도 했다. 다정한 말투가 소구점일 경우에는 어느 정도 수준까지 다정하면 되는지 그동안의 대화 패턴과 문자 교환을 확인하고 상대방이 원하는 수준의 화법을 구사할 수 있도록 연습하거나, 내담자인 남편의 백수 생활로 인해 아이의 미래가 염려되어 상대방인 아내가 이혼을 요청한 경우에는 자격증을 따서 취업하는 모습을 보여 주는 등의 변화를 만들었다. 그리고 관계가 어느 정도 완화되거나 재회 및 재결합의 과정을 밟기 시작하면 서로의 소구점과 성취적 기준을 좀 더 명확하게 나누고 구조화했다. 이런 경우, 내담자 쪽에서 먼저 변하는 모습을 보였기 때문에 상대방도 소구점과 성취적 기준을 구체화하고 대화하는 것에 대체로 동참한다. 상대방의 입장에서도 자신의 소구점과 성취적 기준을 명확히 할 수 있는 기회이기 때문에 이런 구조화 작업에 동참하는 것을 환영한다. 다만 이런 구조화 작업을 싫어하면서 알아서 알아주기를 바라는 사람들이 종종 있다. 이런 경우에는 갈등 중재가 아니라 치료적 접근이 들어가야 할 문제다. 원하는 것을 말할 수 없고, 말하지 않아도 알아서 알아야 하는 관계는 병리적 증상을 만들어 낼 가능성이 높다.

규칙적 연애, 거래적 연애, 보상적 연애

규칙적 연애

이렇게 서로의 소구점을 분석하고 서로의 성취적 기준에 부합하기 위해 자신을 변화시키는 것을 불편해하는 사람들이 있으나, 사랑을 위한 변화를 불편해하는 한 지속 가능한 사랑을 하기는 어렵다. 특히 "나는 변할 생각이 없고, 사람은 변하지 않으며, 나에게 맞는 사람을 찾을 거야."라고 주장하는 사람들이 생각보다 많다. 이런 사람들은 대체로 상대방이 맞춰 온 사랑을 해 왔다. 완전히 맞는 사람이란 존재하지 않기 때문이다. 이런 생각을 하는 사람들도 처음부터 그랬던 것은 아니다. 대체로 과거에 어떤 관계에서 상처를 입고 이런 생각들이 굳어져서 자기 생각과 자기 동굴로 들어가 있는 경우다. 이런 패턴은 대체로 회피형 애착 유형에서 많이 나타나는데, 이런 사람들에게는 "변하겠다." 혹은 "변하자."라고 말하는 것보다는 "규칙을 정하자."라고 말하는 것이 좋다. 이렇게 규칙을 정하는 연애를 '규칙적 연애'라고 부른다. 앞의 상황과 반대로 '사랑은 말이 없어도 알아서 맞춰 줄 수 있는 것'이라고 생각하는 사람들도 의외로 많다. 이런 생각을 하는 사람들은 대체로 불안형 애착 유형이 많다. 불안형 애착 유형을 가진 사람들 중에는 사랑은 서로 통하는 것이라고 생각해서 연인이나 부부 간에 규칙을 만드는 것을 불편해 한다. 그러나 서로의 소구점에 맞춰서 성취적 기준을 분석하고 규칙을 만드는 작업은 연애와 결혼 생활을 한층 자유롭게 해 준다. 결혼 후 명절에 어떻게 할까? 누구 집부터 갈까? 선물은 어떻게 할까? 양말은 어디에 둘까? 치약은 어디부터 짤까? 등이 그것이다. 처음에 규칙을 만들 때는 어색하고, 규칙을 만드는 과정에서 오히려 싸우기도 한다. 그러나 규칙을 만들고 나면, 그 규칙을 지키는 한 싸움이 현저히 줄어든다.

규칙적 연애에서 문제가 종종 발생하는데, 규칙으로 만들지 않은 일들이 종종 발생하고 만든 규칙이 불공정하게 정해질 때가 있다는 것이다. 규칙적 연애는 반드시 상호 소구점과 성취적 기준에 따라 만들어야 한다. 그리고 서로에게 이득이 있어야 한다. 갈등이 있는 부부가 상담을 위해 찾아와서 규칙적 연애를 적용하기 위해 상담에 앞서 부부간에 규칙을 만들어 오도록 했다. 그런데 규칙을 아내 혼자 만들어서 남편은 불만 가득한 채로 상담에 들어왔다. 규칙의 내용은 대체로 빨래와 청소 그리고 육아에 관한 것이었다. 규칙 내용만 봐도 남편에 대한 배려가 전혀 없는 것이 보였다. 한쪽의 주장과 의견에 치중하면 다른 한쪽의 가치가 계속 줄어들기 때문에 그 관계는 지속성이 없다.

규칙적 연애를 적용하기 위해서는 서로 규칙을 지키면 원하는 이득을 얻을 수 있고, 이 규칙이 나에게 유리하다고 생각해야 가능하다. 그래야 규칙을 깨는 게 아쉽다. 지키면 이득이 되어서 깨고 싶지 않도록 구성해야 한다. 또한 갈등이 생길 때 관계 탓이 아니라 규칙 탓을 할 수 있다. 그래서 관계를 깨는 것이 아니라 규칙을 수정하고 다시 만드는 것으로 연애를 유지하도록 할 수 있다. "우리가 문제가 아니라 규칙이 문제였네. 규칙을 다시 만들어 볼까?"라고 할 수 있다.

거래적 연애

규칙을 서로 비슷한 가치로 정하거나, 규칙으로 정하지 못한 상황에서 약속하거나, 함께 무엇인가를 해야 할 때 비슷한 가치와 가치를 교환하는 연애를 거래적 연애라고 한다. 거래적 연애는 서로 상처받지 않기 위한 설정이다. '사랑을 하는 데 거래라는 개념이 어울리나?'라고 생각할 수 있다. 일방적인 짝사랑이 아니라 지속 가능한 상호적 사랑을 원한다면 당연히 거래적 연애 개념이 있어야 한다. 거래는 서로 바라는 것이 있을 때 성립된다. 사랑도 서로에게 바라는 게 있어서 만든 관계다. "저는 그 사람에게 바라는 게 없어요."라고 말한다면 되물어야 한다. "만약에 그 사람이 나를 떠나서 내가 싫어하는 사람과 결혼한다면?" "만약에 그 사람이 자기 삶을 파멸로 몰아넣으면서 자기 파괴적인 삶을 살아간다면?" "만약에 그 사람이 나를 미워하고 악한 사람이라고 오해한다면?" 정말 아무것도 바라는 것이 없는 것이 맞을까? 바라는 것이 나의 행복일 수도 있고, 상대방의 행복일 수도 있고, 상호 간의 행복일 수도 있다. 혹은 그보다 하위 개념의 어떤 행동일 수도 있다. 사랑한다는 것은 여러 감정과 행동을 모아서 만든 정동이고, 감정은 욕구에서 기인한다. 감정이 있다는 것은 그 이전에 욕구가 발생했다는 의미다. 사랑이 반드시 바라는 것을 필요로 한다면 거래적 연애는 필연적이다.

거래적 연애는 비슷한 가치와 가치를 교환하는 것이다. 가치의 크기가 다르면 언젠가는 서운함으로 다가온다. 회사에서 끝나는 시간이 확실하지 않다고 가정해 보자. 그런데 상대방이 내가 보고 싶어서 회사 앞으로 오겠다고 한다. 그때 "늦을 수 있으니 애초에 네가 좋아하는 피시방에서 보자. 네가 기다려 줬으니 오늘은 네가 좋아하는 게임을 하자."라고 하면 서로 충족이 되므로 거래적 연애라고 볼 수 있다. 만약에 상대방이 "나는 언제까지든 기다려도 괜찮아. 너희 회사 앞에서 기다릴게."라고 말한다고 해도 그 말을 믿지 않는 것이 좋다. 상대방이 기다렸다가 나의 얼굴을 보는 것 자체가 하나의 가치이고, 나의 얼굴을 보는 가치를 위해서 한 시간이고 두 시간이고 기다릴 수 있다고 말할 수 있다. 그러나 상대방이 '기대'하고 기다릴 수 있는 한도, 나를 만남으로써 자신이 얻을 수 있는 가치가 어느 정도인지는 알 수 없다. 그래서 애초에 거래적 연애 개념으로 상호적인 관계를 구성하는 것이 좋다. 그렇지 않으면 상대방이 그것을 먼저 제안했다고 할지라도 서운함은 반드시 올라온다.

거래적 연애의 단점은 가치를 제대로 매기지 않는다는 데 있다. 나에게는 큰 가치인데 상대방에게는 너무 작은 가치일 수 있다. 예를 들어, 여자 친구가 남자 친구에게 "여사친 만나지 마. 나도 남사친 안 만날게."라고 거래적 연애를 제안했다고 가정해 보자. 이 경우에 여자 친구는 어차피 남사친이 없고 남자 친구는 여사친이 많다면, 게다가 아주 어린 시절부터 가족처럼 지내 온 여사친이 있다면 서로 포기하는 가치가 달라서 반드시 동일한 것이 왔다 갔다 하지는 않는다. 거래가 공평하지 않기 때문에 불만족스러운 사람이 생긴다. 이렇게 가치가 안 맞는 상황이 반복되거나 한 명만 주게 되는 경우가 반복적으로 생기면, 거래가 만족스럽지 못해서 그 거래는 깨지고 만다. 이런 경우에는 양쪽 다 서운하게 되고, 결국 이별로 이어진다.

보상적 연애

이렇게 거래가 오갔는데 가치가 맞지 않는 경우, 규칙을 정했는데 한쪽만 그 규칙을 지킨 경우에는 보상 체계를 만들어서 규칙과 거래의 가치를 맞춰야 한다. 사실상 규칙적 연애나 보상적 연애가 변동 없이 늘 유지되는 것은 불가능에 가깝다. 연애는 사실상 보상 체계로 흘러간다. 이렇게 규칙적 연애나 거래적 연애를 깨고 누군가가 과도한 가치를 연애에 투자할 때에도 반드시 보상 체계가 들어가야 한다. 그렇지 않으면 자신이 과도한 가치를 투자하고 나서도 언젠가 서운하게 된다. 이렇게 가치나 헌신에 균형을 맞추기 위해 보상하는 연애를 보상적 연애라고 한다.

연인 간에 가치가 기울어지고, 한쪽이 손해를 보고 헌신하는 상황에서 보상이 없으면 서운함으로 나타난다. "우리 사이는 그렇지 않아요. 우리의 갈등은 이런 (유치한) 문제가 아니에요."라고 말하며 '사랑하기 때문에 보상받지 않아도 괜찮다'는 연인과 부부들이 이런 감정적인 문제가 아닌 다른 외부적 요인이나 상황으로 인해 갈등이 생겼다면서 찾아온다. 그런데 연애 서사나 결혼 서사를 듣고 갈등의 과정을 정리하다 보면 진짜 상황 이별은 거의 없다. 대부분이 서운함의 문제다. 사랑은 목숨을 버릴 만큼 큰 가치가 있는 것이 분명하지만 목숨을 걸 필요가 없는 일상의 문제에서는 아이스크림을 자기 혼자 사서 먹는 것만으로도 서운해서 이별을 생각한다.

그래서 서운함의 문제가 발생했을 때 '미안해.'로 때우는 것은 결국 보상하지 않겠다고 선언하는 것과 같다. '미안해.'를 못 하는 사람도 연애를 망치지만, 모든 상황에서 '미안해.'로 때우는 사람도 연애를 망치는 것은 마찬가지다. '미안해.'가 통할 때도 있지만, 반복되면 언젠가부터는 해결되는 것이 없기 때문에 미안하다는 말도 거짓말처럼 느끼게 된다. 미안하다면 그 마음을 행동으로 보여야 한다. 그래서 반복적으로 서운함을 발생시키는 연애를 해결하기 위해 만든 연애의 방법이 보상적 연애다.

보상적 연애의 핵심은 잘못한 사건이 쌓여서 폭발하지 않게 미리 풀어 주는 것이다. 가치관을 중심으로 보상적 연애를 해석해서는 안 된다. 가치관이 아닌 사건 단위로 풀어내야 한다. 서운함은 사건에서 한두 번 발생할 때는 간과하기 쉽다. 그런데 그렇게 서운함을 만드는 사건을 반복하면 감정만 쌓이는 게 아니라 그 사건에서 나온 시선이 가치관이 된다. 결국 서운함은 '사건–반복–가치관'의 순으로 확장된다.

여자 친구가 지각을 했다고 가정해 보자. 처음에는 "늦어서 미안해." 하고 때울 수 있다. 남자 친구는 처음에는 "괜찮아. 나는 기다리는 것도 좋아해."라며 속 넓은 남자라는 것을 보여 준다. 여기서 중요하게 생각할 것은 속 넓은 것과 마냥 늘 기다리는 호구가 되는 것은 다른 문제다. 이 단계에서 여자 친구가 적절한 보상을 해 주어야 감정이 쌓이지 않는다. 그런데 "미안해."로 때우고, 그다음에 여자 친구가 또 늦어서 "미안해."라고 반복했다. 남자 친구는 "다음부터 늦지마."라고 말하며 처음처럼 쉽게 무마가 됐다. 그런데 시간 약속에 늦는 사건이 계속 반복됐다. 사건이 반복되다 보니 남자 친구는 처음처럼 너그럽지 못하고 "또 늦었네."라고 말하면서 화내는 시점이 왔다. 여기서부터는 말로 풀기 어렵다. 남자 친구도, 여자 친구도 모두 서운함이 생겼다. 여자 친구는 '처음에는 잘 기다려 주더니 이제 사랑이 식었어.'라고 해석하면서 서운함이 생겼고, 남자 친구는 '네가 나를 소중하게 생각을 안 하니까 데이트에 매번 늦는 거야. 늦어서 화가 난 게 아니야.'라고 해석하면서 서운함이 생겼다. 여자 친구가 지각하는 사건이 반복되자 남자 친구는 '자꾸 기다리게 만드는 것은 소중하게 여기지 않는 것'이라는 가치관이 생겼다. 이 과정까지 가는 것을 막아야 한다. 이 과정까지 가게 되었다면, 신뢰를 잃는 것은 물론이고 보상으로 해결할 수 없다.

보상적 연애에서 가장 중요한 것은 무엇이 잘못한 행동인가를 정의하는 것이다. 정의가 없으면 상대방이 뭔가를 해 주거나 내가 잘못할 때마다 "어? 이거도 보상해 줘야지."라고 하면 곤란하다. 보상을 해야 하는 상황에 대한 기준이 서로 다르면 이 문제가 또 다른 종류의 서운함의 문제가 된다. 그래서 서로가 조심해야 할 마지노선의 문제, 사랑하는 데 있어서 원하는 소구점, 그 소구점을 성취하기 위한 성취적 기준 등을 평소에 잘 소통하고 행동 기준을 정의하는 것이 중요하다.

보상할 것으로 가장 좋은 것은 나의 비용은 낮고 상대방의 만족은 높은 것이다. 여기서도 비교우위 개념이 활용될 수 있다. 나의 비용을 낮추는 것보다 중요한 것은 상대방의 만족을 보는 것이다. 그래서 보상을 해 주는 데 있어서도 상대방의 소구점을 분석해야 한다. 내가 나의 기준으로 보상해 주었는데 상대방에게는 전혀 가치가 없는 것이라면 보상의 의미가 없다. 예를 들어보자. 원래 여자 친구가 밥을 사기로 한 날이었다. 그런데 여자 친구가 지각을 했고, 남자 친구가 기다려 준 것에 대한 보상으로 밥을 사겠다고 한다. 이것은 보상이 될까? 원래 하기로 한 것이기 때문에 보상이 되지 않는다. 그럼 다른 것을 해 주거나 메뉴를 업그레이드해 주는 방법이 있을 것이다. 그날 여자 친구가 떡볶이를 사기로 했다면, 떡볶이보다 남자 친구가 더 좋아하는 메뉴로 바꾸거나 혹은 남자 친구가 떡볶이를 먹고 싶어 한다면, 남자 친구가 하고 싶은 데이트 코스로 조정하는 방법이 있다.

한 내담자가 "귀찮은데 돈으로 주면 안 되나요?" 하고 물어본 경우도 있었다. 그러나 돈을 직접 주는 것은 별로 도움이 되지 않는다. 돈은 당장은 기분이 좋지만 너무 계산적으로 풀게 된다. 돈이 정한 가치 이상의 기쁨을 주기도 어렵다. 그리고 추억이나 감성적인 상황을 만들 수도 없다. 무엇보다도 돈을 주면 사 주거나 보상해 준다는 느낌보다는 잃는다는 느낌이 들어서 돈을 주는 사람이 기분 나쁜 상황이 발생하기도 한다. '서로 기분 나쁘지 않게 풀어 가자.'라는 것이 핵심인데, 주는 나도 기분이 나쁘면 안 된다. 보상으로 뭔가를 해 주는 것이지만, 의미 부여나 함께하는 시간을 만드는 것도 함께 가져가는 효과가 될 수 있다. 그래서 돈 말고 평소에 잘 안 해 준 것으로 보상하는 것이 좋다.

보상적 연애를 적용하는 시기는 기본적으로 문제가 발생했을 때다. 내가 잘못했을 때, 상대방이 잘못했을 때, 누군가 규칙을 어겼을 때, 거래적 연애가 깨졌을 때 보상적 연애가 작동한다. 보상적 연애를 처음 시작할 때는 제안한 사람이 먼저 잘못한 것에 대해서 상대방에게 보상을 하는 것이 좋다. (내가 보상적 연애를 제안했다면) 내가 먼저 잘못한 것에 대해서 상대방에게 보상하면서 시작해야 상대방이 들었을 때 보상적 연애가 좋다고 느낄 수 있다. 자기에게 유리하다고 느껴야 보상적 연애로 진입한다. 남자 친구는 여자 친구와 함께 피시방에서 게임하는 것을 좋아한다. 그러나 여자 친구는 피시방에 가는 것보다는 야외 데이트를 더 좋아한다. 그런데 여자 친구가 종종 지각을 했고, 여자 친구가 지각할 때마다 여자 친구는 보상으로 남자 친구와 함께 피시방에 가서 게임을 하는 것으로 데이트를 했다. 이런 보상이 시작되고부터 남자 친구는 여자 친구의 지각이 싫지 않았고, 여자 친구는 더 늦지 않기 위해 서두름으로써 지각 횟수가 많이 줄었다. 보상적 연애가 소구점을 적절히 공략한다면 이렇게 좋은 관계를 만들 수 있다. 상대방이 실수했을 때 당연히 나도 보상을 받을 수 있다. 기분이 상하거나 서로를 공격할 수 있는 상황을 서로에게 좋게 변화시킨다. 상대방이 내게 바뀌길 바라는 행동이 나의 페널티가 되고, 상대방에게는 보상이 된다. 내가 바라는 상대방의 행동은 상대방의 페널티가 되고, 내게는 보상이 된다.

보상이란 말은 '남에게 끼친 손해를 갚는다.'라는 뜻이지만, 반대로 누군가가 아주 잘해서 상을 줄 일이 생겼을 때에도 보상적 연애와 같은 원리가 작동할 수 있다. 평소에 문제 해결만 해 주지, 공감적 표현을 잘 못하는 남편이 있었다. 그런데 아내가 친정에서 속상한 일이 있어서 이야기를 했더니 무뚝뚝하던 남편이 아내의 마음을 읽어 주면서 "화났겠다. 그래서 어떻게 했어?"라고 공감하며 되물었다. 일반적으로 본다면 뭘 잘했는지 알기 힘든 장면이지만 이 남편은 평소 늘 아내의 상대편을 들어주던 사람이었다. 그런데 남편이 아내의 마음을 공감해 주자 아내가 그걸 알아주고 "와, 감동!"이라고 하면서 남편을 위해 남편이 좋아하는 게임을 같이했다. 그 뒤로 남편은 말을 할 때 신경 써서 공감하기 위해 노력했다. 상을 주어서도 있지만, 아내가 어느 정도로 공감적 언어를 좋아하는지 알았기 때문이다. 평소에 좋아하지 않던 게임을 그렇게 신나게 할 정도로 공감적 언어를 좋아한다는 의미이기 때문에 남편은 대수롭지 않게 여기던 공감적 언어 사용에 더 신경 쓰게 된 것이다. 내가 바라는 것을 상대방이 해 주지 않으면, 내 기대대로 상대방이 따라오지 않으므로 서운함이 발생한다. 그러나 보상적 연애 개념을 잘 활용해서 상대방이 나의 바람을 충족시키도록 유도하면 나의 서운함을 줄일 수 있다.

이와 비슷한 방법으로 긍정적 규칙 강요법이라는 것이 있다. 이것도 보상적 연애의 변형이다. 상대방에게 끊임없이 차분하게 "이렇게 하는 것이 좋지 않아?"라고 나의 소구점을 드러내면서 계속적으로 긍정적 규칙을 제공한다. 이 방법을 잘못 쓰면 잔소리가 된다. 그러나 나의 소구점을 긍정적 언어로 지속적으로 드러내면 상대방에게는 나의 소구점이 일종의 규칙으로 작동한다. 그리고 그것을 들어주면 그에 대한 상을 준다. 상대방이 규칙 자체에는 거부감을 갖거나 저항한다고 할지라도 나의 언어가 친절하고, 해 주었을 때 상이 계속 주어진다면 자연스럽게 상대방도 이 긍정적인 규칙 안으로 들어온다. 이런 방법들은 나의 서운함을 줄이기 위한 장치다.

그런데 보상적 연애를 시작하면서 남자 친구는 실수하지 않고 여자 친구만 계속 보상하는 일이 발생할 수 있다. 이렇게 어느 한쪽만 자꾸 보상하게 됐을 때 그 사람이 보상을 안 하고 싶어 할 수 있다. 그래서 보상적 연애는 게임처럼 밸런스가 중요하다. 밸런스가 무너지면 아무도 게임을 하고 싶어 하지 않는다. 지속적인 보상적 연애를 위해 밸런스 패치가 필요한 경우는, 첫째, 상대방이 계속 실수하는 경우, 둘째, 애초에 상대방이 규칙을 싫어하는 경우, 셋째, 나만 자꾸 보상을 하게 되는 경우다. 각각의 경우에 대한 밸런스 패치 방법은 다음과 같다.

1. **상대방이 계속 실수하는 경우**: 상대방이 긴장할 수 있게 상대방의 리스크를 늘리거나 가끔 나도 일부러 실수를 해서 상대방도 보상을 받는 경험을 할 수 있도록 유도한다.
2. **애초에 상대방이 규칙을 싫어하는 경우**: 규칙이 잘못 설정된 것일 가능성이 높다. 규칙은 상호적 협의에 의해 만드는 것이 좋다. 규칙을 깨고 새로운 규칙을 만드는 것이 필요하다.
3. **나만 자꾸 보상을 하게 되는 경우**: 2번과 반대인 경우로, 규칙이 잘못 설정된 것일 가능성이 높다. 다만 정해진 규칙을 깨고 다시 세우려면 먼저 한 번에 보상을 받았다는 생각을 할 수 있도록 규칙을 새로 세우는 데 동의할 만큼의 합당한 보상을 해 준 뒤에 내가 지킬 수 있는 규칙을 새로 만든다. 혹은 보상을 미리 당겨 주고, 보상을 다시 바꾸는 것이 현명하다.

커플 회의와 역할 교대

이렇게 서운함의 문제를 해결하기 위해 커플이 소구점과 성취적 기준, 연애 규칙 및 보상 규칙 등을 나누기 위해 진행하는 대화를 커플 회의라고 한다. 커플 회의는 연애 초반, 재회 시작 시, 결혼 초반, 이혼 후 재결합 시에 하는 것이 좋다. 커플 회의에도 기준이 필요하다. 커플 회의를 기준 없이 진행하면 "나는 ~게 서운했는데, 연락이 안 될 때마다 걱정되고……." 등 서로 서운한 것만 말하다가 부담만 가득 안고 아무런 결말 없이 끝낸다. 이렇게 서운함을 늘어놓는 것, 관계의 문제를 나열하는 것은 커플 회의가 아니다. 커플 회의의 목적은 대화를 통해 여러 가지 규칙을 정하는 것이다. 다음의 주제에 따라 각자 원하는 보상과 페널티를 기록한다. 규칙을 정할 때 서로 가치 교환이 되어야 한다.

적용 방법

- 상대방이 보상이라고 느낄 만한 부분 / 상대방이 원하는 것
- 내가 페널티라고 느낄 만한 부분 / 그 사람의 입장에서 바뀌기를 바라는 나의 행동
- 내가 바뀌려고 노력하는 부분

바꿔서 써 보기

- 내가 보상이라고 생각하는 부분 / 내가 좋아하는 것
- 상대방이 페널티라고 느낄 만한 부분 / 상대방의 입장에서 빼앗기는 것
- 상대방이 바뀌었으면 하는 부분

이렇게 쓴 결과물을 토대로 상호 간에 지킬 규칙과 보상, 페널티를 성취적 기준에 따라 산출한다. 커플 회의를 하다 보면 "바라는 부분이 없어요."라고 말하는 사람이 종종 있다. 이런 경우, 이런 말을 하는 사람의 반대쪽 사람이 평소에 부딪히던 자신의 문제를 먼저 말하고 상대방에게 어떻게 바뀌었으면 좋겠는지 물어봄으로써 보상적 연애를 제시한다. 이때 진짜로 상처 입을 만한 큰 잘못이나 고칠 수 없는 것, 구체적으로 대처하기 어려운 것을 말하는 것은 자제한다.

그리고 횟수 등 수치화가 가능한 것은 수치화까지 자세하게 들어가는 것이 좋다. 예를 들어, "2주에 두 번, 담배 냄새가 내 몸에서 나면 오마카세에 가자."와 같이 구체적인 것이 좋다. 이렇게 수치화까지 구체적으로 하는 것을 카운팅이라고 한다. 카운팅을 해야 하는 이유는 참다가 한번에 폭발하는 사람들의 경우에 그 폭발을 지연시킬 수 있기 때문이다. 카운팅을 하면 화가 날 상황에서 이번에 한 번이라고 지금 바로 말하도록 만들어 준다. 그러면 상대방은 한 번 참고, 나는 스스로 인지하게 된다. 그러면서 나 역시 '한 번 더하면 나에게 페널티가 생기겠는걸. 조심해야겠다.'라는 생각이 든다.

커플 회의는 서로 감정이 좋을 때 하는 것이 좋다. 이미 싸우고 나서 "커플 회의하자."라고 하면 싸우자는 것이지 회의하자는 것이 아니다. 그리고 서로의 소구점과 성취적 기준, 보상과 페널티가 명확하지 않은 경우에는 가능하면 상담사를 사이에 두고 진행하는 것이 좋다. 혹은 둘이 함께 커플 회의에 참여하기 어렵다면 둘 중의 한 명이라도 상담사와 커플 회의에 관한 상담을 받고 진행하는 것이 좋다. 두 사람이 서운함을 주로 어디에서 느껴 왔는지, 그동안 서운함을 어떻게 풀어 왔는지, 이미 둘 사이에 인식하지 못했던 보상 체계나 규칙이 있는지 등을 상담을 통해 점검받는 것이 안전하다.

상담사의 안내를 받지 않고 커플끼리 커플 회의를 진행할 때 놓치지 말아야 할 것은 소구점을 숨겨서도 안 되고 성취적 기준과 카운팅을 대충 넘어가서도 안 된다. 구체화할수록 더 많은 대화를 나누게 되고 앞으로의 서운함에 대처할 능력이 향상된다. 커플 회의를 진지하고 정교하게 진행한다면 커플 회의 자체가 서로에 대한 이해도를 높여서 서운함을 상당히 해소하는 계기가 된다. 서운함이 기대와 해석의 문제로 발생한다는 것을 감안할 때 커플 회의는 상호 간의 기대를 정확하게 분석하고 해석의 여지를 낮추기 때문에 서운함의 문제를 해결하는 강력한 무기가 될 수 있다. 다만 커플 회의는 갈등으로 가기 전, 좋은 관계이거나 갈등이 일단락되고 다시 관계가 좋아졌을 때 진행하는 것이기 때문에 서운함을 단기적으로 해결하는 것이 아니라 장기적으로 혹은 예방하기 위해서 진행하는 것이라는 것을 염두에 두어야 한다. 갈등이 깊은 상황에서 진행하는 커플 회의는 감정적으로 흐를 가능성이 높다.

커플 회의와 함께 상호성을 확대하기 위해 역할 교대를 진행하기도 한다. 역할 교대는 심리극을 창안한 제이콥 모레노(Jacob Moreno)가 만들고 로버트 랜디(Robert Landy)가 발전시킨 연극치료의 기법으로, 상호작용 속에서 특정한 역할에 고정되지 않고 유동적으로 역할을 바꾸어 가는 과정을 의미한다. 이는 고정된 의미와 옳고 그름을 전제하지 않고 타인과의 관계 속에서 자신의 위치나 입장을 전환함으로써 타자의 관점과 감정을 이해하고 공감하는 능력을 기르는 데 중요한 개념이다. 역할 교대를 통해 사람은 기존의 익숙한 시각에서 벗어나 새로운 입장에서 사태를 바라볼 수 있으며, 이는 자기 이해뿐 아니라 타자 이해의 폭을 넓히는 데 기여한다. 특히 상담 장면에서는 역할 교대를 통해 상대방의 다양한 측면을 이해하고, 갈등 상황에서 보다 유연한 대처 방식을 익히게 된다. 이러한 과정은 단순한 역할 수행을 넘어 자신의 역할에 대한 성찰과 타인에 대한 공감 능력을 동시에 발전시키는 계기를 제공한다. 서운함은 결국 나의 기대와 나의 추측, 나의 해석에 의해서 발생하기 때문에 역할 교대를 통해 상대방을 이해하면 서운함이 상당히 많이 줄어든다.

서운함을 해결하기 위한 역할 교대 방법으로는 역할 교대 인터뷰, 역할 교대 연대기, 역할 교대 일기를 주로 활용한다. 역할 교대 인터뷰를 혼자서 할 때는 빈 의자 기법을 활용한다. 빈 의자 기법을 통한 역할 교대는 내담자 앞에 빈 의자를 두고 먼저 빈 의자에 상대방이 앉아 있다고 생각하고 내담자의 입장에서 상대방에게 하고 싶은 말을 하게 한다. 그리고 나서 빈 의자로 옮겨 앉게 하고, 이제는 내담자가 상대방이 되어 그 질문에 답변하게 한다. 이런 과정을 통해 내담자가 했던 말을 상대방이 들었을 때 어떤 느낌이었을지 알 수 있게 한다. 이렇게 몇 번을 왔다 갔다 하면 상대방과 내담자의 의견을 자연스럽게 조율할 수 있다. 역할 교대 연대기는 상대방의 입장에서 어렸을 때부터 어떤 사건을 겪고, 어떻게 살아왔는지 쓰게 한다. 역할 교대 연대기를 쓰면서 내가 상대방에 대해서 얼마나 모르고 있는지를 알 수 있게 되며, 더불어 상대방이 지금 이렇게 행동하고 말할 수밖에 없는 상황을 이해하게 한다. 마지막으로 역할 교대 일기는 갈등 상황을 만든 사건에 대해서 상대방은 어떤 상황이었을지를 상상하며 일기를 쓰게 한다. 갈등이 발생한 후에 상대방은 어떤 상태일지 상대방의 입장에서 일기를 쓰게 한다. 그렇게 함으로써 상대방의 감정과 상황을 이해할 수 있도록 한다. 이런 과정으로도 서운함의 상당 부분은 줄어든다. 상대방의 상황을 이해할 수 있어서이기도 하지만, 내가 추측하고 해석한 것들에 어떤 오류가 있었는지를 알 수 있게 도와주기 때문이다.

감정 다루기

2차적 감정

제1부에서 소개한 정서중심치료의 2차적 감정을 다시 소개하면 2차적 감정이란 상황에 맞게 적응적으로 만드는 감정이 아니라 상황에 대한 해석을 통해 만드는 감정이다. 해석에는 과거의 경험이 들어갈 수밖에 없기 때문에 해석에 의해 만든 2차적 감정은 현재 상황에도 나의 욕구 측면에서 봐도 어긋나 있을 가능성이 높다. 그렇다고 해석이 늘 감정을 어긋나게 하는 것은 아니다. 정확한 해석으로 적응적인 감정이 나타나기도 한다. 다만 1차적 감정을 활용하는 습관이 정서적으로 건강하다. 2차적 감정을 활용하는 습관은 오류를 만들 가능성이 높아서 좋은 정서적 습관이 아니고, 2차적 감정을 주로 사용하면 감정적 반응이 늦기 때문에 원활한 정서적 교감이 어렵다. 제1부에서 소개한 1차적 감정과 2차적 감정을 서운함과 연결하여 설명하면, 서운함은 1차적 감정이나 2차적 감정이라고 보기 어렵고 그 사이에서 발생하여 역동하는 '느낌'이다. 정서중심치료에서는 그 감정이 적응적이냐, 적응적이지 않느냐가 중요한데, 서운함이 적응적일 수 있을까? 물론 서운함 자체는 적응적이다. 감정으로서가 아니라 느낌으로서만 작동해서 서운함을 발생시킨 좌절된 욕구를 정확히 찾아 적응적 감정으로 느낌의 흐름을 잡을 수 있다면 서운함은 매우 적응적으로 활용될 수 있다. 문제는 서운함이 부적응적 감정이나 2차적 감정으로 진행될 가능성이 높다는 데 있다.

그렇다면 어떻게 해야 서운함이 2차적 감정으로 발전하지 않고, 적응적으로 서운함을 해결할 수 있을까?

정서중심치료에서는 '정서 인식–1차 적응적 감정 탐구–미충족된 욕구 탐색–감정 재구성–상호작용'의 순서를 갖는다.

먼저, 정서 인식 단계에서는 내담자가 서운함의 맥락을 탐구하여 자신의 서운함을 구체적으로 인식하는 단계다. 이 단계에서 상담사는 내담자에게 서운함이 발생할 당시의 상황을 가능한 한 상세하게 구술하게 한다. 혼자 이 단계를 자기 자신에게 적용할 경우, 당시 상황을 빠짐없이 기술해 본다. 서운함이 발생하기 전의 상황은 어땠는지, 나는 뭐라고 말했고, 어떤 표정과 어떤 행동을 했는지, 상대방은 어떻게 반응했고, 구체적으로 뭐라고 말했는지, 그리고 그에 대한 나의 반응과 태도는 어땠는지 등이 그것이다. 이렇게 내용을 상세하게 정리하면서 서운함과 더불어 어떤 감정과 느낌이 있었는지 정리한다.

그다음에는 1차적 감정을 탐구한다. 서운함의 표면적 정서를 넘어 그 아래에 있는 1차적 감정이 무엇일지, 정서 인식 단계에서 관찰한 내용을 토대로 표현하지 못한 말이 있는지, 서운함 외에 어떤 감정이 있었는지, 어떤 생각을 했는지를 정리하면서 가장 적절한 감정은 무엇인지 생각해 본다. 1차적 감정이 늘 적응적이지는 않다. 1차 부적응적 감정으로 인해 서운함이 발생했을 수도 있다. 1차적 감정이 적응적이든, 부적응적이든 놓치지 말아야 할 것은 내가 원하지 않았지만 앞에 상대방이 있어서 과도하게 말하거나 표현한 것 혹은 앞에 상대방이 있어서 표현하지 못한 것을 중심으로 진짜 감정을 찾아 나간다. 내가 표현하지 못했거나, 과도하게 표현한 내용들을 살펴보면 1차적 감정이 무엇이었을지를 알 수 있다.

1차적 감정을 찾았으면 미충족된 욕구를 찾는다. 감정이 미충족된 욕구를 반영하는 것이기 때문에 사실상 감정과 욕구는 따로 떨어뜨려서 생각하기 어렵다. 예를 들어, '나는 화가 난다.'라는 감정을 탐색하면 '나는 존중받고 싶다.'라는 욕구도 자동적으로 나타난다. 그럼에도 구분해서 감정과 욕구가 어떤 상관관계를 갖는지 분류해 볼 필요가 있다. 1차적 감정을 찾을 때는 내가 한 말과 내가 하지 못한 말에 집중한다면, 미충족된 욕구를 찾을 때는 내가 상대방에게 바랐던 것이 무엇인지, 상대방이 나에게 어떻게 해 줬다면 내가 서운하지 않았을지를 탐색한다.

1차적 감정과 미충족된 욕구를 찾았다면 가상으로 현장으로 돌아가서 "그때 이렇게 말했어야 했어."라고 역할 연습을 하거나 '내가 당시 오해한 부분이 있었는지'를 점검한다. 그때 표현하지 못했던 감정을 안전한 환경에서 다시 경험하며 새로운 방식으로 반응하는 연습을 해 봄으로써 자신의 미충족된 욕구를 명확히 하고, 이를 상대방에게 안전하게 표현할 수 있다. 그리고 이런 발견들에 대해서 깨달은 바를 정리하는 것이 중요하다. 앞으로 이런 상황이 닥쳤을 때 어떻게 더 건강한 방식으로 표현할 수 있을지 구체화한다.

마지막으로, 현장에서 상호작용을 통해 나의 변화를 확인한다. 내담자가 자신의 감정을 긍정적으로 표현함으로써 1차 적응적 감정을 중심으로 관계적 상호작용을 만들어 가도록 돕는다. "나는 서운해."가 아니라, "나는 존중받고 싶었어." 또는 "나는 너와 더 가까이 있고 싶었어."라고 1차적 감정과 욕구 중심으로 표현한다면, 상대방의 입장에서 서운하다고 느낌만 표현하는 것보다 어떻게 행동할지 구체적으로 대처할 수 있다.

정서중심치료에서 서운함을 다루는 방법을 정리하면 〈표 9-1〉과 같다.

〈표 9-1〉 정서중심치료 과정

과정	내용
정서 인식	서운함과 서운함을 둘러싼 감정을 인식
1차 적응적 감정 탐구	서운함 이면의 진짜 감정 발견
미충족된 욕구 탐색	서운함을 발생시킨 욕구 탐색
감정 재구성	적응적 감정과 미충족된 욕구 표현 연습을 통해 감정 재구성
상호작용	실제 대상에게 재구성된 감정을 중심으로 상호작용하기

정서중심치료에서 서운함은 단순히 부정적인 감정이 아니라, 미충족된 정서적 요구와 애착 욕구를 드러내는 중요한 신호로 볼 수 있다. 서운함을 억압하거나 회피하지 않고 그 감정의 본질과 근원을 탐구하여 이를 통해 더 깊은 자기 이해와 관계적 변화를 이루는 것을 목표로 하는 것이 오히려 서운함의 문제를 잘 해결하는 방법이다. 이론적 과정은 이렇게 단순하지만, 사실 연습이 되지 않은 채로 내 욕구와 감정을 알아차린다는 것이 쉬운 일이 아니다. 그래서 내 감정과 욕구를 찾기 위한 연습이 필요하다. 이 연습을 위해 가장 많이 하는 것이 감정 일기 쓰기이다. 감정 일기 쓰기에는 정서 역량 키우기, 분노 트레이닝, 불안 케어가 있다.

감정 일기

감정 일기는 서운함을 다루는 데 있어서 혼자서 꾸준히 할 수 있는 가장 실천적인 방법이다. 정서 역량이 높으면 진짜 감정을 빠르게 찾을 수 있고, 서운함을 잘 느끼지 않거나 잘 다룰 수 있다. 정서 역량을 높이는 데 가장 많이 추천하는 방법 중의 하나가 바로 감정 일기 쓰기다.

심리학자이자 뇌과학자인 대니얼 골먼(Daniel Goleman)은 1970년대에 정서 역량(emotional competence) 개념을 발표했다. 정서 역량은 '감정 수용–감정 사용–감정 이해–감정 관리' 능력이다. 감정 수용은 자신의 감정을 확인하는 능력을 포함하여 얼굴, 그림, 목소리 등에서 감정을 인지하고 해독하는 능력으로, 다른 모든 감정 정보의 처리를 가능하게 만든다. 감정 사용은 다양한 인지적 활동을 촉진하기 위해 감정을 활용하는 능력으로, 변화하는 감정을 충분히 활용할 줄 안다. 감정 이해는 감정 언어를 이해하고 감정들 사이에서 발생하는 상호 관계를 인식하는 능력으로, 감정들 사이의 미묘한 변화를 인식하고 묘사할 수 있는 능력이다. 감정 관리는 자기 자신과 타인의 감정을 통제하는 능력으로, 부정적인 감정까지도 활용할 수 있고 감정을 관리할 수도 있다. 정서 역량은 타고난 재능이 아니며, 노력을 통해 성장 가능한 역량이다. 이 역량을 갖추면 자신의 마음과 타자의 마음에 더 정확하고 빠르게 접근할 수 있다는 의미다. 진짜 감정과 욕구에 직면하지 못해서 발생하는 서운함

〈표 9–2〉 정서 역량의 종류

정서 역량	정서 역량의 정의와 예시
감정 수용	자신의 감정과 타인의 감정을 인식하고 수용하는 능력 예) "내가 불안했나 봐. 그래서 너에게 집착한 것 같아."
감정 사용	감정을 적절하게 활용하여 사고와 문제 해결을 돕는 능력 예) "이 숙제를 오늘 완성하지 못하면 계속 불안할 거야. 먼저 숙제를 하고 놀자."
감정 이해	감정의 의미와 원인을 파악하고, 감정 간의 관계를 이해하는 능력 예) "아까 아빠가 화를 내서 무서워서 방에 숨었구나. 너한테 화낸 게 아냐. 괜찮으니까 나와서 놀아도 돼."
감정 관리	자신의 감정을 조절하고, 타인의 감정을 조율하는 능력 예) "어제 밤을 새워서 내가 예민한 것 같아. 좀 쉬고 다시 일할게."

은 정서 역량의 부족으로 인해 미해결된 채 관계에 문제를 만든다. 그렇다면 역으로 정서 역량을 키운다면 서운함의 문제를 해결할 수 있을 것이다.

럽디(주)는 서운함의 문제를 해결하기 위한 장기적인 방법으로 감정 일기 쓰기를 도입했다. 즉, 서로 서운함의 문제를 해결해야 하는 이혼을 앞둔 부부나 방금 이별한 커플들에게는 큰 효과가 없었으나 장기적으로 열흘 이상을 투자해서 자신을 바꾸고 난 후에 재회를 시도해야 하는 부부나 커플들, 연애만 하면 서운함이 올라와서 연애를 유지하지 못하는 사람들의 경우에는 감정 일기 쓰기가 정서 역량을 키우고 서운함의 문제를 스스로 해결해 나갈 수 있게 하는 데 큰 도움을 주었다. 감정 일기 쓰기는 필요에 따라 크게 정서 역량 키우기를 위한 감정 일기, 분노 트레이닝을 위한 감정 일기, 불안 케어를 위한 감정 일기로 나눠서 활용하였다. 제1부에서 서운함 이후에 오는 심리 반응 9개를 소개했는데, 감정 일기로 이 모든 감정을 다루지 않고 분노와 불안만 다룬 이유는 서운함 이후에 오는 정동 중 분노와 불안이 제일 많이 일어나고 감정 일기가 이 두 정동에 가장 유용했기 때문이다. 나머지 감정과 정동들은 서운함과 더불어 정서 역량 키우기에 기술한 감정 일기로 훈련이 될 수 있다.

정서 역량 키우기

가장 기본이 되는 감정 일기는 정서 역량을 키우기 위한 감정 일기다. 정서 역량을 키우기 위한 감정 일기의 기본 구조는 〈표 9-3〉과 같다.

〈표 9-3〉 감정 일기의 기본 구조

내용	예시와 방법
날짜와 시간 기록	오늘이 언제인지 기록하세요. (예: 2025년 3월 8일, 오전 10시)
현재의 감정 상태	"지금 나는 ___ 기분이다."(예: 화남, 슬픔, 기쁨, 불안, 설렘)
감정 유발 상황	무엇이 이런 감정을 느끼게 했나요? (예: 친구와 다툼, 시험)
신체 반응	이 감정이 들었을 때 몸에서 어떤 반응이 나타났나요? (예: 가슴이 답답했다)
감정의 원인 분석	이 감정은 어디서 왔을까요? 과거의 경험과 연결될까요?
해결 방법	이 감정을 어떻게 다룰 수 있을까요? 다음에 같은 감정을 느낄 때 어떻게 반응할까요?

이와 같은 방법으로 6주 이상 감정 일기를 쓰면 감정 전후의 상황과 신체적 반응 그리고 감정을 연결시키는 감정의 코드화가 가능하기 때문에 일기를 쓰지 않고 있는 상황에서도 감정을 인식하고 활용하는 정서 역량이 성장한다. 그러나 갈등을 중재하기 위해 감정 인식만 빠르게 하기를 원하는 내담자들이 있다. 이런 경우에는 감정과 사실을 구분하는 간단한 구조의 감정 일기를 쓴다. 감정과 사실을 구분하는 일기를 10일 동안 쓰면 감정을 관찰하고 인식하는 역량이 빠르게 성장한다.

이 작업을 위해서는, 첫째, 하루 동안 있었던 일을 자세히 쓴다. 둘째, 감정이나 느낌에만 형광펜으로 표시한다. 셋째, 그러면 그날의 자신의 느낌과 감정을 인식할 수 있다. 자신의 감정이 얼마나 부정적이었는지, 혹은 긍정적이었는지, 자신이 반복하는 느낌과 감정이 무엇인지를 알 수 있다. 넷째, 그 후에 그 느낌과 감정을 빼고 사실만 나열해서 그날의 일들을 정리해 본다. 사실만 정리했을 때 부자연스러운 행동을 표시한다. 다섯째, 그 사실의 나열을 토대로 어떤 느낌과 감정이 산출되는 것이 자연스러운지, 어떻게 행동하는 것이 좋았을지 생각해 본다. 그러면 자신이 어떤 부적응적 느낌과 감정을 갖고 살아가는지를 알 수 있다. 그 예시를 정리하면 〈표 9-4〉와 같다.

〈표 9-4〉 심리적 현실과 사실

처음 일기	사실만 쓰기	자연스러운 감정과 느낌, 행동
아침에 경비 아저씨가 택배를 전해 주었는데, 출근 때문에 뜯어 보지 못하고 나와서 찝찝했다. 회사에서 오늘따라 사람들이 나를 보는 시선이 이상해서 행동이 조심스러웠다.	아침에 경비 아저씨가 택배를 줘서 집에 두고 나왔다. 회사 사람들이 나를 봤다. 나는 조심스럽게 행동했다.	택배가 기대되는 게 자연스럽고, 평소와 똑같고, 회사 사람들에게 "안녕하세요?"라고 인사하는 것이 좋았다.

앞의 감정 일기 사례의 경우, 택배를 받은 것과 회사에서 사람들이 자신을 보는 것 사이에 어떤 연결고리도 없으나 정서적인 연결고리가 있는 것처럼 기술했다. 이 글을 쓴 내담자는 이유를 알 수 없으나 그날 부정적인 정서가 지배적이었다. 아마도 택배를 열어 보고 싶었던 욕구가 좌절되어서 찝찝했던 기분이 하루 종일 이어 간 것으로 생각된다. 회사 사람들의 시선은 결국 아무것도 아니었다. 아무 일도 일어나지 않았고, 평소처럼 회사 생활을 하고 집으로 잘 돌아왔다. 처음에 쓴 일기에서 사실만 분리하고 나니 아침의 감정이 판단과 다음 행동, 그리고 하루 종일의 감정에 어떤 영향을 끼쳤는지 알 수 있다. 물론 아무런 분석값도 얻지 못하는 날도 있다. 오히려 아무런 분석값도 얻지 못하는 날이 계속된다면 긍정적인 상태라는 의미다.

여기까지는 정서 역량을 키움으로써 서운함이 발생하지 않거나 발생해도 능동적으로 서운함을 다룰 수 있도록 하기 위한 감정 일기다. 이렇게 분석적으로 감정 일기를 쓸 여건이 안 된다면 아무 감정이나 떠오르는 대로 하루 20분씩 쓰는 작업도 큰 도움이 된다. 텍사스 대학교의 제임스 페니베이커(James Pennebaker) 교수는 이렇게 떠오르는 대로 하루 20분씩 쓰는 일기를 표현적 글쓰기라고 불렀고, 이런 작업을 6주 동안 지속하면 불안과 우울을 낮추고 호르몬의 상태가 안정화된다는 연구 결과를 발표했다. 페니베이커 교수의 표현적 글쓰기는 앞서 소개한 두 개의 감정 일기처럼 분석적 능력을 구체적으로 향상시키는 결과는 못 만들어 낼지라도 정서를 안정시키고 정서 역량을 향상시키는 데에는 큰 도움이 된다. 정서 역량이 향상되면 서운함을 다루는 역량도 자연히 향상된다.

분노 트레이닝

서운함의 문제로 생긴 갈등을 중재하러 온 커플과 부부를 상담해 보면 마지막 촉발 사건이 분노 표현일 때가 많다. 그래서 초기 진단지에 이별의 원인이나 이혼의 원인을 '분노'로 기록한다. 그러나 상담을 깊이 들어가 보면 분노 폭발은 촉발 사건일 뿐 근본적인 원인이 아니다. 그 분노 이전에 지속적인 서운함의 표현이 있었고, 그 서운함이 쌓여서 결국 분노로 전환한다. 화를 낸 사람의 입장에서는 그동안 서운함의 표현을 지속적으로 했는데, 상대방이 몰라 줘서 결국 쌓인 결과로 분노가 터진 것이고, 상대방의 입장에서는 분노가 이별의 원인이다. 갈등 중재에서 촉발 사건은 말 그대로 촉발일 뿐 근본적인 원인이 아니다. 근본적인 원인은 자신의 욕구와 감정을 관찰하지 못한 것이고, 그렇다 보니 욕구와 감정을 적절하게 표현하지 못해서 서운함을 쌓아 놨다가 분노 폭발로 나타난 것이다.

그렇다면 결과로 나타난 것은 분노라고 할지라도, 그 원인에는 서운함이 있으므로 서운함을 해결하면 분노는 따로 해결하지 않아도 될까? 그렇지 않다. 화내는 것은 습관이다. 원인이 서운함이었다고 할지라도 화를 자주 내는 사람은 그것이 습관이 되어 서운함이 없어도 화를 낸다. 분노는 전염성이 강하다. 심지어 내담자 중에는 처음에는 흉내였는데 진짜 화가 나는 경우도 있었다. 그 내담자는 처음에는 '이런 상황에서는 화를 내야 해. 지금 버릇을 고쳐 주려면 더 강하게 나가야 해!'라는 생각에 사실 화가 난 것도 아닌데, 일부러 화를 내는 척하다 보니 진짜 화를 내게 됐다고 한다. 이런 일은 이 내담자에게 특수하게 발생한 일이 아니라 빈번하게 벌어지는 일이다. 서운함에서 끝나지 않고 분노 표출까지 가는 사람들은 분노와 서운함을 경계 짓지 못하고 서운함이 자연히 분노로 연장된다. 그렇기 때문에 서운함이 자연히 분노로 이어지는 경우에는 분노 표출의 문제를 먼저 해결해야 서운함의 문제에 다가갈 수 있다.

불만이 생겼을 때 상대방에게 바로 '화'라는 감정을 표출하는 것은 자연스럽고 적응적인 반응이라고 주장하는 사람들도 있다. 하지만 같은 상황이라도 상대방을 이해할 수 있는 관찰력과 분석력이 있다면 얼마든지 다른 방식으로도 표현할 수 있고, 갈등 상황으로 가지 않을 수 있다. 화를 내는 것이 자연스럽고 적응적이라고 해서 화를 내면 상대방의 마음은 어떻게 될까? 당연히 상처를 받는다. 내가 나의 마음의 문제를 쉽게 해결하기 위해 상대방이 상처받고 내게서 멀어진다면 이것이 문제를 해결하는 좋은 방법일까? 반대로, 내가 누구나 화낼 만한 상황에서도 화를 안 내고 오히려 이해해 주면서 "괜찮아, 사랑해?"라고 하면 상대방은 내게 어떤 감정을 느낄까? 종종 자신이 화를 내고 나 혼자 잘못했다는 인식을 갖기 싫어서 상대방도 동일하게 악한 행동이 나올 때까지 유도하는 사람도 있다. 이런 사람들은 심리 게임을 하는 사람들이다. 이런 사람들은 내가 오히려 친절하게 하면 더 분노하면서 화를 끝내지 않는다. 이런 종류의 심리 게임에 대해서는 다음 장에서 더 깊이 다루기로 하자. 이런 특별한 소수의 사람말고는 대부분 내가 친절하게 대하면 상대방도 미안해하거나 누그러지기 마련이다.

화가 나는 것이 적응적인 경우도 있다. 거짓말을 했다가 들켰거나 바람을 피웠다면 당연히 화가 나는 것이 적응적이다. 그러나 화가 나는 것이 적응적일 수는 있어도 화를 내는 것, 즉 분노 표출이 적응적이지는 않다. 화를 내는 것, 즉 분노 표출은 화를 다루는 여러 방법 중 하나다. 무작정 억압하는 것은 다른 감정으로 우회해서 드러나기 때문에 좋지 않지만, 화를 잘 다루면 분노를 표출하지 않고도 다스릴 수 있다. 가장 좋은 방법은 화라는 감정을 '언어화'하는 것이다. "으아아악!"이라고 괴물 같은 소리를 지르거나, 크게 욕을 하거나, 물건을 집어던지면 화가 풀린다기보다는 화가 더 난다. 오히려 "나는 네가 거짓말을 해서 화가 나. 네가 나에게 사과하고 다시 거짓말하지 않도록 우리 안에 규칙을 만들었으면 좋겠어."처럼 나의 욕구와 감정을 적절히 표현하고 내가 생각한 해결 방법을 요구하는 것이 좋다. 이렇게 화를 언어화하면 화도 풀리고 문제도 해결된다. 물론 이렇게 화를 언어화하는 것이 쉬운 것은 아니다. 언어화가 어려운 이유는 관찰이 안 되기 때문이다. 여기서 또 관찰이 나온다. 내가 왜 화가 났는지, 상대방의 무엇이 나를 화나게 만들었는지, 상대방이 어떻게 해 줘야 나의 화가 풀릴지를 알 수 있는 것이 관찰의 힘이다. 이것을 모르면 화를 언어에 담아내지 못하기 때문에 화를 '포획'할 수 없어서 분노를 표출하게 된다.

화를 내지 않으면 화가 가라앉지 않는다고 주장하는 내담자들이 종종 있다. 화를 다 쏟아 내고 나면 평온케 된다는 의미다. 이런 사람들은

'화를 내 보니 문제가 풀리더라.'라는 경험을 계속 쌓아와서 갈등 해결 전략 및 생존 전략으로서 분노 표출을 한다. 분노 표현을 하고 나면 어떤 형태로든 갈등이 빨리 종결된다. 그것을 경험하고 나면 갈등 상황이 올 때마다 몸이 분노하기 좋은 시스템을 만든다. 이런 사람들은 분노는 자연스러우며, 문제를 해결해 주고, 상대방과 소통할 수 있는 유일한 방법이라고까지 주장한다. 그러나 같은 상황에서도 생존 전략으로서 '화'를 사용하지 않고 다른 방법을 사용하는 사람들이 많다. 화를 내는 것을 일반화 혹은 정당화할 수 없다는 의미다. 그런 방식은 그 화를 감당하는 사람에게 분노 혹은 우울이나 불안을 전가하는 결과를 초래한다. 그리고 화를 냄으로써 화를 가라앉힌다는 '경험담'도 거짓이다. 이런 사람들은 화를 내는 것에 중독되어 체력이 다할 때까지 화를 내고, 자신의 체력이 고갈되면 더 이상 화를 낼 수 없는 상태가 되는 것이지 화를 냄으로써 화가 가라앉는 것은 아니다. 화를 내는 것은 화를 더 부를 뿐이다.

UCLA의 뇌신경과학자 매튜 리버만(Matthew Lieberman) 박사는 감정을 말로 표현하는 순간의 뇌영상(fMRI)의 변화를 관측하는 연구를 진행했다. 화가 나는 상황에서 분노를 표출할 때와 분노를 표출하지 않고 언어로 화를 표현할 때의 뇌영상의 변화를 관측한 결과, 언어로 화를 표현할 때의 화가 훨씬 더 줄어든다는 것을 확인했다. 자율신경계(autonomic nervous system)와 편도체는 뇌에서 분노와 같은 강한 감정을 조절하는 영역으로, 분노가 생기면 자율신경계의 교감신경과 편도체가 과활성화되면서 신체는 '투쟁-도피' 반응을 일으킨다. 이때 심박수가 증가하고, 근육이 긴장하며, 스트레스 호르몬인 코르티솔(cortisol)과 아드레날린(adrenaline)이 분비된다. 그러면 화를 줄어들게 만들기보다는 화를 더 확장한다. 그러나 "나는 지금 화가 난다."라고 말하거나 글로 쓰면서 화를 언어화하면 언어와 해석을 담당하는 전전두엽(prefrontal cortex)이 활성화되면서 편도체의 활성도가 감소하는 것이 뇌영상에 나타나고, 교감신경의 흥분 상태가 진정된다. 이런 반응은 크게 화를 낼 때만이 아니라 자잘한 짜증에도 동일하게 나타난다. 짜증이 날 때 행동으로 짜증을 드러내면 편도체가 자극을 받는다. 그러나 "나 지금 짜증 나."라고 말하는 순간에 전전두엽이 개입하여 감정을 논리적으로 정리하기 시작한다. 그리고 "왜 짜증 나지?"라고 스스로에게 질문하면 전두엽이 원인을 찾으면서 감정을 분석한다. 화를 내면 편도체가 그 화를 '나'로 인식하지만, 감정을 언어로 설명하면 인간의 뇌는 '나는 분노를 경험하고 있다.'라면서 분노를 나와 거리두기한다. 이야기치료를 만든 마이클 화이트(Michael White)는 이런 원리를 활용하여 분노나 불안 등의 감정을 '외재화'하여 처리하는 심리치료 방법을 개발했다. 내담자가 "정말 불안해요."라고 말하면, 상담사는 "그 불안은 어떤 특징이 있죠?"라며 그 불안의 정체성을 내담자와 분리시키는 언어작업을 하는 것이다.

럽디(주)에서는 뇌과학의 이론적 토대와 서운함을 반복적으로 느끼는 사람들이 자주 분노 표출로 전환되는 데이터(Real World Data)를 기반으로 이런 내담자들이 분노를 표출하지 않도록 훈련하는 분노 트레이닝 프로그램을 만들어서 운영했다. 분노 트레이닝 프로그램은 간단히 요약하면 10일 동안 화내지 않는 상태를 연습함으로써 화내는 것 외에도 문제를 해결할 다른 방법이 있다는 것을 알고 그 다른 방법에 익숙해지게 하고, 자신이 화가 나거나 화를 내는 원인을 분석하여 자기 인식이 가능하도록 만들기 위함이다. 10일 동안 단 한 번도 욱하지도, 짜증내지도, 화내지도 않고 열흘을 보내는 것을 목표로 한다. 10일 동안 한

번도 욱하거나 짜증을 내지 않는 데 성공하면 화날 때 어떻게 대처하는지를 습득했다고 가정한다. 다만 중간에 한 번이라도 짜증을 내거나 화를 내면 다시 원점으로 돌아가서 다시 10일 동안 짜증 내거나 욱하지 않기를 시작한다. 어제는 잘했는데, 오늘은 짜증이 한 번 났다면 내일부터 다시 1일 차가 된다. 그렇게 해서 열흘을 채워야 한다. 이 과정에서 자기가 어떤 조건에서 화를 내는지, 어떤 서운함이 쌓이면 분노가 폭발하는지, 어떻게 하면 화가 나도 화를 안 내고 지나갈 수 있는지를 깨달을 수 있다. 깨달음 없이는 화를 없앨 수가 없다. 화를 꾹 참는 것을 보이는 것도 문제가 된다. 누군가 옆에서 화를 꾸욱 참고 있다면 편안할 수 있을까? 옆에 있는 사람은 불편하다. 무작정 참는 것도 화를 내는 것이나 다름없다. 내가 화를 참는 것을 보여도 상대방은 불편하다. 그 불편함 때문에 같이 있기 싫고, 피하고 싶은 감정을 만든다. 그래서 참는 것이 아니라 그냥 화가 안 나거나 적절하게 언어화해서 해결해야 한다. 언어화의 가장 일반적인 방법은 나 전달법에서 다룬 내용대로 나의 감정과 욕구를 감정 자체로, 욕구 자체로 두지 말고 언어로 전환해서 전달하는 것이다. 여기서 한 발 더 나아갈 수 있다면 나어너어처럼 상대방의 욕구와 감정도 읽어 주면 좋다. 그러나 아직 이렇게 감정과 욕구를 대면 상황에서 바로 언어로 전환하는 것이 어렵다면 감정 일기를 통해 나의 화를 인식하고 문자 언어로 전환하는 훈련을 해야 한다.

분노 트레이닝을 위한 감정 일기는 딱 10일 동안만 쓸 목표로 시작한다. 분노 트레이닝 감정 일기는 세 부분으로 나눠서 쓴다. 첫 번째는 분노의 원인을 이해하는 것이다. 코이케 류노스케(Koike Ryunosuke)는 자신의 저서인『화내지 않는 연습』에서 우리의 마음은 외부에서 들어온 정보를 자기중심적으로 해석하여 분노를 만들어 낸다고 했다. 코이케 류노스케가 분노의 원인을 분석하는 것을 보면 서운함의 원인과 매우 유사하다. 바로 해석의 문제다. 그리고 코이케 류노스케는 이어서 충족되지 않은 욕구와 욕망이 분노를 일으킨다고 보았다. 이 또한 서운함의 원인과 연결되는 부분이 있다. 이렇게 생각해 보면 서운함을 많이 표현하는 사람이 결국 분노 표현으로까지 가는 이유를 어느 정도 설명할 수 있다. 결국 서운함의 문제를 해결할 때 사용했던 방법처럼 판단을 중지하고 욕구와 감정에 직면하면 분노가 해결된다는 것이다. 두 번째로 분노의 원인을 분석했으면 그 내용을 일기로 쓴다. "나는 생일 선물로 반지를 기대했는데, 남자 친구가 신발을 사 줘서 화가 났다." 원인과 화를 연결시켜서 쓰면 분노를 언어화하면서 어느 정도 해소된다. 그러나 여기서 끝내서는 안 된다. 마지막이 제일 중요한데, '그 사람이 왜 그렇게 행동했을까?'를 한 발짝만 다가가서 생각해 본다. 대부분 관계의 문제는 상호성에 답이 있다. 서운함의 문제도 그랬던 것처럼, 분노의 문제도 상호성을 갖추는 만큼 해결된다. 분노 트레이닝 감정 일기를 정리하면 〈표 9–5〉와 같다.

〈표 9–5〉 분노 트레이닝 감정 일기

감정 일기 순서	내용
분노의 원인은 무엇일까	억압된 감정과 욕구 찾기
분노를 언어화하기	화를 낸 과정과 하고 싶었던 말을 언어로 표현하기
그 사람의 행동 이해하기	상대방의 입장에서 상황을 정리해 보기

분노 트레이닝 감정 일기를 쓸 때는 가능하면 다른 사람들도 볼 수 있게 노출시키는 것이 좋다. 가능하면 기록물이 하루 만에 사라지는 SNS보다는 감정 일기를 쓴 흔적을 확인할 수 있는 SNS가 좋다. SNS에 "오

늘부터 난 열흘 동안 분노 트레이닝을 할 것이다."라고 밝히고 매일매일 써 나간다. 실패했으면 왜 실패했는지 원인을 분석하고, 앞으로 어떻게 해야 실패하지 않을지까지 쓴다. 오늘 잘했으면 잘한 사례에 대해서 "전에 같으면 어떻게 행동했을 텐데, 오늘은 다르게 어떻게 행동했더니 고맙다는 말을 들었고 보람 있었다. 역시 사람을 배려하는 것은 정말 좋은 것 같다. 요즘 크게 배우고 성장하는 기분이다."와 같이 스스로를 칭찬하는 말이나 감상까지 올린다. 열흘이 지나고 지금까지의 모습이 아니라 다른 사람이 된 것 같은 나를 보면 나 스스로를 인식하는 표상, 자아상이 달라진다. 이런 변화에 대한 공표는 나 자신에 대한 표상을 바꿈으로써 나를 성장시키기도 하지만, 외부에서 나를 바라보는 시선도 바꾼다. 분노 트레이닝 감정 일기는 분노뿐만 아니라 걱정, 혐오 등의 감정이나 태도를 바꾸는 데에도 활용이 가능하다.

불안 케어

인지행동치료(Cognitive Behavioral Therapy: CBT), 정서중심치료(Emotion-Focused Therapy: EFT) 등의 분야에서는 감정 일기를 사용하여 불안을 케어한다. 그만큼 불안한 사람을 위해 감정 일기가 유용하다는 의미다. 감정 일기는 불안을 '나를 압도하는 감정'에서 '내가 다룰 수 있는 감정'으로 변화시키는 도구다. 분노 트레이닝처럼 빠르게 효과가 나타나지는 않지만 불안한 내담자들에게 가장 좋은 활동 도구 중 하나임에는 틀림없다.

불안은 정체를 알 수 없는 현상이나 대상에 대해서 발생하는 정동이기 때문에 사실상 대상이 없다고 볼 수 있다. 그래서 불안을 잘 느끼는 사람들은 부정성을 기반으로 끊임없이 상상하고 예측하면서 불안을 포획하려고 하지만, 결국 실패하고 불안을 더 키워 나간다. 이러한 원리는 해석에 기반하여 서운함을 키워 나가는 심리적인 역동과 비슷하다. 따라서 불안은 논리적으로는 서운함 다음에 이어서 오는 정동이지만, 일단 발생하고 나면 서운함과 불안이 엮여서 서로를 확장해 나간다. 그러므로 불안이 일단 작동하기 시작한 내담자는 불안을 잡아야 서운함도 잡힌다.

불안 케어를 위한 감정 일기는 주로 CBT의 방법을 사용한다. EFT에서 사용하는 방법은 정서 역량을 키우기 위한 일기와 내용이 비슷하고, 실제로 CBT와 EFT의 방법을 모두 사용해 본 결과, 불안증 치료가 아니라 갈등 중재 및 이별 · 이혼 상황에서의 불안 케어에는 CBT의 방법이 더 효과적이었다. CBT의 불안 케어 감정 일기를 쓰는 방법은 다음과 같다.

불안 감정 일기를 쓸 때 기본적인 틀은, 첫째, 불안한 상황 기록하기(객관적인 사실), 둘째, 불안을 유발한 생각 탐색하기(자동적 사고 분석), 셋째, 대안적 사고 적용하기(인지 재구성), 넷째, 마무리 정리하기(긍정적인 대처 방법 찾기)다.

첫째, 불안한 상황 기록하기 부분에는 감정이나 해석을 제외하고 상황 자체만 최대한 객관적으로 기록한다. 이때 가능하면 신체적인 감각도 함께 기록하는 것이 좋다. 원래 신체감각을 기록하는 것은 EFT의 방법이지만, CBT에서 추가하여 활용했다. 예를 들면, "회의실에 들어가니 심장이 두근거리고 손이 떨렸다."와 같이 쓰는 것이다. 원래 내담자의 초기 일기문에는 "회의실에 들어가니 불안했다."라고 써 있었다.

둘째, 불안을 유발한 생각 탐색하기 부분은 CBT에서 가장 중요한 부분으로, '나는 발표를 잘 못하니까 이번에도 망칠 거야.'처럼 불안을 느끼기 전에 자동적으로 드는 생각을 적는 것이다. 처음에는 이 부분을 쓰는 것이 어렵다. 왜냐하면 '자동적 사고'이기 때문이다. 그러나 자신을 자세히 관찰하고 고민의 시간을 갖다 보면 직면할 수 있다. 이 부분만 잘 넘어가도 혼자서 불안 케어를 위한 감정 일기를 쓸 수 있지만, 처음에는 상담사들의 도움을 필요로 하는 이유가 이 부분을 잘 못 쓰기 때문이다.

셋째, 대안적 사고 적용하기 부분은 두 번째 불안을 유발한 생각 탐색 부분 대신에 들어갈 수 있을지를 쓰는 것이다. 예를 들면, "연습을 많이 했으니까 분명 지난번보다 좋은 결과가 있을 거야."와 같은 문장을 쓰는 것이다.

넷째, 마무리 정리하기 부분에는 '다음에 비슷한 상황이 생기면 나는 어떻게 대처할 수 있을까?'를 생각하면서 불안을 관리할 수 있는 구체적인 행동 계획을 세운다. 예를 들어, "발표 전에 깊은 호흡을 하고, 발표 연습을 한 번 더 하면 안심이 될 거야."와 같다. 예시는 한 문장만 들었지만, 실제로는 상세하고 길게 쓰는 것이 좋다. 이를 정리하면 〈표 9-6〉과 같다.

〈표 9-6〉 불안 케어 감정 일기

감정 일기 순서	내용
불안한 상황 기록	객관적인 사실
불안을 유발한 생각 탐색	자동적 사고 분석
대안적 사고 적용하기	인지 재구성
마무리 정리	긍정적인 대처 방법 찾기

이렇게 쓰는 것이 어렵다면 더 단순하고 쉽게 쓰는 방법도 있다. 행동/생각/감정으로 구분해서 그날의 일기를 쓰는 것이다. 그러면 자신의

생각이 어떤 감정을 만들었는지, 자신의 생각이 맥락이나 행동과 얼마나 동떨어져 있었는지를 확인할 수 있고, 불안이 정체 없이 발생했다는 상황에 직면할 수 있다. 구성은 〈표 9-7〉과 같다.

〈표 9-7〉 약식 감정 일기 예시

행동	생각	감정
그 여자가 나를 웃으면서 쳐다봐서 나는 내 옷을 점검했다.	그 여자는 내가 이상해 보여서 쳐다봤을 것이다.	수치심이 들고 창피했다.

감정 일기의 가장 큰 문제는 실천성에 있다. 6~12주 정도까지 쓰기만 하면 효과를 보지 못하는 경우는 거의 없다. 다만 감정 일기를 쓰도록 요청했을 때 써 오는 내담자는 50%가 안 된다. 상담사가 넋 놓고 다음 상담까지 기다리기만 해서는 반은 안 써 온다고 보는 것이 맞고, 쓰고 있는지 중간중간 확인 문자를 보내는 것이 좋다. 혼자서 감정 일기를 쓸 경우에는 스스로 규칙과 보상을 만들어서 자신을 통제하기 위한 대책을 세워 놓는 것이 좋다.

희생 > 비회수 선금의 법칙

한 부부가 이혼 숙려 기간 동안에 상담을 받기 위해 왔다. 남편은 다소 권위적이기는 하지만, 행복한 가정을 만들기 위해 열심히 일하고 가정에도 최대한 충실한 사람이었다. 아내는 전형적인 현모양처로, 희생적으로 가정을 위해 자신의 시간과 에너지를 쏟아부었다. 자녀는 대학생이 되어 유학을 갔다. 표면적으로는 이혼할 이유가 없어 보였다. 그런데 자녀가 유학을 간 뒤로 부부는 거의 매일 싸웠다. 서로를 비난했다. 각자가 가정을 위해 얼마나 희생했는지를 말하고, 상대방에게는 희생이 덜하다고 했다. 주로 오간 말은 이랬다. “나는 내 꿈도 포기하고 집에서 살림만 했어. 내가 뭘 희생했는지 당신이 알아?” “나는 아침 7시에 나가서 밤 10시에 들어와. 내가 밖에서 12시간이 넘게 뭘 하다가 올까?” 이런 대화들이 끊이지 않던 어느 날, 아내가 이혼하자고 했다. 남편이 이혼에 동의하지 않자 아내가 앓아누웠다. 처음에는 갱년기이려니 했는데, 그대로 뒀다가는 아내가 음식을 먹지 않아서 목숨이 위태로울 상황이었다. 결국 남편은 이혼에 동의하고, 그 대신 상담을 받자는 조건을 붙였다. 이 부부에게는 어떤 문제가 있었던 것일까?

이 부부는 전형적인 서운함의 문제로 이혼 서류를 제출한 경우다. 가장 큰 문제는 서로 희생하고 그 대가를 받지 못했다고 생각한 것에 있다. 남편과 아내 둘 다 희생했다. 선금을 지불한 것이다. 선금을 지불했기 때문에 회수해야 하는데, 희생은 회수가 안 된다. 그래서 자연히 서운함이 발생한다. 그동안 투자한 희생의 값이 큰 만큼 서운함의 크기도 커진다. 서운함이 불안을 넘고, 분노를 넘어 포기 상태로 돌입했다. 인생을 손해 봤다는 생각만 가득하다. 선금으로 지불한 희생이 회수가 안 되면 이 부부는 가망이 없다. ‘고작 이런 일로?’라고 생각할 사람이 있을지 모르겠다. 그러나 이런 사례는 생각보다 많다. 황혼이혼을 하는 노부부부터 20대 연애 중인 청년들에 이르기까지 ‘요즘 젊은 사람들은 서로 희생하지 않잖아요?’라고 생각할지 모르지만, 희생은 주관적이다. 내가 희생한 만큼 회수가 안 되는 것이 문제이지, 희생한 선금이 문제가 아니다. 회수가 안 되면 작은 희생도 서운함을 불러온다.

부부의 이야기로 다시 돌아가 보자. 아내는 희생이 몸에 밴 사람이었다. 신혼 때 어쩌다가 남편이 식탁 위에 있는 물컵을 떨어트렸다. 담겨 있던 물은 쏟아지고, 컵은 깨졌다. 남편은 아내에게 미안해서 눈치를 보며 치우려고 했다. 그런데 아내는 "아이고, 내가 괜히 컵을 거기다 놔서……. 당신 뒤로 물러나 있어. 내가 치울게."라고 했고, 남편은 "내가 못 봤네. 앞으로 조심할게."라고 하면서 아내에게 미안함과 고마움을 표현했다. 처음에는 그랬다. 그런데 아내의 희생은 늘 도를 넘었고, 티도 내지 않았다. 문제가 생기면 잘못을 자신에게로 돌렸고, 가정에 어려움이 있으면 스스로 다 해결했다. 사실은 아내도 버거웠다. 그러나 아이와 남편을 행복하게 하기 위해서 감당할 수 있었다. 어느 날 남편은 휴일에 TV를 보고 있었고, 아내는 망가진 문고리를 고치고 있었다. 문고리를 돌리고 열어야 하는데, 남편이 자주 그냥 잡아당겨서 많이 헐거워 있었다. 아내는 남편에게 한두 번 말했지만, 남편은 고치지 않았고 아내는 굳이 싸우고 싶지 않아서 그냥 자기가 헐겁게 된 문고리를 조이곤 했다. 그런데 그날은 남편이 TV를 보고 있는 동안에 자신이 문고리를 조이고 있는 모습이 서러웠다. 그래서 남편에게 한마디 했다. "이런 건 남자가 좀 하지." 그 말을 들은 남편은 갑자기 아내를 째려보았다. "내가 집안일을 안 해? 당신이 해 달라고 부탁이나 했어?" 아내는 남편이 능글맞게 와서 고쳐 주기를 바랐는데 오히려 핀잔을 주자 서운함을 넘어 서러웠다. 그래서 소리를 질렀다. "부탁, 뭔 부탁? 이게 내 일이야? 우리 가정일이야. 내가 왜 부탁을 해?" 그러자 남편은 자신에게 책임을 돌리는 것 같아서 화가 났다. "내가 돈도 벌고, 집안일도 해? 다 내 일이야? 나 하루 12시간 이상 일하는 것 몰라? 오늘 하루 쉬는 날인데 이런 날까지 부려 먹어야 돼?"

이런 대화가 수차례 반복되자 서로 대화가 없어지고 각자의 일은 의무가 되었다. 문제가 뭘까? 역할 분담의 문제일까? 둘이 역할 분담을 잘했다면 이런 상황이 안 왔을까? 물론 상호성의 원칙에서 규칙과 보상 체계를 잘 만들었다면 이런 상황은 안 왔다. 이것은 역할 분담에 문제가 있는 것이 아니라 지극히 감정적인 문제다. 아주 전형적으로 대부분의 연인과 부부에게서 발견되는 서운함의 문제다. 역할 분담을 아무리 잘했어도 희생에 대한 수금이 안 이루어지면 서운함은 자동적으로 발생한다. 비회수 선금의 법칙을 다른 말로 매몰 비용 오류(sunk cost fallacy)라고 한다. 이미 지출되어 회수할 수 없는 비용을 기준으로 의사 결정을 내리는 오류를 의미한다. 이미 지출한 돈, 시간, 노력 등의 비용을 회수할 수 없음에도 불구하고, 이를 고려하여 비합리적인 결정을 내리는 심리적 역동이다. 혹은 '이미 투자한 것이 아까워서' 손해를 감수하면서도 계속 투자하거나 불리한 상황을 유지하는 인지부조화 상태를 말하기도 한다.

이런 문제는 왜 발생하는 것일까? 내가 희생하는 것을 표현하지 않았기 때문이다. 내가 희생한 것을 표현하면 생색을 내는 것 같아서 사랑하는 사이에서는 나의 희생을 표현하지 않는다. 그러나 사람의 마음 에너지는 무한하지 않다. 표현을 안 하면 희생은 기본이 된다. 희생이 기본값이 되고 나면 에너지는 고갈되는데, 충전하지 않아도 된다고 생각해서 계속 고갈만 하게 되어 결국 방전되고 만다. 희생이라는 말 자체가 회수받지 않을 것을 가정한 단어이고, 또 좋은 인격을 가진 사람에게서 나오는 좋은 가치라고 여기기 때문에 굳이 표현하지 않고 희생하는 것이 미덕이라고 여기는 경향이 있다. 비회수 선금으로서의 희생은 평생 돌려받지 않아도 스트레스를 받지 않을 자신이 있을 때 하는 것이다. 하지만 대부분의 사람은 평생 희생을 회수하지 않아도 아무런 상관이 없을 만큼 탄력성이 좋지 않다. 그리고 희생은 투자하면 반드시 상대방으로부터 같은 크기의 희생이 돌아올 것이라고 생각해서도 안 된다. 설사 상대방이 같은 크기의 희생을 한다고 해도 내가 그것을 같은 크기의 희생이라고 받아들일지는 알 수 없는 이야기다. 희생은 반드시 스트레스로 쌓이게 되어 있고, 그 결과는 관계의 붕괴로 이어진다. 애초에 내가 희생하는 것들에 대해서 표현하고, 상대방의 희생에 대해서도 알아주면서 상호 보상 체계를 만들어야 했다.

그러나 그렇게 보상 체계를 만들지 못하고 서운함이 극에 달해서 이미 관계가 붕괴된 이런 부부들은 어떻게 회복할 수 있을까? 미수금된 희생들을 이제 수금해 나가야 한다. 앞의 사례를 통해 소개한 부부의 경우, 연애 · 결혼 돌아보기, 칭찬과 인정, 감사 일기, 화법 배우기 등의 작업을 함께 진행했다.

연애 · 결혼 돌아보기는 자신의 생애사를 정리해 보듯이, 둘의 연애부터 결혼까지의 전체 과정을 정리하는 것이다. 자신의 생애사 정리가 갖는 효과는 자신의 생애를 지나치게 부정적으로 편향되게 해석했던 것을 균형 잡는 데 있다. 늘 실패하기만 한 줄 알았는데 생애사를 정리해 보면 성공한 적도 있었고, 긍정적인 영향을 준 적도 있었고, 사랑받은 적도 있었다는 것을 발견해 간다. 연애 · 결혼 돌아보기도 두 사람의 관계를 정리하면서 그동안 서로 얼마나 사랑했고, 애틋했는지를 정리할 수 있다. 그리고 그동안 생색내지 못했던 일들에 대해서도 정리하면서 자연스럽게 표현하고 인정하는 기회를 갖는다. 연대기적으로 정리할 수도 있고, 인생곡선을 통해 정리할 수도 있다. 연대기적 정리는 만난 해부터 시작해 중요한 사건들을 중심으로 하나하나 정리해 나간다.

인생곡선을 통해 정리하려면 처음 만난 순간을 0으로 두고 행복했을 때를 상향곡선으로, 불행했을 때를 하향곡선으로 그리면서 연애와 결혼의 행복도를 그래프로 나타낸다. 이때 중요하게 분석할 것은 상향곡선으로 갈 때의 특징과 하향곡선으로 갈 때의 특징이다. 그리고 하향곡선에서 어떻게 상향곡선으로 바꿀 수 있었는지를 분석한다.

감사 일기와 칭찬과 인정은 연장선이라고 생각할 수 있다. 칭찬과 인정은 그동안의 결혼 생활 혹은 연애 기간 동안의 모습을 칭찬하고 인정할 수 있는 것들을 발견해서 정리하는 것이고, 감사 일기는 그날그날에 고마워할 것들을 찾아서 쓰는 것이다. 미국 캘리포니아 대학교 데이비스 캠퍼스의 심리학 교수인 로버트 에먼스(Robert Emmons) 박사는 2000년에 진행한 연구에서 연구 참여자들을 세 그룹으로 나누어서 10주 동안 각기 다른 일기를 작성하게 했다. 첫 번째 그룹은 감사 일기를 썼고, 두 번째 그룹은 스트레스를 받은 일을, 세 번째 그룹은 그날 있었던 사건을 객관적으로 기록하게 했다. 그 결과, 감사 일기를 쓴 첫 번째 그룹이 다른 두 그룹에 비해 삶의 만족도가 높고, 관계가 긍정적으로 원활하게 되었으며, 미래에 대한 기대가 커졌다. 이와 동일한 연구를 전남대학교 플로리싱(flourishing) 연구단과 대구교육대학교 김미경 교수팀에서도 진행했는데, 감사일기가 삶을 대하는 태도, 긍정 정서, 자기 성찰, 인간관계, 작은 행복의 발견, 행복한 삶의 인식, 안녕감과 행복감 증진, 자기 존중감, 자기효능감, 적응 유연성에 좋은 영향을 미친다는 결과를 도출했다. 갈등 상황에 있는 부부나 연인에게 감사 일기를 쓰게 하는 것은 실제로 이런 효과들을 불러왔는데, 이는 희생에 대해서 바로 수금하는 결과를 초래하기 때문이다. 작성한 감사 일기는 상호 간에 교환할 수 있으면 교환하되, 교환을 꺼려 하면 말로 감사 표현을 할 기회를 제공한다.

화법 배우기는 이혼을 앞둔 부부의 갈등 중재를 위해 가장 중요하다. 한 노부부가 황혼이혼을 하겠다고 찾아온 적이 있었다. 할아버지에게 비폭력대화와 나어너어를 알려 드리고 사용하게 했다. 보통은 화법을 교육하고 스스로 할 말을 써 보게 하는데, 할아버지는 써 보는 작업이 어려웠다. 그래서 스크립트를 써 주고 읽게 했다. 할머니는 할아버지가 진심으로 말하는 것이 아니고 만들어 준 스크립트를 읽는 것이라는 것을 알았지만 눈물을 흘리기 시작했다. 할머니는 '평생 듣고 싶었던 말'이었다고 했고, 할아버지는 "난 이런 말이 있는지도 몰랐어."라고 했다. 한국말인데 왜 그런 말이 있는 줄 몰랐겠나. 이런 말을 사용할 수 있다는 것, 이런 말을 사용하면 어떤 일이 생기리라는 것을 몰랐다는 의미였을 것이다. 이런 말을 사용하면 지는 것이라는 생각이 들고, 자존심을 굽히는 것이라는 생각을 했을 것이다. 그래서 이런 말이 있다는 것을 알아도 언제 어느 상황에서 어느 정도로 써야 하는 것인지를 몰랐을 것이다. 화법 배우기는 어떤 상황에서 어떤 말을 해야 상대의 희생에 보답해 주는 것인지를 알려주는 것이다.

연애 · 결혼 돌아보기, 노력과 장점, 칭찬과 인정, 감사 일기, 화법 배우기는 모두 부부나 연인이 함께 갈등을 중재하기 위해 방문한 경우뿐 아니라, 둘 중의 한 명만 사용해도 유용하다. 심지어 헤어진 후, 혹은 이혼한 후에 방문하여 해당 내용들을 배우고 익혀서 재회하기도 한다. 이런 과정들을 거쳐서 이혼 2년 후에 다시 재결합에 성공한 경우도 있었다. 희생을 했다는 것은 그만큼 에너지를 썼다는 것이고, 둘 사이는 그만큼 좋은 기억들이 많다는 의미다. 그렇기 때문에 비회수 선금으로 희생을 지불했다고 할지라도 그 기억을 다시 떠올리고 감정을 불러올 수 있는 재료가 충분히 있다는 의미다.

이상화-긍정적 착각

이상화란 무엇일까

서운함의 문제를 다루는 데 있어서 가장 장기적으로 안정적인 적용을 할 수 있는 방법은 '이상화'였다. 미국 뉴욕 대학교 사회심리학과 해리엇 머레이(Harriett Murray) 교수는 배우자나 연인을 이상화했을 때 결혼이나 연애의 만족도가 높았다는 연구 결과를 도출했다. 머레이 교수는 연애 만족도에 대해 조사한 결과, 장거리 커플이 일반 커플보다 더 만족스러운 연애를 한다는 의외의 결과를 도출했다. 어떻게 된 일일까? 설문에 응답한 내용을 보면 장거리 커플들이 가까이에 사는 커플들보다 서로를 더 많이 사랑한다고 느끼며, 대화도 더 잘 통한다고 생각하고 있었다. 이런 차이를 만들어 낸 원인은 장거리 커플들에게 유독 강하게 나타나는 특이한 현상이었는데, 그것은 바로 이상화였다. 그리고 이 연구에 이어서 가까이에 살지만, 관계 행복도가 높은 연인들을 연구했다. 그들에게서도 공통점이 나타났는데, 역시 이상화였다. 분명히 보이는 약점을 보지 않고 강점을 더 많이 보고 이야기했으며, 지적이나 불만의 표현보다는 칭찬과 인정의 표현이 주된 의사소통의 내용이었다. 그리고 실수한 것조차도 긍정적으로 해석했다.

이와 같은 연구는 머레이 교수만 한 것이 아니었다. 미국 캘리포니아 대학교 로스앤젤레스 캠퍼스의 심리학과 석좌교수 셸리 테일러(Shelley Taylor)는 그의 저서 『긍정적 착각: 현실을 넘어서는 낙관주의의 힘(Positive Illusions: Creative Self-Deception and the Healthy Mind)』

을 통해 자기 자신에 대한 긍정적 평가가 삶의 만족도를 올리고 좋은 관계성을 만든다고 했다. 그리고 머레이 교수와 테일러 교수의 연구를 종합하여 뉴욕 주립 대학교 버팔로 캠퍼스의 심리학과 교수 산드라 머레이(Sandra Murray), 캐나다 워털루 대학교의 심리학과 명예교수 존 홈스(John Holmes), 캐나다 브리티시 컬럼비아 대학교의 경영대학원 교수 데일 그리핀(Dale Griffin)은 연인과 배우자에게 '긍정적 착각'을 적용하여 '이상화'했을 때 관계가 증진되고 관계적 갈등이 줄어드는 것을 확인했다. 연인과 배우자를 이상화했을 때 관계가 증진되고 갈등이 줄어드는 것에 대한 연구는 국내의 경남대학교 심리학과, 고려대학교 심리학과에서도 진행되었다. 연구 결과는 머레이 교수의 연구 결과와 동일했다.

긍정적 착각은 뇌과학적으로도 연구가 되었다. 긍정적 착각은 새로운 신경 연결을 형성함으로써 도파민과 같은 신경전달물질의 분비를 촉진하여 행복감과 동기부여를 증가시키고, 코르티솔과 같은 스트레스 호르몬의 분비를 줄여서 뇌의 문제 해결력을 향상시키는 데 도움을 준다. 이렇게 새로운 신경 연결을 형성하여 뇌를 재구성하는 것을 신경가소성이라고 하는데, 긍정적 착각은 신경가소성을 향상시켜서 스트레스 관리, 자신감 유지, 도전에 직면했을 때 동기부여를 제공하는 데 중요한 역할을 한다.

머레이 교수의 연구 이전에 정신분석가이자 정신과의사인 라캉이 이미 궁정풍 사랑(amour courtois)이라는 이상화 현상에 대해서 발표한 적이 있다. 궁정풍 사랑은 중세의 기사도적 사랑(courtly love)에서 유래한 개념으로, 기사(knight)가 귀부인을 절대적이고 이상적인 사랑의 대상으로 여겨서 숭배하고 추앙하는 방식으로 사랑하는 것을 의미한다. 궁정풍 사랑을 하는 사람은 사랑의 대상을 이상화함으로써 욕망을 지속시키는 메커니즘을 갖기 때문에 사랑이 줄어들지 않는다는 이론이다. 라캉은 "궁정풍 사랑에서 귀부인은 '이상적인 여자'의 역할을 수행하면서 기사의 욕망을 끊임없이 유발함으로써 숭배의 대상이 된다."라고 했다. 이러한 숭배는 기사 자신의 결핍을 보완하는 형태로 상호 만족할 수 있는 쾌락을 만든다. 이런 라캉의 이론은 프로이트가 말한 "사랑의 대상이 결핍을 보완한다."는 이론과 연결된다.

그렇다면 어떻게 해야 이상화를 적용할 수 있을까? 그리고 이상화를 적용하면 어떻게 될까? 럽디(주)에서는 앞의 학자들의 연구대로 상담을 진행하고, 배우자와 연인에 대한 이상화와 긍정적 착각이 서운함의 문제를 해결하고 상호 관계를 증진하는 실제 데이터(RWD)를 쌓아 가고 있다. 이상화의 방법을 간단히 요약하면 배우자의 긍정적 특성에 집중하기, 긍정적 의사소통 유지하기, 상대방의 행동을 긍정적으로 해석하고 표현하기, 부정성 소거하기, 자기 긍정성 및 자기 존중감 높이기다.

긍정적 특성에 집중하기는 상담학에서 말하는 강점 찾기와 같은 내용이라고 볼 수 있다. 그리고 긍정적 특성에 집중하기는 긍정적 의사소통 유지하기, 상대방의 행동을 긍정적으로 해석하고 표현하기와 연결된다. 관계가 이미 깨졌거나 갈등이 심화되어 상담에 찾아오는 부부나 연인을 보면 서로 문제를 지적하다가 관계에 균열이 생기고, 그 균열을 해결하기 위해 또 문제를 찾아 지적하다가 결국 관계가 깨지고, 그 깨진 관계를 해결하기 위해 또 문제를 찾아 지적한다. 그리고 상담의 깊은 곳으로 들어가 보면 일부러 관계를 깨려고 한 사람은 거의 없다. 잘해 보려고 한 행동이다. 문제를 찾아서 들춰 내면 해결될 것이라고 생각한 결과다. 혹은 남편이나 아내 그리고 연인 앞에서는 조금 무너지고, 마음 편하게 자기를 드러내도 되니까 그물망 없이 아무 말이나 쏟아 내다 보니 믿었던 배우자에게, 믿었던 연인에게 이별 통보를 받게 되기도 한다. 그러나 처음부터 단추를 잘못 끼웠다.

관계에서 문제 지적은 문제를 점점 키운다. 약점과 강점은 동전의 양면이고, 강점의 뒷면에는 약점이 늘 존재한다. 밝고 에너지 많은 사람이 좋아서 결혼했는데, 자꾸 밖으로 돌아서 싫어진다. 친절해서 좋아했는데, 모든 사람에게 친절해서 싫어진다. 꼼꼼해서 좋아했는데, 소심해서 싫어진다. 럽디(주)는 갈등 중재뿐 아니라 연애를 시작하고자 하는 분들을 위한 상담도 진행한다. 그런데 종종 꼼꼼하지만 소심하지는 않은 사람, 밝고 에너지가 많지만 밖으로 돌지는 않는 사람, 친절하지만 나에게만 친절한 사람과 같이 불가능한 조건을 말하는 분들이 있다. 이런 사람들은 강점과 약점에 대한 이해가 없는 사람들이다. 영화와 드라마에 등장하는 완벽한 인물들은 성격 분석이 불가능하다. 존재하지 않는 인물이라는 의미다. 강점은 반드시 약점을 동반한다. 문제는 시선이다. 약점을 볼 것이냐, 강점을 볼 것이냐의 문제다. 연애 초기에는 강점이었으나 결혼하고 나서는 약점이 됐다. 그 시선을 바꿔야 한다. 강점 중심으로, 긍정적 특성을 중심으로 봐야 서운함이 생기지 않는다.

어떻게 이상화를 만들 수 있을까

이상화 혹은 긍정적 착각이라는 표현이 꼭 없는 것을 있다고 말하는 것처럼 보이지만, 사실은 있는 어느 것을 강화하는 것이다. 이 방법론은 강점 찾기라는 개념으로 대중화되었지만, 마틴 셀리그먼(Martin Seligman)의 긍정심리학이나 가타리의 분열분석에서 심리치료를 위해서 많이 사용하는 방법이다. 특히 정신분석가 가타리가 개발한 언표의

[그림 9-1] **프랙탈 구조**

프랙탈화(enunciative fractalization)는 이상화를 위한 방법을 잘 정리한 이론이다. 이 방법을 알기 위해 먼저 프랙탈이 뭔지 알아보자. 프랙탈(fractal)이란 부분의 특성을 반복적으로 나타내고, 전체로 무한히 세분화하여 확장하는 구조다. 가타리는 긍정적으로 '자기'를 언어와 표현으로 무한히 반복하면서 확장하는 반복의 실천 구조로 프랙탈을 활용했다. 프랙탈 구조란 [그림 9-1]과 같이 부분이 전체의 특성을 반복적으로 나타내는 자기 유사적이고 무한히 세분화될 수 있는 구조를 의미한다.

언표는 언어표현이라고 보면 쉽다. 다만 단지 말만 의미하는 것이 아니라 표정, 행동, 선물 등의 모든 표현을 통칭한다고 이해하면 된다. 언표의 프랙탈화를 간단히 설명하면 기호의 에너지화와 에너지의 물질화라고 볼 수 있다.

기호의 에너지화란 말, 표정, 표현, 그림, 동작 등의 기호를 반복하면 그에 해당하는 감정, 사랑, 욕망 등의 에너지가 나타나는 것을 의미한다. 긍정적 언표(언어표현)를 삶 속에 반복하여 녹여 내면 긍정적인 감정이 형성된다. 사랑 표현을 다양하게 자주 할수록 사랑이 더욱 솟아나는 것과 같다. 특정 감정을 향한 말과 표현을 반복하면 그 감정은 점점 더 커지기 마련이다. 더 좋은 관계를 만들겠다고 계속 지적하면 미움과 실증이 커지는 것은 당연한 현상이다.

이렇게 만든 정동, 사랑, 욕망과 같은 에너지는 선물을 주거나, 함께 하거나, 뭔가를 배우는 등의 물질화, 행동화로 전환된다. 기호는 에너지를 만들었지만, 그 에너지는 물질화와 행동화를 만들어서 결과적으로 기호는 물질도 변형시킬 수 있게 된다. 사랑의 에너지는 고백을 하거나 부부가 되는 행동화로 이어지는 것과 같다. 사랑이었던 에너지는 결국 부부가 되는 행동화를 통해 이사를 하고, 경제적 산물을 합치며, 새로운 생명을 태어나게 하는 물질화를 만든다. 언어는 현실을 생산하는 힘을 갖고 있다. 불만이나 분노 등의 부정적 언어표현만 반복하면 당연히 부정적 에너지만 남고 무기력한 관계를 만든다. 이렇게 무기력한 상태는 새로운 관계의 가능성을 차단하고 부정적인 에너지를 내 삶에 반복할 뿐이다. 언표의 프랙탈화는 언어표현을 단순한 의미 전달 체계가 아니라 생산하는 힘으로 만들고, 에너지를 현실 속에서 작동하는 행동과 물질, 실천으로 연결하는 방법이다.

이상화의 실제

노력과 장점 그리고 라벨링

상대방의 긍정적 특성을 발견하고 표현하기 위해 럽디(주)에서는 내담자들에게 상대방의 '노력과 장점'을 써 오도록 과제를 주고 그 내용을 중심으로 상담을 진행한 후 실생활에서 이를 어떻게 활용할지를 연습한다. 우선 서로 상대방이 했던 노력과 장점을 30가지 이상 적도록 하되, "너는 이러저러한 상황에서 이러저러한 말과 행동을 하기 때문에 이러저러하다."라고 어떤 사건을 통해서 상대방이 어떤 사람인지를 정의하는 것까지 쓴다. 예를 들어, "누구나 쓰러질 법한 어려운 업무가 계속되는 힘든 상황에서도 남들 같으면 한 번쯤 징징거릴 법한데도 가족한테만큼은 계속해서 미소를 보이는 강인한 사람이다."라고 정리하는 것이다.

그리고 이렇게 정리한 상대방의 노력과 장점을 라벨링(labeling)이라는 방법을 사용해 말해 준다. 라벨링은 신경 언어 프로그래밍(neuro-linguistic programming) 상담 기법의 한 방법으로, 특정 경험, 감정, 행동 또는 신념에 대해 언어적 이름을 붙이는 기법이다. 사람이 자신의 경험을 언어적으로 명확하게 정의하도록 도와주는 기법으로, 주로 특정 감정이나 행동에 라벨을 붙이는 과정에서 그것을 보다 객관적으로 인식하고 조절할 수 있도록 돕는다. 이런 라벨링은 상대방도 라벨을 붙인 대로 인식하게 만들지만, 나도 라벨을 붙이면서 그렇게 인식한다.

라벨링은 원래 부정적인 감정을 긍정적인 관점에서 바라보는 데 도움을 주는 인지 재구성(cognitive reframing)을 목적으로 한다. 그러나 긍정적인 감정뿐 아니라 강점을 구성하는 데에도 효과가 있다. 강점에 라벨링함으로써 긍정적인 자기 인식을 높이고, 긍정적인 자기 이해를 깊게 한다. 예를 들어, "나는 네가 구워 주는 고기가 제일 맛있더라."라고 말해 준다. 그리고 상대방이 없을 때 고기를 먹을 기회가 있다면 전화해서 "나 지금 고기 먹는데 네 생각이 난다. 네가 고기 정말 잘 굽잖아." 라고 말하면 사람은 누구나 인정 자극이 기억을 자극하기 때문에 상대방도 고기를 구울 때마다 내 생각을 할 수밖에 없고, 내 앞에 오면 고기를 구워 주고 싶어 한다. 라벨링은 심지어 약점이었던 것도 극복하여 강점으로 만들기도 한다. 이것이 긍정적 특성을 발견하고 말해 주는 효과다. 이러한 긍정적 특성 강화를 위한 활동을 통해 나의 인식에서뿐 아니라 상대방의 인식에서도 긍정적 특성이 강화되어 이상화에 이른다. 이렇게 됐을 때 긍정적 해석 틀이 작동하여 서운함이 줄어든다.

부정성 소거

이렇게 긍정적 특성을 발견해서 긍정적으로 의사소통을 하면서 추가할 것이 부정성 소거하기다. 인간관계에서 부정성이 없을 수는 없다. 그러나 부정성을 드러내는 것과 부정성이 있는 것은 다른 문제다. 긍정심리학자 바버라 프레드릭슨(Barbara Fredrickson)은 그녀의 저서 『긍정의 발견(Positivity)』에서 긍정적인 감정과 부정적인 감정의 비율이 3:1 이상일 때 개인의 삶이 번영한다고 하면서 이 비율을 '긍정성 비율(positivity ratio)'이라고 했다. 또한 관계 심리학자 존 가트만(John Gottman)은 부부관계에서 긍정적인 상호작용과 부정적인 상호작용의 비율이 5:1일 때 결혼 생활의 안정성과 만족도가 높다고 했다. 그래서 5:1을 '가트만 비율(Gottman ratio)'이라고 한다. 이러한 연구들은 긍정성과 부정성의 비율이 개인의 정신건강과 대인관계의 질에 중요한 영향을 미친다는 것을 보여 준다.

그러나 긍정적 착각에서는 현실적인 문제 해결이 필요한 경우와 스스로 약점을 극복하고자 할 때가 아니면 부정성을 가능한 한 소거하는 것이 좋다고 보았다. 물론 현실적인 문제의 범위를 정하는 것이 중요한 문제가 되겠지만 가장 기초적인 기준은 문제를 해결해야 하는 상황인가, 감정이나 욕구를 표현하는 대화인가 하는 데 있다. 이미 서운함이 가득한 상태로 갈등이 심화되어 찾아온 경우에는 현실적인 문제가 있어도 부정성을 소거하는 것이 좋다고 말해 준다. 심지어 '그런데'나 '하지만'과 같은 역접도 가능하면 쓰지 않는 것이 좋다. 특히 서운함을 자주 느끼는 내담자들의 부부나 연인의 언어 패턴에 "아니, 그게 아니고……." 화법이 많이 나타난다. 일단 상대방의 말을 부정하고 보는 화법이다. 둘 중에 한 명이 이 화법을 쓰면 결국 두 사람이 다 이 화법을 쓴다. 그래서 상담을 진행하는 동안에 이 화법을 못 쓰도록 금지시켜도 한 시간 동안 수차례 쓰는 것을 발견한다. 대화에서 부정성 소거만 실천해도 관계를 상당히 긍정적으로 전환한다.

자존감 높이기

이렇게 상대방의 긍정적 특성을 강화하고 부정성을 소거하는 과정에 반드시 추가해야 하는 것이 있다. 그것은 바로 자기 긍정성 및 자기 존중감 높이기다. 상대방을 이상화하고 자기 존중감이 낮아지면 자연히 불안이 발생한다. 그래서 긍정적 착각에 대한 적용은 상대방에게뿐 아니라 자기에게도 해야 한다. 자기 존중감을 높이고, 자기 긍정성을 갖기 위해 간단하게 당장 할 수 있는 방법은 거울을 보고 자기 스스로에게 응원이되는 긍정적 표현을 하는 것이다. 혹은 평소에 자신 있었던 부분이 있으면 그것이 외모든, 성격이든, 어떤 능력이든 떠올리면서 칭찬한다. 양손을 가로질러 자기 쇄골에 얹어 나비 포옹 자세를 하고 토닥토닥 두드리면서 "괜찮아, 넌 훌륭해!"라고 말한다. 이와 같이 자신을 격려하고 스스로를 긍정적으로 생각할 수 있는 마음챙김 작업을 한다. 장기적으로는 자기 강점 일기나 자기 칭찬 일기 등 자기 스스로를 긍정적으로 해석할 수 있는 일기를 쓰는 것도 좋다.

10 사례별 해결 방법

이 장에서는 제1부에서 다뤘던 사례들을 어떻게 해결했는지 제3부에서 배운 해결 방법들을 중심으로 정리해 본다. 모든 사례에 있어서 동일하게 적용한 것은 '서운함을 현명하게 말하는 방법'과 '나어너어' '보상적 연애' '이상화'였다.

모든 커플이 상호 간에 서운함이 있었다. 그러나 아내들은 서운함을 적극적으로 표현했고, 남편들은 서운함을 우회해서 표현하거나, 아예 표현하지 않거나, 항의 행동으로 대체해서 아내들이 남편들의 서운함을 모르고 있었다. 아내들이 서운함을 적극적으로 표현할 때는 문제를 해결할 열쇠가 서운한 사람에게 있다는 것을 이해하고 남편들이 어떻게 했어야 했는지를 적절하게 제안해 주었어야 했는데, 서운함만 표현했기 때문에 남편들은 어쩔 줄 몰라 했다. 아내들이 감정만 말하고 해결에 대해서는 말하지 않는 감정 중심 언어만 썼기 때문에 남편들은 어떻게 해결할지 몰라 했다. 그래서 아내들은 자신의 욕구를 관찰하는 연습과 더불어 서운함을 표현할 때 감정을 표현하는 것에서만 끝내지 않고, 욕구를 표현하는 방법과 욕구를 표현할 때 상대방이 이 욕구를 들어줄 수 있는지를 판단하는 연습을 했다. 남편들의 경우, 아내들의 감정을 공감하는 연습과 더불어 상대방의 욕구를 관찰하는 방법을 연습했다.

이 과정에서 제일 힘들었던 것은 이 서운함을 해결할 수 있는 사람이 누구인가를 판단하는 문제였다. 모든 내담자가 자신의 서운함을 상대방이 해결해 줄 수 있을 것이라고 생각했다. 그러나 표현과 진짜 서운한 지점이 달라서 상대방이 나름대로 서운함을 해결해 주었어도 성에 차지 않았다. 가영과 용석의 이야기에서 가영이 가장 서운했던 지점은 비행을 갔을 때 남편이 연락이 안 되는 것이었고, 용석이 가장 서운했던 지점은 명절이나 생일과 같은 중요한 날에도 늘 비행을 하는 것이었다. 그러나 가영은 용석의 바람을 의심하면서 서운함을 표현했고, 용석은 서운함을 표현하거나 해결하기 위한 방법을 제안하지 않고 항의 행동으로 가영이 비행 중 연락을 끊어 버리는 방법을 사용했다. 이런 결과들은 모두 서운함에 대한 관찰 부족으로 직면하지 않고 상대방의 능력을 과기대했기 때문에 나타났다. 그래서 서로 서운함을 발견하고 그 서운함을 해결하기 위해 풀어야 할 욕구가 무엇인지, 그 욕구를 만족시키기 위해 누가 어떻게 행동하면 되는지를 정리했다.

두 번째로 모든 커플이 연습한 것은 나어너어였다. 일단 대화 자리에 서면 상대방의 감정을 먼저 예측하여 표현하고, 상대방의 욕구 중에 내가 들어줄 수 있는 부분이 어디까지인지 판단하고, 내가 상대방의 욕구를 들어줄 수 없다면 대안으로 어떻게 상대방을 만족시킬 수 있는지 찾고, 또 나의 욕구 중 상대방이 들어줄 수 있는 부분이 어디까지인지를 판단하고 제안하는 연습을 진행했다.

처음에는 갈등의 핵심 원인을 중심으로 하고 싶은 말을 글로 정리해서 써 보고, 그다음에 일상생활에서 벌어질 수 있는 서운함의 상황을 설정한 후 말로 나어너어를 사용하는 연습을 진행했다. 나어너어 연습 과정에서는 우는 내담자들도 많았고, 완전히 이혼 결정을 되돌리기로 하지는 않았더라도 마음을 열어 가고 있는 것을 확인할 수 있었다.

세 번째로 모든 커플이 진행한 방법이 보상적 연애였다. 보상적 연애를 진행하기 위해 서로 상대방이 보상으로서 원하는 것을 관찰하고 보상 체계를 만드는 작업을 했는데, 수년을 함께 살았어도 무엇을 보상해야 상대방이 좋아할지 모르는 경우들이 많았다. 성적인 보상을 원하는 커플부터, 선물이나 함께하는 시간을 보상으로 원하는 사람까지 다양했다. 철우는 “저는 사실 아내가 이걸 알아주는 것만으로도 좋아요. 보상은 이미 받은 것 같아요.”라고 했지만, 이렇게 보상 체계를 부드럽게 거부하는 경우에는 나중에 다시 문제가 발생할 수 있기 때문에 철저하게 보상 체계를 만들도록 했다. 결국 보상이 없어도 된다고 했던 철우가 원했던 보상은 아내가 회사에 건강식품이나 도시락을 들고 찾아와서 응원해 주는 것이었다. 실제로 이 보상은 나중에 부부 사이를 가깝게 만드는 중요한 계기가 되었다.

네 번째로 모든 커플이 진행했던 해결 방법은 이상화였다. 상대방을 긍정적인 대상으로 이상화하기 위해 노력과 장점을 정리하고 매일 서로의 노력과 장점을 칭찬했다. 부정성을 표현하는 말이나 행동이 나오면 보상 체계를 적용하여 보상을 받고, 매일 상대방의 강점을 일기로 썼다. 그 과정에서 초반에는 “강점을 찾는 게 어려워요. 없어요.”라고 하던 커플들이 나중에는 점점 서로의 강점을 찾아내고 그 강점들을 나어너어에 잘 담아서 표현하기에 이르렀다. 이상화의 경우, 생활 전체의 언어 습관을 바꾸는 작업이기 때문에 상담이 종료될 때까지도 완전히 연습 및 적용이 되지는 않았지만, 이혼을 극복하고 다시 사이 좋은 부부, 사이 좋은 가정이 될 정도까지는 연습했다. 이상화의 경우, 부부 사이뿐 아니라 자녀에게도 사용할 수 있어 부모-자녀 문제 해결에도 상당한 도움이 되었다는 평가가 있었다.

이제 각 사례별로 적용된 해결 방법들을 정리하면서 각 커플들의 문제해결 과정을 확인해 보자.

사랑받고 싶었을 뿐인데–연희와 한철의 이야기

연희와 한철은 우선 단기적 해결 방법을 써서 급한 문제를 먼저 해결한 후에 근본적인 문제는 장기적으로 풀어 가야 했다. 연희와 한철의 가장 큰 문제는 서로의 마음을 쌓았다가 폭발시키는 문제와 서로 행복하다고 느낄 수 있는 경험을 전혀 만들지 못한다는 데 있었다. 무엇보다 연희의 자존감 문제와 불안 문제가 주요했다.

연희는 미용실을 하며 경제활동을 하던 사람이었다. 그러나 더 이상 경제적 활동을 하지 않고 아이를 키우고 가정일하는 데에만 집중했다. 이런 경우, 남편이 충분히 주부로서의 역할을 말로 인정해 주고 함께하는 시간을 통해 사랑을 유지하고 있다는 것을 보여 주지 않으면, 자존감에 문제가 생기고 자존감에 문제가 생기면 자연히 불안이 발생한다. 그렇게 발생한 불안은 남편의 사랑을 확인하는 에너지로 전환된다. 그래서 남편의 시간을 점검하고 여전히 자기를 사랑하는지 확인하는 작업을 한다.

연희와 한철은 이미 갈등이 심화되었기 때문에 모두에게 적용되었던 '서운함을 현명하게 말하는 방법'과 '나어너어' '보상적 연애' '이상화' 외에 갈등 중재와 호르몬 다루기를 추가적으로 진행했다. 먼저, 갈등 중재를 위해 둘 사이의 소구점을 정리했다. 연희는 처음에 자신의 소구점은 이혼하는 것이라고 했다. 한철은 반대로 이혼하지 않는 것이라고 했다. 그래서 이혼했을 때의 조건을 중심으로 코드화를 진행한 결과, 연희가 아이를 어린이집에 보내고 미용실을 하면서 실제로 벌어들일 수 있는 수입이 이혼 후 가정을 유지할 정도가 안 된다는 것을 알았다. 그래서 한철이 슈퍼마켓을 아르바이트생에게 맡기고 나올 수 있는 시간을 만들어서 연희의 경제활동을 위해 한철이 도움을 주기로 했다. 이런 갈등 중재 과정에서 연희는 "요구 조건들이 수용된다면 이혼하지 않을 수도 있다."라는 의견을 비쳤다. 그래서 이혼을 해야 하는 '이접' 상황에서 새로운 길을 모색할 수 있는 '통접' 상황으로 전환했다. 연희의 요구 조건을 들어주는 과정에서 연희가 꿈꾸던 결혼 생활에 대해 들을 수 있었다. 이 과정에서 왜 연희가 서운해했던 것인지, 연희의 기대는 무엇이었는지, 어떤 기대가 좌절되었던 것인지 확인할 수 있었다.

연희와 한철의 갈등 중재는 이제 호르몬 다루기로 넘어갔다. 도파민의 활성화가 안 되어 있는 결혼 생활로 인해 결혼 생활은 불만족했다. 연희와 한철은 서로에게 힐링 연애와 안전 기지 역할을 해 주기로 약속하고, 힐링 연애 계획을 세웠다. 그러면서 연희에게 생기가 돌기 시작했다. 상담 과정에서 다시 연희가 돌발적으로 잠적하기도 하고, 불안을 보이기도 했으나, 결국 둘은 슈퍼마켓을 닫고 데이트하는 날을 정하는 등의 도파민 다루기 활동과 나어너어와 이상화 작업을 통해 제2의 연애 시절을 만들어 가고 있다.

너 때문에 내 꿈을 포기했어–수영과 우식의 이야기

수영과 우식은 이혼 때문에 온 것이 아니었기 때문에 '서운함을 현명하게 말하는 방법'과 '나어너어' '보상적 연애' '이상화' 외에 커플 회의와 감정 다루기에 집중했다. 수영은 욕구와 욕망이 많았고, 소통하거나 조율하기보다는 스스로 결정하고 통보하는 대화 방식을 갖고 있었다. 우식은 자신의 욕구는 표현하지 않고 수영의 결정을 들었으나 그것에 반응하지는 않았다. 두 사람은 소통의 문제가 가장 심각했다. 그래서 커플 회의를 진행하면서 나어너어 외에 의견을 나누면서 욕구를 조율하는 연습을 많이 했다. 수영은 원래 표현을 많이 하는 사람이었으나 우울증 때문인지 표현을 하지 않았고, 우식은 다 좋다고 말하는 사람이었으나 진짜 자기 마음이 아니고 그냥 형식적인 표현인 것이 너무 티가 났다. 그래서 각자 자신의 욕구, 보상, 페널티, 노력하는 부분을 쓴 후 바꿔서 써 보는 작업에서 자신이 원하지 않는 결과가 나타나자 진짜 자신의 욕구를 표현하기 시작했다. 처음에 수영은 남편과 어차피 소통이 안 된다는 생각으로 입을 닫고 있었으나 남편이 나어너어를 통해 마음을 열기 시작하자 수영도 자신의 욕구 표현을 시작했다.

동시에 감정 다루기를 진행했다. 수영과 우식 모두 정서 역량을 키우기 위해 감정 일기를 썼고, 수영은 불안 케어 감정 일기를 추가로 썼다. 그리고 서로의 허락하에 감정 일기를 교환하기도 했다. 그리고 그 내용을 토대로 커플 회의를 진행했다. 일기를 교환하는 과정에서 서로가 어느 지점에서 서운함을 느끼는지 알 수 있었고, 커플 회의를 통해 서로의 욕구를 표현하면서 상호 욕구를 성취할 지점을 찾아 나갔다. 수영의 우울증은 감정 다루기를 통해 많은 호전이 있었다. 물론 정신건강의학과에서 받은 약이 주요한 효과를 발휘한 결과이겠지만, 수영은 정신건강의학과에 가기 전에 커플 상담을 먼저 받았으면 더 좋았겠다고 말하기도 했다. 우식은 자신은 잘하고 있었고 문제는 수영이라고 생각했는데, 자신의 화법이 바뀌고 수영의 태도가 변하는 것을 보면서 자신의 화법에 문제가 있다는 것을 발견함으로써 관계 증진에 자신감이 생겼다고 했다. 수영과 우식은 수영이 다시 살아 보겠다고 긍정적인 생각을 갖게 된 시점에서 상담을 종료했다.

가족을 사랑하지만 성취하고 싶은 것도 많아–철우와 희진의 이야기

철우와 희진은 갈등 중재와 함께 성취적 기준, 희생 > 비회수 선금의 법칙을 적용하여 상담을 진행했다. 철우와 희진은 서로 갖고 있는 성취적 기준을 구체화하지 못했다. 부부가 서로 무엇을 원하는지, 자녀에 대한 생각은 어떤지, 어디서 행복을 느끼는지 잘 몰랐다. 희진이 결혼에서 기대하고 있는 성취적 기준은 연인으로서의 철우와 아빠 역할이었다. 철우는 처음에는 가정에 대한 성취적 기준이 없다고 생각했다. 그러다가 상담을 통해 자신의 가장의 역할을 지지받는 것이 기준이라는 것을 알았다. 철우는 희진으로부터 어떻게 지지받고 싶은지를 정리했다. 어버이날이나 결혼기념일에 "아빠 때문에(혹은 너 때문에) 우리 가정이 살 수 있어."라는 말을 듣고 싶어 했다. 희진은 철우가 가족을 돌보지 않는 워커홀릭이라고 생각했다. 그런데 돌이켜 보니 자기가 잔소리만 많았지, 철우를 인정해 주고 칭찬해 주지 않았다는 것을 알았다. 예전에는 많이 했는데, 최근 들어서는 이런 인정을 해 주지 않고 있다는 것을 알았다. 그래서 각자 욕구의 우선순위를 정하고, 포기하거나 줄일 욕구와 함께 성취할 욕구, 새롭게 만들어 갈 욕구를 정리했다. 더불어 서로가 많은 희생을 했다. 그러나 그 희생을 전혀 표현할 기회를 갖지 않았다. 철우도 회사에서의 성장이 마냥 자신의 인생을 위한 것은 아니었을 텐데, 희진이 철우가 자기 인생을 위한 결정만 한다고 생각한 것도 희생을 표현하지 않은 것 때문이었다. 희진도 자신이 가정을 위해 무엇을 희생하고 살았는지 표현하지 않고, 묵묵하게 자기 할 일을 했을 뿐이었다. 둘이 서로가 희생을 감수할 때 들었던 생각과 각오를 나눴고, 이 부분이 둘의 관계를 증진시키는 데 주요한 역할을 했다. 결국 둘은 이혼하지 않기로 했다. 그러나 정작 해결해야 하는 욕구에 대한 갈등 중재는 마무리하지 않고 상담을 종료해서 우려되는 부분이 있다. 함께 희생한 것과 페널티에 대한 보상 체계는 만들었지만, 철우가 임원이 되기 위해 쏟아야 할 에너지의 문제, 가정에 어느 정도의 에너지를 투자할 것인지에 대한 문제를 구체화하지 못했다.

사랑하지만 미래가 없어–현경과 동철의 이야기

현경과 동철은 초기에 부부 상담에 참여했다. 그러나 동철의 현실적인 문제가 해결되지 않는 한 이혼을 무르지 않겠다는 현경의 강한 의지가 있어서, 결국 이혼을 막지 못하고 커플 상담은 종결되었다. 그러나 동철이 혼자서 계속 상담을 받으면서 자신의 문제를 해결해 나갔다. 동철은 혼자서 2년 동안 상담을 받으면서 화법을 배웠고, 자신의 일상을 관리하는 방법에 대해서도 배웠다. 2년 동안 상담을 이어 가면서 현경이 말했던 대로 국가에서 지원하는 자격증 과정을 밟아서 냉동공조 자격증을 따고 정직원으로 취업했다. 그리고 전공을 살려서 개발자가 되기 위해 추가로 자격증 과정을 배우기 시작했다. 이혼한 지 2년이 흐르고 나어너어 화법을 적용하여 현경에게 편지를 썼다. 그동안의 자신의 변화 과정에 대해서 성찰한 과정을 전달했다. 지난 2년 동안 아이는 만났지만 현경을 따로 만난 적이 없는 동철은 2년 만에 현경을 만나고 싶다고 제안하여 둘이 만났다.

동철은 2년 동안 상담을 지속했기 때문에 이미 공감 중심의 화법들에 익숙해 있었고, 커플 회의를 하는 방법이나 관계의 보상 체계를 만드는 방법 등에 익숙해 있었다. 그리고 긍정적 표현들을 통해 이상화하는 대화에도 익숙해서 현경은 동철과 하루 만나는 동안 동철의 변화를 바로 알 수 있었다. 그 후에도 두 차례 더 현경을 따로 만나고 다시 재결합할 수 있을지에 대해서 알고자 현경과 함께 상담을 신청했다. 현경도 2년 동안 혼자서 아이 키우는 것이 쉽지 않았고, 동철이 싫었던 것도 아니어서 재결합 의사가 있었다. 두 사람은 상담을 통해 결혼 생활에 필요한 진단과 검사를 진행했고, 지난 결혼 생활에서 문제가 되었던 부분을 어떻게 극복하고 지속 가능한 결혼 생활을 할지 배워서 재결합에 성공했다. 주로 '희생 > 비회수 선금의 법칙'과 커플 회의를 통해 상담을 진행했고, 소통이 가능해지자 추가로 감정 다루기를 배우면서 그동안 지친 감정을 회복하는 상담을 진행했다.

이혼을 할 수도 없고, 결혼을 유지할 수도 없어요 –경희와 도식의 이야기

경희가 처음에 상담을 시작할 때는 이혼하는 것이 좋다는 답을 듣고 싶었다. 그래서 상담도 부부가 같이 오지 않고 혼자서 상담하러 왔다. 실제로 상담하러 오는 사람의 대부분은 커플이 같이 오기보다는 경희처럼 혼자 온다. 경희는 혼자 상담을 받아 봐서 남편을 바꿀 수 있는 것이 아니라면 이혼을 하겠다고 했다. 그래서 나어너어와 이상화를 집중적으로 배워서 라벨링을 통해 남편을 바꾸는 작업을 시작했다.

경희도 인정받고 싶은 마음이 있었다. 어린 나이에 결혼하여 사업으로도 큰 성취를 이루었는데, 남편은 이런 것들을 인정해 주는 사람이 아니었다. 그래서 경희에게 남편을 어떻게 인정해 주었는지를 묻자, 남편은 인정을 필요로 하는 사람이 아니라고 했다. 우선, 여기서 상대방의 마음을 이해하기 위한 공감 연습과 냉소주의 파헤치기, 비교우위를 집중적으로 배우고 연습했다. 남편의 마음을 함께 분석한 결과, 남편이 얼마나 인정받기를 갈망했는지 확인했다. 그리고 자신이 경영학과 교수로 있었는데, 오히려 제자이자 아내인 경희가 사업에 더 성공했을 때 남편이 느낄 상실감에 대해서 이해하는 상담을 진행했다. 경희는 남편은 그런 사람이 아니라고 했으나 남편이 했던 말과 행동을 분석하면서 그럴 수밖에 없었음을, 그리고 남편이 그동안 보여 준 반응들이 그런 마음이었음을 확인했다. 경희는 나어너어와 라벨링을 통해 남편을 인정하고 칭찬하는 작업을 시작했다. 그러자 도식은 변하기 시작했다. 도식의 변화를 경험한 경희는 더 열심히 상담에 임했고, 나중에 어머니로부터 자신을 지켜 줄 것을 남편에게 요청했다. 도식은 경희의 요청을 받고 특수 임무를 받은 군인처럼 경희를 지켜 주기 시작했다. 경희가 서운해하기만 했던 마음을 바꿔서 긍정적 표현과 자세로 대하자 남편은 바뀌었고, 지금 경희와 도식은 서로를 아끼며 잘 살아가고 있다.

아내이기도 하지만 스튜어디스이기도 해 –가영과 용석의 이야기

가영과 용석은 큰 외부적 문제가 있었던 것은 아니다. 가장 큰 문제는 둘 다 심리 게임을 한다는 것이었다. 각자의 감정과 욕구를 정확히 전달하지 않고 우회하고, 자존심 때문에 마음을 안 들키려고 과장하고, 거짓말을 하고, 질투가 나면서도 쿨한 척 다른 감정으로 숨기면서 나타나는 문제들이었다. 이렇게 숨겨 둔 감정과 욕구들로 인해 온갖 해석이 난무하고, 결국 서운함으로 가득한 관계가 되었다. 가영과 용석에게 가장 많이 적용한 문제 해결 방법은 심리 게임이었다. 가영과 용석 둘 다, 감정을 숨기기 위해 하는 거짓말이 당연한 것이라는 생각을 갖고 있었다. 그래서 나어너어와 비폭력대화를 통해 감정과 욕구를 숨기지 않고 말하는 훈련을 계속했다. 규칙적 연애를 통해 둘 사이에 규칙을 만들고, 상과 보상의 체계를 만들어서 마치 게임을 하듯이 솔직한 감정과 욕구를 드러낼 수 있도록 상담을 진행했다.

심리 게임을 하는 사람들의 가장 큰 문제는 감정과 욕구를 숨기거나 과장하는 것이 평생의 습관이어서 이런 습관들을 고치는 데 시간이 걸린다는 것이다. 그러나 가영과 용석의 갈등을 해결하는 것 자체는 어려운 작업이 아니었다. 스스로 심리 게임을 하고 있다는 것에 직면한 가영과 용석은 서로 감정을 숨기려고 할 때마다 보상 체계를 적용하여 각자의 이득을 취하는 또 다른 게임을 시작했다. 이는 긍정적으로 작용하여 지금은 행복한 결혼 생활을 이어 가고 있다.

인형의 집-소피아와 혁의 이야기

이 책에 소개한 커플 중 소피아와 혁이 가장 쉽게 해결된 커플이었다. 우선, 혁은 이혼을 막기 위해 무엇이든지 변화시킬 준비가 되어 있었고, 소피아도 자기가 원하는 자유만 얻을 수 있으면 이혼을 하지 않겠다는 생각이었다. 소피아는 사실상 항의 행동에 가까운 이혼 요구였기 때문에 이혼하지 않기 위한 두 사람의 소구점은 분명했다. 그래서 두 사람은 많은 해결 방법을 적용하지 않고 나어너어와 보상적 연애, 이상화만으로 잘 해결되었다.

소피아는 자신의 역할을 보장받을 수 있기만 하다면 혁과의 결혼 생활을 마다할 이유가 없었다. 그래서 이 부분만 해결하면 되는 문제였다. 혁이 소피아가 필라테스 강사를 하는 것을 막는 이유는 야한 옷을 입고 다른 남자들 앞에 서는 것이 걱정이었기 때문에 소피아가 필라테스 강사를 하려고 하는 클라스에 방문해 보았다. 모두 아줌마들이었고, 남자는 없는 오전 시간이었다. 헬스장의 사장님과 이야기해 본 결과, 혹여나 남자가 오더라도 대체로 병원에서 필라테스를 하라고 진단받은 사람들이지 젊은 남자가 올 일은 별로 없다는 말을 듣고 안심했다. 이렇게 간단하게 이혼 문제는 해결되었으나, 앞으로 두 사람 사이에 추가로 있을 문제들을 예상하여 부부 사이에 필요한 보상 체계와 긍정적 착각 기법 몇 가지를 가르치고 상담을 종료하였다. 지금은 둘 다 행복하게 잘 살아가고 있다.

더 잘할 수 있었어-진숙과 진영의 이야기

진숙과 진영은 이혼이 아니고 서로 문제를 잘 해결하고자 상담에 들어왔기 때문에 상담 시간을 오래 끌지는 않았다. 그러나 두 사람의 이야기가 가장 까다로운 문제 중 하나였다. 크게 충돌하는 문제가 있다기보다는 사소한 소통과 욕구의 문제가 안 맞았다. 너무 오랜 시간 사귀었기 때문에 친구 같은 사이였고, 그렇다 보니 정확하게 소통하지 않고 알아서 단정하는 부분이 있었다. 그러나 상담 초기에는 서로 이것이 왜 문제인지를 이해하지 못했다. 왜냐하면 각자는 자신들의 생각이 당연하기 때문이었다. 그래서 두 사람의 역할을 바꿔 보는 역할 교환을 해 보면서 문제에 직면하게 했고, 문제 해결을 위해 두 사람 모두에게 변화가 필요하다는 것에 동의했다.

둘 다 알아서 단정하는 것이 관계를 유지하기 편하다고 생각하고 있어서 알아서 단정하지 않고 상호 간에 확인하고 말하거나 행동하는 교육과 연습을 했다. 나어너어에 맞춰 상대방의 감정과 욕구를 말하고 나의 욕구를 말하는 훈련을 정확하게 했다. 그리고 커플 회의를 따로 시간을 내서 잡는 것보다는 일상에서 커플 회의가 가능한 수준으로 빠르게 욕구를 소통할 수 있게 했다. 진숙도, 진영도 상대방의 입장에서 생각해 보는 연습을 통해 아무리 바빠도 혼자 판단하지 않고 상대방의 입장에서 생각하고, 결정을 할 때는 아무리 사소한 것도 서로 소통하는 것을 연습했다. 이런 연습을 통해 두 사람의 관계는 많이 증진되었다.

고부간 갈등–선영과 태영의 이야기

선영과 태영의 이야기처럼, 고부간 갈등으로 남편이 상담을 신청하는 사례는 해결이 쉬우려면 남편이 노선을 확실히 정하는 이접적 방식을 취하는 것이고, 어머니와 아내를 모두 품고 가려고 하면 해결이 어렵다.

고부간 갈등은 서운함이 둘 중 한 명에게는 반드시 생기는 것이어서 결정하기 애매한 부분이 분명히 있다. 그래서 양쪽 중 어느 한쪽 편을 들지 않고도 문제를 해결하려면 양쪽의 요구를 완벽하게 해결해 주지 못하는 부분에 대해서 대안적 해결을 해 주는 방식을 취하는 것이다. 길고 어려운 길이지만 해결을 위해 가장 안전한 방법이다. 예를 들어, 선영과 태영의 이야기의 경우, 어머니가 선영에게 직접적으로 말을 못하게 하고 태영과 먼저 이야기하도록 하는 방법 혹은 어머니가 선영으로부터 경제권을 빼앗으려는 이유가 동생 때문이라면, 어머니가 동생 걱정을 하지 않도록 형으로서 동생에게 가능한 수준에서 먼저 도와준다. 그리고 앞으로 동생이 지속적으로 형에게 도움을 받는 대신 어머니가 선영을 못 건드리도록 조치하는 방법 등을 진행한다. 동시에 어머니의 감정적인 서운함을 풀기 위해 이 문제와는 별개로 어머니를 여행시켜 드리는 등 어머니의 소구점을 맞춰 드림으로써 정서적인 유대를 만드는 것이다.

그러나 태영은 이렇게 우회하는 방법을 택하지 않고 상담을 통해 아무것도 하지 않는 것이 폭력을 행하고 있는 것이라는 자신의 문제를 직면하고 선영의 편에서 적극적으로 이 문제를 다루기로 했다. 그래서 나어너어를 통해 선영의 마음을 풀어 주기 위해 연락을 취했고, 라벨링과 인정 그리고 칭찬의 반복을 통해 가장 힘들었던 선영에게 자신이 의지가 될 수 있다는 것을 보여 주었다. 선영은 처음에는 태영에게 완전히 마음을 닫았지만, 서서히 마음을 열었고, 그동안의 서운함을 해결할 방법을 커플 회의를 통해 나누었다. 그리고 규칙적 연애와 보상적 연애를 적용하여 둘 사이에 정기적인 대화의 시간을 정했다. 커플 회의를 통해 내린 결정은 어머니의 집으로부터 멀리, 태영의 회사 근처로 이사를 가고, 외부적으로는 경제권을 태영이 갖는 것으로 했다. 그러나 실질적으로는 경제권을 선영이 갖고 가계를 운영했다. 외부적으로는 태영이 경제권을 갖고 있는 것으로 알렸기 때문에 이제 어머니는 선영에게 말을 못했고, 태영에게 와서 동생을 위한 돈을 요구했다. 태영은 동생을 도울 것이라고 명확하게 말했고, 다만 어머니를 통해 도울 것은 아니고 자기가 직접 소통하며 돕겠다고 전달했다.

어머니와의 관계는 힘들어졌지만, 오히려 동생과의 관계는 좋아졌고, 선영과의 관계는 연애 때보다도 더 좋아졌다. 어머니와의 관계를 회복하기 위해서는 어머니의 소구점을 파악해서 대안적 친절을 베풀고 감사를 표현하는 방법을 쓰도록 알려 주었다. 태영은 아직 어머니에게 그런 친절을 베풀 수 있는 마음의 여력이 없다면서 미뤘고, 선영과의 관계가 회복된 상황에서 상담을 종료했다.

서운함의 문제는 결국 소통의 문제

9개의 사례를 통해 살펴본 것처럼, 서운함은 소통을 우회하거나 소통이 단절됨으로 인해 기대에 대한 상상과 해석으로 나타났고, 긍정적 해석 작용을 통해 직면하고 소통함으로써 문제들이 해결됐다. 물론 이 책에 소개한 사례들은 성공 사례들이기 때문에 쉽게 해결된 것처럼 보였지만, 실제로 그 과정은 쉽지 않다. 제2부에서 소개했던 다양한 감정과 심리적인 역동이 또 나의 감정과 욕구를 숨기거나 속이고 싶게 만든다. 그럴 때마다 기억하기를 바란다. 소통이 끊기면 서운함은 깊어지고, 서운함이 깊어지면 갈등도 깊어진다. 서운함의 문제를 해결하기 위해 많은 갈등 해결 방법을 소개했지만, 결국 모두 상황에 따른 정서적 소통의 방법들이다. 갈등을 해결하기도 하지만 미리미리 연습해 두면 서운함과 갈등을 예방할 수도 있다. 무엇보다 소통이 원활하면 사랑이 즐겁다.

에필로그 1

서운함에 대한 논의를 끝내고 나니 정말 후련하다. 개인적으로는 저자 본인부터 문제가 많았기 때문에 공부를 하게 된 것인데, 이렇게 많은 사람에게 도움이 될 수 있다니 감사한 일이다. 이 프로젝트를 끝까지 끌고 가 주신 다른 저자분들께 큰 감사를 보낸다.

이별하신 분, 이혼 위기에 있는 분들을 만나다 보면 문제의 80%가 서운함이라고 느낄 정도로 많은 분이 서운함으로 인해 감정 싸움을 했고, 그 문제를 해결하지 못하고 결국 이별로 이어졌다. 연애는 헤어지면서 배운다고 하던가. 그러나 서운함의 문제는 수많은 연애에도 해결되지 않고, 10대부터 70대까지 모든 사람의 연애에서 핵심 감정으로 남아 갈등을 겪게 되어 우리를 찾아왔다.

심지어 깊게 들어가 보면 경제적 이유에 의한 이혼과 이별도 단지 돈만의 문제라고 볼 수는 없었다. 서운함을 동반한 자존심과 자격지심과 예민함, 그로 인한 공격성이 없었다면 문제가 그렇게 커지지 않았을 것이다. 많은 분이 돈 때문에 이별한다고 찾아오지만 알고 보면 서운함 때문에 나타나는 다양한 감정적 행동에 의해서 이별까지 가게 된다.

내담자들에게 갈등과 이별의 과정을 들어 보면 누구의 사연도 기구하지 않은 사연이 없고, 모든 사연이 마음 저리다. 내담자가 주로 서운함을 표현하는 사람일 때도 있고, 상대방의 계속되는 서운함의 표현을 듣고 힘들고 지쳐서 찾아오는 사람도 많다. 대부분 연인 간, 부부간, 관계 간의 다툼의 끝에는 서운함이 있다. 대부분의 내담자는 그 서운하다는 감정이 우리의 삶에 있어서 얼마나 큰 감정인지 상담을 받기 전까지는 모른다.

많은 경우, 상담 초기에는 "우리는 아무런 문제가 없었다. 단지 내가 감정을 솔직하게 말했을 뿐이다. 상대방도 잘 받아 주는 사람이었는데 갑자기 헤어졌다. 서운함의 문제가 아니다."라면서 서운함의 감정을 인정하지 않고 사건 중심으로만 생각한다. 이런 사람처럼 서운함의 감정이 존재한다는 것을 인정하지 않거나, 서운함을 묻어 놓고 살면 감정이 쌓일 수밖에 없다. 감정 때문에 이혼한다는 것을 스스로도 받아들이기 어려워서 계속 다른 이유를 찾는다. 그러나 연인과 부부 사이에서 서운함은 작은 문제가 아니다. 이렇게 쌓인 부정적인 감정은 반드시 해소해야 한다. 서운함과 불안을 가지고 살고, 불만을 해결하지 않다 보면 아무리 매력적인 사람이나 돈독한 관계라도 반드시 파괴될 수 있다는 것을 알고 유심히 대처해야 한다.

서운함은 서로 기대와 목표가 다르고 살아온 내러티브가 다르기 때문에 발생할 수밖에 없다. 그리고 그 감정은 갈등 해결 능력에 의해 충분히 해소가 가능한 문제다. 많은 사람이 이미 문제가 터진 후에 와서 스스로 "도저히 해결할 수 없는 문제다. 상대방이 마음을 너무 굳게 닫았다."라고 이야기를 하지만, 대체로 해결의 열쇠는 발생한 외부적 문제가 아니라 부부와 연인들의 감정에 달려 있다. 해결이 될까 말까는 이 책에 나온 내용을 본인이 얼마나 수용할 수 있는가에 달렸다. 그리고 문제가 해소되신 분들은 관계 당사자들의 인생이 더욱 행복해질 수 있도록 변할 수 있다.

개인적으로도 서운함이 생기지 않을 수 있도록 하기 위해 아내에게뿐 아니라 회사 동료들에게도 여기에 적은 모든 방법론을 사용하고 있다. 창업 초기, 공동 창업을 하고 있는 이들에게 밥을 사 주는 것밖에 할 수 있는 것이 없던 시절이 있었다. 당시에도 아내와 함께 사업을 하고 있었는데, 내가 예민하고 감정적이 되면 아내가 닥친 문제들을 풀어 주었다. 그것이 그렇게 고마울 수가 없었다. 돈 때문이라면 우린 몇 번이고 헤어졌을 것이다. 인생에 부침이 있을지언정 그게 돈에 의한 문제라고 생각하지 않는다. 나의 고통을 타인이 알아주고, 함께 문제를 풀어가 준다면 그만큼 감사한 일이 없다.

임원분들과 연구팀, 회사 동료들, 특히 아내에게 감사하다. 회사가 성장하고 서운함과 같은 이론들을 잘 만들기까지 함께해 준 것에 감사하며, 어떻게 함께 더 나눌지 고민하면서 살아간다. 특히 아내와는 매주 다섯 번 "네가 없었다면 내가 어떻게 살 수 있었을까? 결혼을 잘한 것 같다. 내가 너에게 받은 것을 어떻게 더 줄 수 있을까?"라고 말하면서 내가 받고 싶은 것보다는 내가 조금 더 해 줄 수 있는 것을 찾으려고 생각한다. 회사 동료들에게도 감사함과 공정성을 가지고 열심히 해 주는 분들께 반드시 보상해 드리려고 한다. 서운함은 부부나 연인뿐 아니라 회사에서도 종종 발생한다. 그래서 동료들과 함께 회사를 키워 가기 위해서도 작은 서운함도 최대한 빨리 해소하기 위해서 노력하고 있다.

개인의 권리가 점점 중요하게 된 시대이지만 사람들은 서로에게 기대를 하고, 실망을 하고, 서로가 더 이익이 되는 길을 찾고자 서운함을 말하고, 채우거나 헤어지거나 하는 관계를 반복한다. 공동체에 대한 이야기를 하는 것이 아니다. 한 사람이 행복하게 살아가는 길에 대한 이야기를 하는 것이다. 개인이 가장 행복할 수 있는 방법에 대한 이야기를 하는 것이다.

나는 모태 신앙이었지만 지금은 무교가 되었다. 그럼에도 이 책에서 이야기한 내용을 추적하다 보면 2천 년 전의 예수님의 이야기가 떠오르곤 한다.

> 그러므로 무엇이든지 남에게 대접을 받고자 하는 대로 너희도 남을 대접하라(마태복음 7장 12절).

기독교인은 아니지만 정말 중요하게 생각하는 성경 구절이다. 기독교에서는 이를 황금률이라고 한다. 서운함의 문제의 해결책은 이 구절에 담겨 있다. 2천 년 전부터 중요하게 여긴 황금률이 지금까지도 중요한 갈등의 해결책으로 빛나고 있다. 이를 행하기만 해도 세상을 정말 행복하게 살 수 있을 것이다.

우리가 해석한 이 서운함에 대한 설명이 독자분들이 인생을 살면서 조금 더 남을 대우하고 훨씬 더 대접받는 삶을 사는 데 기여했으면 한다. 이 책을 통해 사랑하는 모든 사람이 행복하기를 바란다.

럽디(주) 대표 김나라

럽디(주)는 기업부설연구소와 연구팀을 회사 내에 두고 연구에 투자를 아끼지 않는 이상한 상담 회사다. 돈이 되지 않는 것을 수년 동안 지원해 왔다. 아직은 이 책 한 권밖에 연구 결과로 소개한 것이 없지만, 이 책이 연구의 끝이 아니다. 서운함에 대한 연구는 계속되고 있고, 앞으로 서운함은 갈등 중재 및 부부 상담, 이혼 상담 분야에 가장 중요한 감정 중 하나로 떠오를 것이다.

내가 처음에 서운함 상담을 개발한 김희원 대표 상담사로부터 서운함에 대해서 들었을 때, 뒤통수를 강하게 맞은 느낌이었다. 나도 나름 갈등 중재 상담 분야에 몸담은 지가 7년이다. 이혼과 사랑 관련 저서와 논문도 썼고, 사랑과 연애에 관한 연구에 있어서는 뒤지지 않을 만큼 살펴봤다고 생각했는데, 서운함이라는 감정을 중심으로 갈등을 중재하는 것은 처음 보는 상담의 방법이었다. 단순히 감정을 알아차리고 그 감정을 개인이 다루기 위해 접근하는 수준이 아니라 서운함을 통해 두 사람의 갈등을 해결하는 여러 방법을 갖고 있었고, 실제 상담을 통해 긍정적인 결과물을 생산하고 있었다. 이 책에는 서운함을 해결하는 방법으로 가장 많이 활용하는 10여 개만 소개했지만, 이 책에 소개된 방법 이외에도 두 배 이상의 방법들이 더 있다. 연인과 부부 사이에서 발생하는 서운함의 문제를 해결하기 위해 럽디(주)의 연구원들은 해외 사례와 논문들을 탐색하고, 그것들을 어떻게 한국의 연인과 부부의 갈등 중재에 녹일지 상담사들과 고민하고 적용하면서 서운함 상담을 발전시켜 나갔다. 나는 이것을 럽디(주)에서만 사용하고 있는 것이 아까워 논문을 쓰고 책으로 출판할 것을 권했다. 그렇게 이 책이 세상에 나왔다.

럽디(주)가 세워진 지가 12년, 법인으로 출발한 지가 8년이다. 그동안 쌓아 온 서운함에 대한 연구 자료는 아직도 많이 남아 있다. 그리고 지금도 계속 연구하고 있고, 앞으로 더 많은 결과물이 나올 것이다. 이 서운함의 문제를 해결하면서 이혼했다가 다시 가정을 꾸린 사례들, 헤어졌다가 재회한 사례들이 수만 건이다. 그리고 앞으로 이 책이 출간된 후에 얼마나 많은 부부와 연인이 도움을 받을지 생각하면 신이 난다.

갈등 중재를 다루면서 제일 많이 접하는 감정이 서운함과 불안이다. 서운함이 불안의 몇십 배 더 많다. 그런데 왜 그동안 부부 갈등 중재에서 불안은 많이 다뤘는데, 서운함은 다루지 않았을까? 지금 생각하면 신기한 일이다. 지금 나에게는 모든 갈등과 관계에 서운함에 보인다. 방송에서 부부나 연인들의 문제를 다루는 프로그램을 할 때, '아, 저거 서운함의 문제인데…….' 하고 생각하기도 한다. 보이지 않던 것들이 보인다. 이 책을 읽은 부부들과 연인들도 보이지 않던 것들을 보고, 해결하지 못했던 것들을 해결할 수 있게 되기를 바란다.

심리치료학 박사(PH.D in Humanuties therapy) 권요셉

참고문헌

강응섭(2016). 첫사랑은 다시 돌아온다. 세창출판사.

강응섭(2017). 라캉의 언어학과 인지과학 사이에서. 현대정신분석, 19(1), 211-220.

권요셉(2022). 라캉을 둘러싼 인문학. 연두.

권요셉(2023). 나는 왜 불안한 사랑을 하는가. 뜰힘.

김나라, 김희원, 권요셉(2025). 관계를 바꾸는 치트키 나어너어. 박영사.

김서영(2013). 라캉, 비온, 칸트의 이론적 접점을 위한 고찰: 실재, O, 물자체 개념을 중심으로. 현대정신분석, 15(2), 44-59.

김석(2015). 히스테리에서 주인으로: 라캉 담론이론으로 읽는 1990년대 시대정신. 한국학논집, 59, 171-194.

김연숙(2000). 레비나스 타자윤리에서 대면적 관계윤리에 관한 연구. 동서철학연구, 19(1), 125-141.

김영민(2006). 하이데거/라깡. 현대정신분석, 8(2), 67-94.

김영순, 최수안, 김명희, 권요셉(2022). 이혼한 결혼이주여성의 재영토화 과정에 관한 내러티브 생애사 연구. 문화와 융합, 44(6), 657-682.

김용수(2012). 라캉의 대학담론과 자본주의를 중심으로. 비평과이론, 17(2), 103-122.

김유숙(2017). 가족상담. 학지사.

김태숙(2004). 라깡의 네 가지 담론. 현대정신분석, 6(1), 39-61.

김현주(2017). 라깡의 주체 담론: 인간의 욕망구조의 서사성. 문학과 종교, 22(4), 71-88.

남수인(2004). 보이는 것과 보이지 않는 것. 동문선.

노승수(2018). 핵심감정 탐구. 세움북스.

박선영(2013). 라깡과 하이데거의 안티고네: 죽음충동, 사물, 정신분석의 윤리. *Journal of Lacan & Contemporary Psychoanalysis, 15*(1).

박인철(2005). 타자성과 친숙성: 레비나스와 후설의 타자이론 비교. 현상학과 현대철학, 24, 1-32.

박혜영(1987). 은유와 환유의 언어학적, 정신분석학적 해석에 대한 이론적 고찰. 덕성여대논문집, 16, 107-123.

이수진(2018). 히스테리 분석의 종결의 의미: 분석가와의 분리와 자신과의 분리: 분석가와의 분리와 자신과의 분리. 현대정신분석, 20(2), 47-91.

정윤주(2024). 감정일기의 힘. 시크릿 하우스.

정천기(2014). 사람 뇌의 구조와 기능. 범문에듀케이션.

정희자(2003). 은유와 환유의 상호 작용. 외대어문논집, 18, 275-300.

조용길(2015). '상호문화성 Interkulturalität' 배양을 위한 토론교육 방안. 獨語教育, 62(2), 81-102.

Adam, S. (1759). *The Theory Of Moral Sentiments*. 박세일 역(2009). 도덕감정론. 비봉출판사.

Allouch, J. (2009). *L'amour Lacan*. 박영진 역(2019). 라캉의 사랑. 세창출판사.

Brown, T. (2008). *Desire and Drive in Researcher Subjectivity: The Broken Mirror of Lacan*. Qualitative Inquiry.

Burman, E. (2016). *Fanon's Lacan and the Traumato genic Child: Psychoanalytic Reflections on the Dynamics of Colonialism and Racism*. Theory, Culture & Society.

Clair, A. H., & Trybou, V. (2021). *Devenez votre propre psy*. 구영옥 역(2024). 마음의 기술. 상상스퀘어.

David, S. (2016). *Emotional Agility*. 이경식 역(2017). 감정이라는 무기. 북하우스.

Deleuze, G. (1968). *Difference et Repetition*. 김상환 역(2004). 차이와 반복. 민음사.

Deleuze, G. (1969). *Logique du sens*. 이정우 역(1999). 의미의 논리. 한길사.

Deleuze, G., & Guattari, F. (1977). *Anti-Oedipus*. 김재인 역(1997). 안티오이디푸스. 민음사.

Deleuze, G., & Guattari, F. (1980). *Mille plateaux. Capitalisme et schizophrénie 2*. 김재인 역(2001). 천 개의 고원. 서울: 새물결.

Evans, A. M., Glass, N., & Traynor, M. (2014). Anxiety and surplus in nursing practice: lessons from Lacan and Bataille. *Nursing Philosophy, 15*(3), 183-191.

Faulkner, K. W. (2006). *Deleuze and the Three Syntheses of Time*. 한정헌 역(2008). 들뢰즈와 시간의 세 가지 종합. 그린비.

Guattari, F. (1968). *Chaosmose*. 윤수종 역(2003). 카오스모제. 동문선.

Guattari, F. (1979). *L'inconscient machinique: essais de schizo-analyse*. 윤수종 역(2003). 기계적 무의식. 푸른숲.

Guattari, F. (1989). Translated by Andrew Goffey(2013), Schizoanalytic Cartographies, Bloomsbury Publishing.

Heidegger, M., Macquarrie, J., & Robinson, E. (1962). *Being and time*.

Hicks, E., & Hicks, J. (2009). *Ask and it is given: Learning to manifest your desires*. 박행국, 조한근 공역(2015). 감정연습. 나비랑북스.

Husserl, E. (1968). *Passive Synthesis*. 이종훈 역(2018). 수동적 종합. 한길사.

Lacan, J. (1993). *The Psychoses: The Seminar of Jacques Lacan, Book III*(1955~1956)(R. Grigg, Trans.). W. W. Norton & Company.

Lacan, J. (2014). *Anxiety: The Seminar of Jacques Lacan, Book X*(1962~1963)(A. R. Price, Trans.). Polity Press.

Lacan, J. (2019). *Desire and Its Interpretation: The Seminar of Jacques Lacan, Book VI*(1958~1959)(B. Fink, Trans.). Polity Press.

Lacan, J. (2023). *Identification: The Seminar of Jacques Lacan, Book IX*(1961~1962)(C. Gallagher, Trans.). Polity Press.

Levinas, E. (1979). *Totality and Infinity: An Essay on Exteriority*. Springer Science & Business Media.

Nussbaum, M. C. (2013). *Political Emotions: Why Love Matters for Justice*. 박용준 역(2019). 정치적 감정. 글항아리.

PLATO. (n.d.). *Symposium*. 김영범 역(2008). 향연. 서해문집.

Spinoza, B. D. (n.d.). *Ethik*. 황태연 역(2014). 에티카. 비홍출판사.

Van der Kolk, B. (2014). *The body keeps the score: Brain, mind, and body in the healing of trauma*. 제효영 역(2020). 몸은 기억한다. 을유문화사.

찾아보기

인명

내용

저자 소개

김희원(Leslie Heewon Kim)

2010년, 공군 인트라넷의 인기 연애 웹툰 『17171771』을 통해 본인의 연애 비법에 대해 연재하였다. 완결 후에도 독자들로부터 팬레터를 빙자한 연애 상담 메일이 쇄도하였고, 그들을 상담해 주면서 큰 충격을 받았다. 성숙한 사랑을 원하면서도 서투르고 잘못된 연애로 고통을 받을 수밖에 없는 일반인이 너무나 많다는 사실, 심지어 서툴러서 깨지게 된 관계는 죽음까지 불러올 수 있다는 사실, 자신의 한마디에 사람의 인생이 바뀐다는 사실에 큰 사명감이 생겨나 버렸다. 모두의 만류에도 불구하고 다니던 직장까지 때려치우고 지금의 남편 김나라와 연애테크회사 럽디(주)를 창업했다. 현재 럽디(주)의 공동대표이자 CCO로서, 유튜브, 블로그, VOD 등 다양한 콘텐츠를 통해 안 싸우고, 안 쌓이는 행복한 연애에 필요한 지식을 전파하는 인플루언서로서 활동하고 있다. 저서로는 『관계를 바꾸는 치트키, 나어너어』(공저, 2025, 박영사)가 있다.

김나라(Kim Nala)

연애 IT 기업 럽디(주)의 창업자 및 대표로 '아이들이 행복하게 태어날 수 있는 세상'을 만드는 것을 비전으로 회사를 설립하였으며, 현재는 커플과 부부의 갈등 중재, 이혼과 이별 문제, 부모와 자녀의 갈등, 회사 내의 갈등 중재, 회사 간 갈등 중재를 연구하는 데 주력하고 있다. 갈등 중재뿐 아니라, AI를 활용한 상담, 저출산 및 인구 소멸 지역 등의 사회문제를 해결하는 데 관심이 많으며, 연구원들과 사회문제 해결을 위한 연구도 계획하고 있다. 저서로는 『관계를 바꾸는 치트키, 나어너어』(공저, 2025, 박영사)가 있다.

권요셉(Joseph Kwon)

인하대학교 대학원 인문융합치료학과에서 '라캉의 분석가 담화'로 박사학위를 받고 인하대학교 인문융합치료센터 부센터장과 전임 연구교수를 역임했다. 현재 인하대학교에서 정신분석과 연극치료를 가르치면서 럽디(주)의 전임 연구원으로 사랑과 공존을 위한 인간 심리와 서운함, 분열분석 연구에 집중하고 있다. 교류분석 슈퍼바이저로서 활동하면서 연인과 부부가 행복하게 되는 모습을 보는 낙으로 살아간다. 저서로는 『라캉을 둘러싼 인문학』(2022, 연두), 『나는 왜 불안한 사랑을 하는가』(2023, 뜰힘), 『호모 내러티쿠스』(공저, 2022, 박이정), 『유목적 주체』(공저, 2024, 북코리아) 등이 있고, 정신분석과 이혼, 갈등 중재, 분열분석 관련 논문이 다수 있다.

나는 왜 사랑할수록 서운해질까
-관계를 지키는 감정의 기술-
The Emotional Skills for Becoming More Secure in Love

2026년 1월 10일 1판 1쇄 인쇄
2026년 1월 20일 1판 1쇄 발행

지은이 • 김희원 · 김나라 · 권요셉
펴낸이 • 김진환
펴낸곳 • ㈜학지사
04031 서울특별시 마포구 양화로 15길 20 마인드월드빌딩
대표전화 • 02-330-5114 팩스 • 02-324-2345
등록번호 • 제313-2006-000265호

홈페이지 • http://www.hakjisa.co.kr
인스타그램 • https://www.instagram.com/hakjisabook

ISBN 978-89-997-3553-0 03180

정가 17,000원

저자와의 협약으로 인지는 생략합니다.
파본은 구입처에서 교환해 드립니다.